LE
NOUVEAU TESTAMENT

EXPLIQUÉ ET MÉDITÉ,

A L'USAGE

DES PÈRES ET DES MÈRES DE FAMILLE, DES INSTITUTEURS

et des Catéchumènes.

PAR

Jules ÆSCHIMANN,

L'UN DES PASTEURS DE L'ÉGLISE RÉFORMÉE DE LYON.

Première Partie.

ÉVANGILE SELON SAINT MATTHIEU.

VERSION D'OSTERVALD.

Paris,

LIBRAIRIE DE MARC AUREL FRÈRES, ÉDITEURS,

BOULEVART DES ITALIENS, 23.

VALENCE,

MÊME MAISON, RUE DE L'UNIVERSITÉ, 8.

1840.

A

7818·

LE
NOUVEAU TESTAMENT
EXPLIQUÉ ET MÉDITÉ.

Les formalités exigées par la loi ont été remplies.

Marc Aurel, frères.

LE
NOUVEAU TESTAMENT

EXPLIQUÉ ET MÉDITÉ,

A L'USAGE

DES PÈRES ET DES MÈRES DE FAMILLE, DES INSTITUTEURS

et des Catéchumènes.

PAR

Jules ÆSCHIMANN,

L'UN DES PASTEURS DE L'ÉGLISE RÉFORMÉE DE LYON.

Première Partie.

ÉVANGILE SELON SAINT MATTHIEU.

VERSION D'OSTERVALD.

Paris,

LIBRAIRIE DE MARC AUREL FRÈRES, ÉDITEURS,

BOULEVART DES ITALIENS, 23.

VALENCE,

MÊME MAISON, RUE DE L'UNIVERSITÉ, 8.

1840.

PRÉFACE.

Nous ne sommes plus dans la situation où se trouvaient les premiers écrivains et les premiers lecteurs du Nouveau Testament ; nous ne parlons plus leur langage, nous n'avons plus leurs institutions ni leurs coutumes. Il en résulte que les tournures de leur langage, conservées avec respect dans nos éditions des livres saints, et les allusions à leurs institutions

et à leurs coutumes ont besoin d'éclaircisse-
ments pour le plus grand nombre des fidèles ;
que les pères et les mères de famille sont souvent embarrassés lorsqu'ils expliquent l'Écriture à leurs enfants ; que les instituteurs ne
répondent pas toujours d'une manière satisfai-
sante aux questions de leurs élèves sur le sens
des paroles bibliques ; et que la plupart des
catéchumènes, tout en se faisant un devoir de
lire, pendant leur instruction religieuse, les portions de l'Évangile que le pasteur ne peut leur
expliquer faute de temps, rencontrent dans ce
travail un assez grand nombre de passages
obscurs ; et sont peu encouragés à poursuivre,
après leur première communion, une étude
souvent difficile pour des intelligences peu
développées.

Nous le reconnaissons de grand cœur, tout
homme qui sait lire, s'appliquant à l'étude de
la Bible avec un esprit attentif, avec *un cœur
honnête et bon* (Luc viii, 15), trouve dans ce
livre, sans qu'il ait besoin d'un secours étranger, assez d'instructions parfaitement claires
pour être amené par elles dans la voie du
salut ; mais il faut le reconnaître aussi, mieux
on comprend l'Écriture sainte, mieux on peut

profiter de ses instructions; plus sera grande la portion d'enseignements évangéliques qu'un chrétien pourra concevoir, plus seront puissants les appuis qui le soutiendront dans la carrière où Dieu l'appelle; toute leçon doit passer par l'intelligence pour toucher le cœur et diriger la vie. Si donc il est vrai que pour beaucoup de chrétiens il se rencontre dans le Nouveau Testament un nombre considérable de passages difficiles, d'enseignements voilés, n'est-ce pas un devoir pour les hommes qui par vocation ou par goût s'exercent à la science de l'interprétation sacrée, de communiquer à leurs frères le résultat de leurs recherches, de rendre profitables à tous les fidèles des leçons divines qui seraient perdues pour eux, si la connaissance de la langue évangélique, et des usages de l'antiquité juive, ne jetait pas sur ces leçons de vives et précieuses lumières?

Des hommes savants et pieux de l'Angleterre et de l'Allemagne ont publié de nos jours plusieurs explications populaires de la Bible, et leurs travaux ont produit pour bien des âmes des fruits d'instruction édifiante. C'est en nous aidant à la fois de leurs ouvrages familiers, et des commentaires les plus estimés de notre temps, que nous avons entrepris une tâche semblable à la leur. Toutefois, en cherchant la lumière partout où nous pouvions la rencontrer (1), nous n'avons pris aucun homme pour maître absolu; mais nous nous sommes demandé à chaque pas : quelle est dans sa pureté et dans son intégrité la pensée qu'exprime le saint livre? Et si un principe a surtout présidé à notre travail, c'est celui qui se trouve exprimé dans cette sentence d'un grand philosophe chrétien : « De même que le pre- » mier suc qui sort de la grappe est plus » doux que celui qu'en exprime le pressoir, » de même les doctrines qui découlent tout » naturellement de l'Écriture sont préférables » à celles qu'on en obtiendrait par une inter- » prétation forcée. » Aussi nous gardons-nous bien d'imposer à qui que ce soit notre ma-

---

(1) Les auteurs que nous avons particulièrement consultés sont : Lisco, Dinter, Winer, Haneraw, Huber, Bickersteth, Cellérier, Kuinoël, Thomas Scott, Sumner, Keyworth, Olshausen, Meyer. Ce dernier a l'avantage d'indiquer pour chaque passage de quelque importance les interprétations de tous les bons commentateurs. Nous avons fait plusieurs emprunts à différents recueils de méditations religieuses; ces emprunts sont distingués par des guillemets.

nière de comprendre telle ou telle portion des livres saints; et lorsque, dans les endroits difficiles, qui ont provoqué des interprétations diverses, nous n'en exposons qu'une seule, c'est parce que la nécessité d'abréger notre travail nous oblige à faire un choix.

Pour ne pas donner à notre livre une étendue qui ne serait point en harmonie avec son but, nous avons dû nous borner à des méditations très-courtes; telles que nous les présentons, elles provoqueront, s'il plaît à Dieu, chez le lecteur, des réflexions plus complètes; elles serviront de base et de guide pour de plus nombreuses applications (1).

Les besoins d'un troupeau qui a les premiers droits à notre affection et aux fruits de nos études, les encouragements d'amis sincères et de chrétiens éclairés, nous ont déterminé à entreprendre ce travail; nous nous sommes

---

(1) Nous avons divisé en sections les chapitres du Nouveau Testament; chacune de ces sections est précédée d'un titre; on pourra donc, en consultant la table placée à la fin de chaque volume, et plus tard une table générale et alphabétique qui terminera l'ouvrage entier, trouver sans peine toutes les sections qui se rapportent à un certain sujet sur lequel on aimerait à s'arrêter, et choisir des lectures applicables aux différentes circonstances de la vie.

mis à l'œuvre en implorant du fond de notre âme le secours de la grâce divine, et maintenant que ce volume va se répandre dans quelques familles, nous sommes pressé de demander avec une ardeur plus vive encore au Dieu de lumière et de vérité, qu'il l'accompagne de ses bénédictions, qu'il le fasse contribuer à la connaissance de sa parole, et à l'avancement de son règne.

INTRODUCTION.

—

FORMATION DU NOUVEAU TESTAMENT.

Les apôtres de Jésus-Christ, parcourant le monde pour répandre leur foi, durent commencer en tous lieux leur prédication par le récit de la vie du Fils de Dieu. Mais comme ce récit risquait de s'altérer, de se défigurer même complètement en passant de bouche en bouche, lorsque les témoins oculaires s'éloignaient des églises qu'ils avaient fondées, il fut important, dès le commencement du christianisme, de fixer par écrit les principales circonstances de la vie du Sauveur; c'est ce que firent deux apôtres, Matthieu et Jean, et deux amis des apôtres, Marc et Luc; leurs livres s'appelèrent les quatre *Évangiles*, c'est-à-dire les quatre récits de la *Bonne Nouvelle*.

Un peu plus tard, l'auteur d'un Évangile, saint Luc, l'ami de saint Pierre et de saint Paul, ajouta à son premier ouvrage le récit des grands travaux, des prodigieux succès de ces deux apôtres, et retraça les principaux événements des premiers jours de l'Église. Cet écrit s'appela le *Livre des Actes des Apôtres*.

Les communautés chrétiennes avaient besoin d'être fréquemment encouragées par leurs fondateurs; ceux-ci prenaient toujours une grande part aux progrès ou aux chutes des églises qu'ils avaient amenées à la foi; ces liens, ces affections mutuelles donnèrent naissance à des lettres ou *Épîtres* adressées par les apôtres, tantôt aux églises elles-mêmes, tantôt à quelqu'un de leurs membres, ou de leurs directeurs. Enfin à tous ces écrits se joignit bientôt le livre appelé *Apocalypse* ou Révélation de l'apôtre saint Jean, livre prophétique, qui demeura caché ou peu connu pendant quelque temps, parce qu'il était propre à irriter les persécuteurs de l'Évangile, mais qui fut toujours considéré comme divin.

Tandis que les différents livres que nous venons de nommer se répandaient parmi les premiers chrétiens, il parut dans quelques églises d'autres écrits qui n'avaient pour auteurs, ni des apôtres, ni des disciples d'apôtres. Au commencement du second siècle de l'ère chrétienne, on sentit la nécessité de séparer ces derniers écrits des livres divins que nous avons cités; on appela *canoniques*, ceux qui provenant d'écrivains inspirés, devaient être lus publiquement dans le culte, et la collection de ces livres prit le nom de *Nouveau Testament*. Le mot *testament* a deux sens dans les écrits des apôtres : il signifie 1° *alliance*, 2° *dernière volonté*; mais la première de ces significations étant la plus ordinaire, le terme de *Nouveau Testament* doit être considéré comme désignant les livres inspirés qui se rapportent à la nouvelle alliance que le Père céleste a traitée avec tous les hommes par Jésus-Christ.

AUTHENTICITÉ, DIVINITÉ ET INSPIRATION DU NOUVEAU TESTAMENT.

Les livres du Nouveau Testament sont authentiques; ils ont été écrits par les auteurs dont ils portent les noms.

Les livres du Nouveau Testament sont divins; ils contiennent la céleste révélation que Dieu, dans son amour, a donnée aux hommes par Jésus-Christ, son Fils.

Les livres du Nouveau Testament sont inspirés; Dieu a garanti les auteurs de ces livres, par son Esprit qui habitait et agissait en eux, de toute erreur par rapport à la religion; en conséquence, leurs enseignements sont pour nous la parole de Dieu même.

Ce n'est pas ici le lieu d'exposer les preuves si fortes et si multipliées qui établissent ces trois grandes vérités; on les trouvera dans de nombreux ouvrages partout répandus de nos jours (1); nous nous bornerons à trois réflexions sur ce sujet.

1° Les témoignages de l'antiquité, et l'examen attentif des livres du Nouveau Testament, concourent à démontrer que ces livres ont été écrits par les apôtres et les premiers disciples de Jésus-Christ auxquels nous les attribuons.

---

(1) Nous recommandons particulièrement le livre de M. le professeur Cellérier sur l'*Origine authentique et divine du Nouveau Testament;* on y rencontre une démonstration puissante exposée avec autant de simplicité que de chaleur et de vie.

2° Tout homme qui lira le Nouveau Testament avec un esprit impartial et sérieux, avec calme et droiture de cœur, y reconnaîtra toujours plus clairement, par cette simple lecture, des enseignements supérieurs à ceux de la sagesse humaine, un langage qui ne peut venir que de Dieu.

3° Tout homme qui s'appliquera avec sincérité et avec zèle, à suivre dans sa conduite les leçons du Nouveau Testament, sentira toujours mieux par son expérience que ce livre a été écrit sous l'influence de l'Esprit divin, que celui qui l'a dicté est Celui qui a fait l'âme humaine dont il connaît tous les besoins. *Si quelqu'un veut faire la volonté de Dieu*, a dit Jésus, *il connaîtra si ma doctrine est de Dieu, ou si je parle de mon chef.*

INTÉGRITÉ DU NOUVEAU TESTAMENT.

Possédons-nous aujourd'hui les livres du Nouveau Testament tels qu'ils ont été originairement écrits ? N'a-t-on rien ajouté, n'a-t-on rien retranché à ces livres depuis leur première apparition ? Les recherches des savants sont propres à nous rassurer entièrement à cet égard; elles nous montrent qu'il eût été impossible aux premiers chrétiens d'altérer leurs livres sacrés; que si le moindre changement eût été fait par une église, toutes les autres églises s'y seraient opposées; que les écrits des apôtres, répandus généralement parmi les chrétiens dès le second siècle, multipliés dès le commencement par diverses traductions, constamment lus dans les saintes assemblées, nous ont été fidèlement transmis. Il est vrai que les manuscrits et les traductions de ces livres sacrés présentent un assez grand nombre de différences ou *variantes*; mais ces différences sont si légères qu'elles n'apportent aucun changement de quelque importance aux docrines et aux préceptes du Nouveau Testament.

LANGUE DU NOUVEAU TESTAMENT.

Les auteurs du Nouveau Testament l'ont écrit en grec; cette langue était la plus répandue de leur temps, et devait par son universalité contribuer à propager rapidement la *bonne nouvelle*. Cependant le langage des apôtres est mêlé de nombreuses tournures hébraïques, et il est vraisemblable que saint Matthieu a écrit

son Evangile une fois en grec et une autre fois
en hébreu.

DES ÉVANGILES EN GÉNÉRAL.

Les quatre récits évangéliques offrent entre
eux de très-grandes ressemblances, et en même
temps des différences assez frappantes. La
plupart des ressemblances s'expliquent par
l'analogie du sujet traité; mais lorsqu'on rencontre dans un Evangile certaines sections
exactement pareilles aux sections corres-
pondantes d'un autre Evangile, il faut attribuer cette parfaite ressemblance à l'usage
qu'ont dû faire les derniers évangélistes du
travail de leurs prédécesseurs. — Quant aux
différences, elles viennent de ce que l'écrivain,
qui s'aidait des récits publiés avant le sien,
ajoutait en même temps à ces récits de nouveaux faits ou de nouveaux détails, et avait
d'ailleurs un but particulier.

Il résulte de ce que nous venons de dire
qu'on ne peut se passer d'aucun des quatre
Evangiles pour avoir une histoire complète de
Jésus-Christ. « S'ils renfermaient exactement
» la même chose, on ne pourrait les envisager

» comme les écrits de quatre auteurs différents,
» ils ne seraient que les copies d'un même ou-
» vrage; et si un seul avait suffi , les trois au-
» tres n'auraient pas été conservés (1).

Les évangélistes unissent dans leur style une grande concision à une extrême exactitude de détails, et à une noble simplicité; leurs récits sont par conséquent une image parfaitement claire et fidèle des événements qu'ils rapportent, en sorte qu'en lisant ces récits on reçoit une impression rapide et complète, comme si on voyait les faits racontés. Saint Matthieu se distingue surtout par la vivacité du témoin oculaire. Saint Marc décrit les faits avec leurs circonstances les plus minutieuses. On voit dans saint Luc l'intention de raconter avec ordre. Saint Jean écrit avec une touchante élévation ; il s'attache surtout à ce qui parle au cœur.

(1) Huber.

CIRCONSTANCES AU MILIEU DESQUELLES SE SONT PASSÉS [1] LES ÉVÉNEMENTS RACONTÉS DANS LES QUATRE ÉVANGILES.

Circonstances géographiques.

Au temps de Jésus-Christ, la Palestine était divisée en quatre parties; la *Judée* au midi, la *Samarie* au centre, la *Galilée* au nord, et la *Pérée* à l'est, au-delà du Jourdain.

La partie la plus septentrionale du pays était appelée la *Galilée des Gentils*, parce qu'elle était frontière du territoire des Gentils ou Payens.

On donnait le nom de *Décapole* à un district composé de dix villes au nord de la Pérée.

La Palestine avait pour bornes au midi et à l'est l'Arabie; à l'ouest la mer Méditerranée; au nord la Syrie, grande province romaine dont tout le pays des Juifs formait une partie, et qui renfermait les villes de Tyr, de Sidon et de Damas. Entre cette dernière ville et la

---

(1) Les notions diverses que nous donnons ici sont celles qui ne peuvent trouver une place suffisante dans la colonne de nos explications.

mer de Galilée, ou le lac de Génésareth, se trouvaient les pays de l'Abilène, de la Trachonite et de l'Iturée.

Le fleuve du *Jourdain* prend sa source près du mont Liban, et d'une ville qui s'appelait *Césarée de Philippe* ou *Dan;* de là vient son nom qui signifie *rivière de Dan.* Il coule du nord au sud; son cours est d'environ 35 lieues; il traverse l'eau douce de la mer de Galilée et va se jeter dans la mer Morte, à l'endroit où étaient Sodome et Gomorrhe. Près de Jéricho, le Jourdain a environ 120 pieds de largeur et 7 à 8 de profondeur. Ce fleuve dont le courant est rapide a été jadis beaucoup plus considérable que de nos jours.

La *mer Morte* a environ 25 lieues de long, et 6 de large; les eaux qu'elle reçoit ne s'échappent que par l'évaporation; elles sont fortement imprégnées de sel, de soufre et de bitume.

La *mer de Galilée*, autrement dite *lac de Génésareth* ou *de Tibériade*, mérite une attention particulière, parce qu'une grande partie de la vie publique de Jésus se passa dans les lieux qui bordent cette petite mer. De nos jours elle est longue de 6 lieues, et large de 2 à peu près. Son bassin est entouré de hautes collines. L'historien Josèphe décrit les environs du lac de Tibériade comme des lieux remarquablement fertiles de son temps. Il existe encore quelques restes de la ville de Tibériade. *Chorazin* et *Capernaüm* étaient situées au bord de la mer de Galilée, du côté nord-ouest. *Cana* et *Nazareth* étaient plus à l'occident. *Gergesa*, *Dalmanuta*, *Gadara* et *Magdala* étaient sans doute des villes de la Décapole au bord sud-est de la mer de Tibériade. Il paraît que plusieurs villes de la Galilée ont porté le nom de *Bethsaïde* qui signifie maison de pêche.

Jérusalem, capitale de la Judée, a pris son nom de deux mots; le premier est *Salem* (paisible); elle s'appelait ainsi lorsqu'elle avait pour roi Melchisedec (Gen. xiv, 18): le second est *Jeru* ou *Jireh* qui signifie *il pourvoira*, et qui rappelle le sacrifice d'Abraham dans lequel Dieu pourvut au remplacement d'Isaac.

En faisant la description de cette ville, nous supposerons que nous y entrons du côté du sud. Nous rencontrerons d'abord un profond ravin appelé *vallée des fils de Hinnom*, où les Israëlites idolâtres avaient fait passer leurs enfants par le feu en l'honneur du faux dieu

Moloch. Au temps de Jésus-Christ on jetait dans ce ravin les décombres, les ordures de la ville, et les os des animaux immolés pour les sacrifices, et on y entretenait un feu continuel pour consumer tout cela. Les Juifs firent de cet horrible lieu un emblême et un nom de l'enfer qu'on appela *Gehenne*, c'est-à-dire vallée de Hinnom.

Plus loin on rencontre une éminence beaucoup plus élevée que Jérusalem, et présentant de chaque côté des pentes très-rapides. C'est là qu'était la *cité de David*, la forteresse de la montagne de Sion, dans une position admirable pour la défense.

Au-delà se trouvait la ville de Jérusalem, séparée de la cité de David par une étroite vallée, à travers laquelle on avait fait un chemin pour les rois lorsqu'ils allaient au temple.

Le *temple* était situé sur la montagne de *Moriah*. Du côté du sud, les parvis s'élevaient sur le bord d'un précipice de 240 pieds de profondeur, lequel était encore deux fois plus profond du côté de l'occident. A l'angle nord-ouest des parvis, sur un rocher haut de 70 pieds, on voyait la tour ou forteresse *Antonia*. A l'est du temple était la *vallée de Josaphat*.

Là roulait le torrent du *Cédron*, dont le nom qui signifie *être noir* vient sans doute de la couleur sombre que prenait ce ruisseau en recevant le sang des victimes qu'on sacrifiait dans le temple. Le Cédron séparait la ville de la *montagne des Olives* et du *jardin de Gethsémané*. A l'ouest de Jérusalem se trouvait la colline appelée *Golgotha* par les Hébreux, et *Calvaire* par les Romains ; de nos jours cette colline est renfermée dans les murs de la ville.

Circonstances politiques.

Après la captivité de Babylone, environ quatre cent cinquante-quatre ans avant Jésus-Christ, Jérusalem fut reconstruite par Néhémie. Les Juifs furent alors gouvernés par leurs grands-prêtres, sous la protection de la Perse.

Cent soixante-dix ans avant Jésus-Christ, Antiochus-le-Grand, roi de Syrie, conquit la Judée et profana le temple.

Cinq ans plus tard, le Juif Judas Macchabée secoua le joug des oppresseurs de son peuple, purifia le temple, et institua la fête de la Dédicace.

Cinquante-neuf ans avant Jésus-Christ, Aristobule, le dernier des Macchabées, fut défait par Pompée, général romain. Celui-ci ayant été vaincu par Jules César, le vainqueur confia le gouvernement à Antipater, Iduméen de naissance, mais converti à la religion des Juifs.

Quarante ans avant Jésus-Christ, Hérode surnommé le Grand, fils d'Antipater, devint roi, et son règne ne finit que peu d'années après la naissance de notre Seigneur. A la mort d'Hérode son royaume fut partagé entre ses fils. Archélaüs fut roi de Judée, Hérode Antipas gouverneur de la Galilée et de la Pérée, avec le titre de tétrarque ; et Philippe tétrarque de la Décapole, de l'Iturée et de la Thraconite.

L'an six de Jésus-Christ, c'est-à-dire six ans après la naissance de notre Seigneur, Archélaüs fut déposé, et la Judée passa sous la domination de gouverneurs romains.

L'an trente, notre Sauveur commença son ministère. Hérode Antipas gouvernait la Galilée, Philippe la Décapole ; et deux ans avant cette époque, Pilate avait été envoyé pour gouverner la Judée. Il conserva cette place jusqu'à l'an trente-sept.

Ce fut l'an septante de Jésus-Christ que Titus environna Jérusalem d'une muraille, pour faire le siége de cette ville qu'il prit et rasa, accomplissant les prédictions qui se lisent dans nos Evangiles.

PLAN

DU TEMPLE DE JÉRUSALEM.

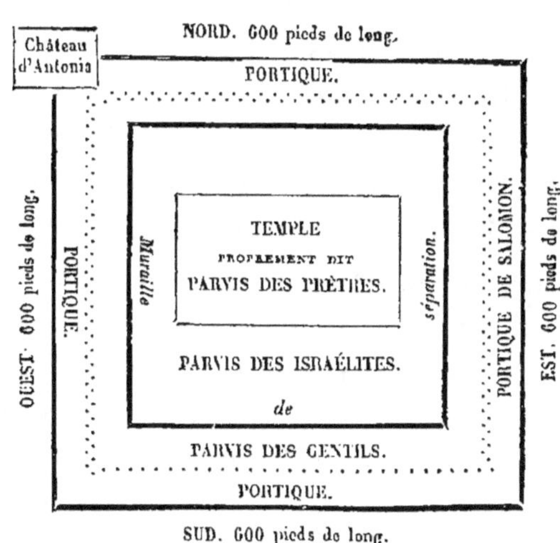

Circonstances religieuses.

Le Temple de Jérusalem était le seul lieu où l'on pût offrir des sacrifices à l'Eternel. Il avait été bâti par Salomon, reconstruit par Esdras et Néhémie après le retour de Babylone, et considérablement réparé par Hérode-le-Grand. Nous ne donnons ici que la description du dernier temple.

Il consistait en trois cours ou parvis qui embrassaient la montagne jusqu'au sommet. En montant au temple on trouvait d'abord une grande muraille extérieure qui entourait un carré d'environ 600 pieds de côté. Des portiques couverts s'étendaient le long de cette muraille. L'un d'eux, du côté de l'est, faisant face au mont des Olives, était d'une extrême beauté. Il s'appelait le *Portique de Salomon*, non point que Salomon l'eût construit, mais parce qu'il était au-dessus d'une terrasse élevée par ce roi à 600 pieds au-dessus de la vallée. En dedans de la grande muraille, et à une certaine distance, se trouvait une autre muraille plus basse. Toute personne, même payenne, pouvait entrer dans l'espace qui séparait ces deux murailles ; c'est pour cela qu'on l'appelait le *Parvis des Gentils* ou des Payens. Mais à différents points de la petite muraille nommée la *Muraille de séparation*, on voyait une colonne sur laquelle des inscriptions en plusieurs langues indiquaient qu'il y avait peine de mort pour celui qui monterait au-delà de cette partie du temple. Plus loin et plus haut que le mur de séparation se trouvait l'enceinte appelée le *Parvis des Israélites*, parce que les Israélites seuls pouvaient y pénétrer; une partie de ce parvis était réservée aux femmes. Plus loin et plus haut encore était le *Parvis des Prêtres* fréquenté seulement par les ministres du culte. C'est dans ce parvis qu'était placé l'*Autel des Holocaustes*, sur lequel les sacrificateurs avaient seuls le droit de brûler des victimes ; et c'est derrière cet autel que se trouvait le *Temple*, proprement dit, formé de trois parties, la *Cour du Temple*, le *Lieu saint* et le *Lieu Très-Saint* ou *Saint des Saints*. La Cour du temple était un lieu de dépôt pour les objets dont on se servait dans le culte. Le Lieu Saint était d'une extrême richesse; les sacrificateurs y entraient, mais non pas les simples lévites. C'est dans le Lieu Saint que se trouvait la *Table des Pains de Proposition*, sur laquelle on plaçait, chaque jour du sabbat, douze pains offerts à l'Eternel comme hommage de la reconnaissance des douze tributs. C'est là aussi qu'on avait mis le *Chandelier d'Or*, et l'*Autel des*

Parfums. Le Lieu Saint était séparé du Lieu Très-Saint par un voile qui se déchira à la mort de notre Seigneur. Le souverain sacrificateur ou grand-prêtre pouvait seul entrer dans le Lieu Très-Saint, et il ne le pouvait qu'un seul jour dans l'année. Là était l'*Arche sainte*, les tables de pierre du Décalogue appelées souvent *Témoignages*, et les livres sacrés des Hébreux.

Le *Souverain Sacrificateur* devait être, d'après la loi de Moïse, un descendant de la branche aînée de la famille d'Aaron; mais quand les Juifs furent soumis aux étrangers cette ordonnance ne fut plus observée. Hérode-le-Grand et les gouverneurs romains nommaient ou déposaient à leur gré le souverain sacrificateur. Ils lui donnaient quelquefois un suppléant pour le remplacer en cas de maladie, d'absence, etc. C'est ainsi qu'au moment de la condamnation du Sauveur, Caïphe était souverain sacrificateur, et Anne son suppléant. Le souverain sacrificateur jouissait d'une grande autorité; il était chef de tous les prêtres, il avait la garde des saints livres, il pouvait seul entrer dans le Lieu Très-Saint, et on en appelait à son avis dans toutes les affaires d'une haute importance.

Les simples *Sacrificateurs*, tous descendants d'Aaron, tenaient le second rang parmi les Lévites, ou ministres du culte. Ils s'occupaient non-seulement du service religieux, mais aussi de l'instruction du peuple et de certaines fonctions judiciaires. Ils étaient divisés en 24 classes; chacune avait son chef et faisait à tour de rôle le service du temple; le sort décidait des fonctions que tels ou tels sacrificateurs auraient à remplir.

Les *Lévites* avaient la garde du temple et remplissaient des fonctions semblables à celles des Sacrificateurs, mais d'un ordre moins élevé.

Les *Scribes* ou *Docteurs de la loi* n'étaient pas des personnes sacrées, mais des hommes instruits qui tenaient des écoles, et enseignaient dans leurs écrits la loi divine, et les traditions ou usages religieux de leurs ancêtres, en y ajoutant leurs propres explications.

Les *Pharisiens* (c'est-à-dire hommes à part), formaient une secte puissante, et très-considérée du peuple juif. Ils faisaient consister la religion dans une surabondance de cérémonies; la pureté dans la propreté du corps, des ustensiles et des aliments; la sainteté dans les jeûnes; la charité dans des aumônes publiques; la prière dans le mouvement des lèvres. Comme ils ne tenaient qu'aux apparences de la piété, leur conduite était mauvaise, surtout pleine d'orgueil et d'ambition. Cependant il faut remarquer au milieu d'eux des exceptions honorables. Quant à leur foi, les Pharisiens admettaient, outre les livres qui composent l'Ancien Testament, la tradition des docteurs juifs, et donnaient plus d'importance à cette tradition surchargée de vains préceptes, qu'à la loi elle-même. Ils se considéraient comme étant sous l'influence de bons et de mauvais anges. Ils croyaient à l'immortalité de l'âme, mais en même temps à une espèce de *métempsycose* ou de passage des âmes dans différents corps; à la providence, mais aussi à une sorte de fatalité.

Les *Sadducéens*, au contraire, repoussaient la tradition, niaient l'existence des esprits supérieurs, la fatalité, la providence et l'immortalité de l'âme. Ils avaient peu de crédit dans le peuple; mais beaucoup chez les classes riches et élevées. Leurs opinions devaient les porter à une grande licence; cependant la conduite d'un grand nombre d'entr'eux était meilleure que leur doctrine.

Les *Hérodiens* étaient les partisans du roi

dont ils portaient le nom; ils avaient adopté, pour lui être agréables, plusieurs pratiques payennes. On doit les considérer comme un parti politique favorable aux prétentions d'Hérode et des Romains plutôt que comme une secte religieuse.

Les *Samaritains* et les Juifs étaient ennemis depuis bien des siècles lorsque Jésus exerçait son ministère. Voici les principaux motifs de leur haine réciproque : Après la conquête du royaume d'Israël, Salmanasar, roi d'Assyrie, envoya des colonies payennes dans le pays qu'avaient occupé les dix tribus (2 Rois XVII, 24). Ceux d'entre les Israélites qui n'avaient pas été emmenés en captivité, et qui portaient le nom de Samaritains, à cause de leur capitale, se mêlèrent aux colons, et adoptèrent à certains égards leur religion et leur culte. Lorsque les Juifs du royaume de Juda obtinrent de Cyrus la permission de revenir dans leur patrie, et de rebâtir Jérusalem et son temple, ils refusèrent aux Samaritains qu'ils regardèrent comme infidèles, la participation au culte national. Irrités de ce refus, ceux-ci s'opposèrent vivement à la construction du nouveau temple, et écrivirent leurs plaintes à Cyrus. Plus tard ils se construisirent un temple particulier sur la montagne de *Garizim*, et quoique ce temple eût été détruit cent trente ans avant Jésus-Christ, ils continuèrent néanmoins à regarder le mont Garizim comme le seul lieu où l'on dût adorer le Dieu d'Israël. La haine entre les Juifs et les Samaritains se fondait encore sur d'autres différences d'opinions dogmatiques; la principale était que les Samaritains regardaient le Pentateuque comme le seul livre divin. Au temps de Jésus-Christ les Juifs avaient plus d'aversion pour les Samaritains que pour les Payens.

Les *Synagogues* étaient des lieux de réunion pour la prière, pour la lecture et la méditation de l'Ecriture sainte. Elles étaient fort nombreuses. A Jérusalem il y en avait cinq pour les Grecs seulement, c'est-à-dire pour les Juifs dispersés dans des pays où l'on parlait la langue grecque. Le *chef de la synagogue* présidait l'assemblée, accordait la parole à ceux qui avaient une instruction suffisante pour se faire entendre de manière à édifier, et, avec le concours de son conseil composé d'*Anciens*, faisait exécuter la discipline, prononçait l'excommunication, avait même le droit de condamner au fouet ceux qui violaient la loi du culte.

Le *Sabbat* commençait chez les Juifs le soir du 6ᵉ jour de la semaine, et se terminait le soir du 7ᵉ. Tout travail était interdit ce jour-là. Cependant il était permis d'offrir des sacrifices, de soigner les malades, de sauver un homme en péril, de donner la nourriture au bétail, etc. etc. On pouvait même faire de petits voyages, mais seulement à la distance de sept stades ou 4375 pieds, ce qu'on appelait le *chemin d'un sabbat*. Les Pharisiens avaient exagéré beaucoup la rigueur de la loi de Moïse sur l'observation du sabbat.

Les Juifs avaient chaque année trois grandes fêtes religieuses, la *Pâque*, la *Pentecôte* et la fête des *Tabernacles*. Tout Israëlite mâle devait se rendre à Jérusalem pour célébrer ces trois fêtes.

La *Pâque* avait été instituée en mémoire de la délivrance d'Egypte; elle se célébrait durant 7 jours, du 15 au 21 du mois de Nisan (mars et avril), qui commençait l'année religieuse, tandis que le mois de Tisri (septembre et octobre), commençait l'année civile. Cinq jours avant le commencement de la fête (1), chaque

---

(1) Ces détails ainsi que quelques autres qui font partie de notre Introduction, sont tirés de l'excellent *Manuel Biblique* de Haneraw. (Bruxelles, 1838.)

3*

père de famille devait choisir un agneau ou un chevreau sans défauts, qui était égorgé devant l'autel des sacrifices, le soir du 14e jour (Exode xii, 1·6); un sacrificateur recueillait le sang et le répandait à côté de l'autel. Voyez pour l'institution de la Pâque : Exode xii, 1-28. Lévit. xxiii, 4-8. Nombr. xxviii, 16-25. Deut. xvi, 1-8. Pendant cette fête l'affluence des Juifs était si considérable à Jérusalem que cette ville a contenu quelquefois près de trois millions d'hommes dans ses murs.

La *Pentecôte* se célébrait cinquante jours après la Pâque; de là vient son nom qui signifie cinquantième. On l'appelait aussi la *fête des Semaines* parce qu'elle avait lieu sept semaines après la Pâque, et la *fête de la Moisson* ou *des premiers fruits*, parce que les Juifs rendaient grâces à Dieu pendant sa durée de la moisson qu'il avait bénie, et offraient à l'Eternel les prémices du froment. Cette fête était aussi considérée comme mémorial de la publication de la loi sur le mont de Sinaï. Voyez Exode xxxiv, 22; xxiii, 16. Nombr. xxviii, 26. Lévit. xxiii, 10.

La *fête des Tabernacles* commençait le 15e jour du mois de Tisri (septembre et octobre).

Elle était destinée à rappeler aux Israëlites la protection que Dieu leur avait accordée pendant leur séjour dans le désert où ils habitaient sous des tabernacles, c'est-à-dire sous des huttes ou tentes. Les Juifs séjournaient pendant cette fête sous des tentes formées avec des branches vertes, et se livraient à de grandes réjouissances en offrant à Dieu des fruits de la récolte qui était alors achevée. Après la captivité de Babylone on ajouta à cette fête différentes pratiques qui avaient rapport à l'attente du Messie. Ainsi on se rendait au temple où l'on criait en faisant le tour de l'autel : Béni soit celui qui vient au nom du Seigneur ! Hosannah ! (c'est-à-dire sauve, délivre, je te prie).

Outre ces trois grandes fêtes solennelles, il faut remarquer encore la *fête des Expiations* qui se célébrait de la manière indiquée au Lévitique XVI, 1-34; et XXIII, 26-32; la *fête des Purim* en mémoire de la délivrance des Juifs par Esther; la *fête de la Dédicace* en mémoire de la purification du temple après les profanations commises par Antiochus; les *fêtes des Nouvelles-Lunes* dans lesquelles chaque renouvellement lunaire était accompagné de certains sacrifices; la *fête des Trompettes* annoncée au son de ces instruments, et destinée à célébrer le commencement de l'année civile, etc. etc.

Circonstances de la vie domestique (1).

Maisons. Les habitations des pauvres étaient construites en terre. Les maisons des personnes aisées étaient bâties sur un plan semblable à celui que nous donnons ici et qui est encore le plan des maisons orientales. Les chambres sont placées autour d'une cour carrée qui est laissée à découvert; une galerie soutenue par des colonnes circule autour de la cour et établit communication avec les chambres; on arrive à cette galerie par des degrés placés près du portique. Les habitants montent souvent sur le toit, qui est tout-à-fait plat, pour jouir de la fraîcheur. On peut descendre du toit par les escaliers du portique sans entrer dans les chambres. Ces chambres sont vastes, leurs fenêtres regardent sur la cour.

---

(1) Les circonstances de la vie civile auront des explications suffisantes dans le cours de cet ouvrage.

PLAN

DES MAISONS ORIENTALES.

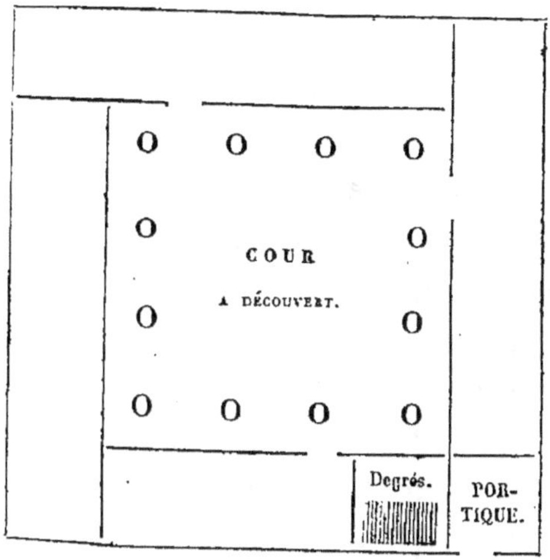

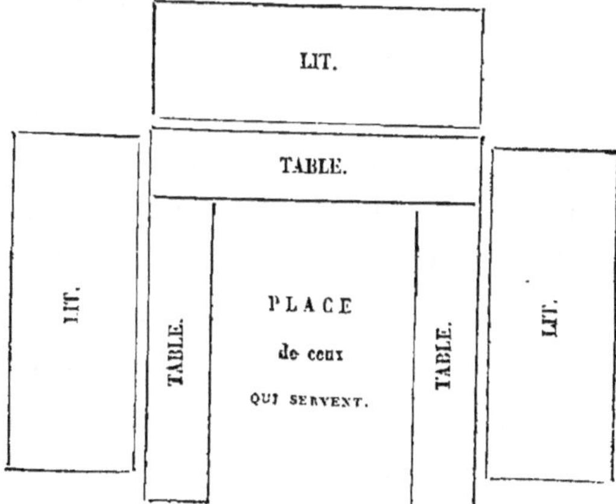

Repas. Le principal repas des Juifs était le souper. Autour de trois tables disposées comme dans la figure que nous traçons ici, étaient placés trois bancs ou lits un peu plus élevés que les tables. Les convives étaient penchés sur ces lits; chacun s'appuyait sur son coude gauche ayant la face tournée vers la table, et la tête penchée vers la poitrine de son voisin.

Mariages. Lorsqu'un mariage était convenu, le jeune homme, en présence de deux témoins, offrait à la jeune fille une pièce d'argent ou un anneau, et déclarait son intention de l'épouser. Les fiançailles liaient les époux et ne pouvaient être annulées que par le divorce. Les noces suivaient quelquefois immédiatement les fiançailles; d'autres fois un espace de plusieurs mois les en séparait. Les fêtes du mariage duraient sept jours; pendant la durée des noces l'épouse demeurait chez ses parents; le soir du septième jour, l'époux, accompagné de plusieurs jeunes gens nommés *les amis de l'époux* conduisait son épouse en grande pompe dans sa demeure; l'épouse de son côté était accompagnée d'une troupe de jeunes filles. Les époux étaient précédés de flambeaux, et leur suite chantait des épithalames ou chants de noces.

Maladies. La *lèpre*, maladie fort répandue en Egypte, devint aussi un terrible fléau pour les Hébreux, après leur séjour dans ce pays. Moïse prit les plus grandes précautions contre cette maladie. La description qu'il a donnée des différentes variétés de la lèpre a été vérifiée dernièrement, et reconnue d'une parfaite exactitude. Ces variétés sont entre autres, la *lèpre blanche* et l'*éléphantiasis*; la première surtout régnait dans la Palestine. Elle se montre d'abord par des taches teigneuses en forme de lentilles, aussi petites, dans le commencement, que la pointe d'une épingle, mais grandissant bientôt et devenant de plus en plus hideuses. Alors le visage grossit, et paraît blanc et luisant comme la neige, les membres sont enflés, le regard est fixe, tous les sens s'affaiblissent; enfin les malheureuses victimes meurent d'épuisement et d'hydropisie. Quelquefois cependant la maladie cesse d'elle-même; alors le malade devient blanc des pieds jusqu'à la tête. L'*éléphantiasis* est caractérisée par des tubercules au visage et aux membres; dans cette horrible maladie, les extrémités se corrompent et se détachent peu à peu du tronc; cependant la douleur n'est pas vive, et le lépreux meurt sans angoisse. La lèpre se transmettait jusqu'à la troisième et même à la quatrième génération; mais elle s'affaiblissait en se transmettant; à la quatrième génération il n'en restait qu'une haleine fétide. D'après la loi de Moïse, le lépreux devait être isolé des autres hommes, porter un vêtement particulier, se voiler la face, et crier de loin : Je suis lépreux ! Au temps de Jésus-Christ ces précautions étaient moins sévères. Celui qui pensait être guéri de la lèpre devait se soumettre à l'examen du sacrificateur, et à certaines cérémonies de purification. Ensuite , si sa guérison était constatée, il devait présenter à Dieu une offrande qui consistait en deux oiseaux vivants et sans défaut.

Toutes les allusions des Évangiles à d'autres usages non mentionnés dans cette introduction, seront expliquées à mesure qu'elles se présenteront au lecteur.

DE L'ÉVANGILE SELON SAINT MATTHIEU EN PARTICULIER.

Avant de devenir un apôtre, Matthieu se nommait *Lévi*, et exerçait l'état de péager, percevant les impôts sur les marchandises au bord de la mer de Galilée. Quelquefois les Juifs changeaient de nom à une époque importante de leur vie; il est vraisemblable que l'évangéliste dont nous parlons a pris le nom de *Matthieu* (c'est-à-dire *don de Dieu*), en embrassant sa carrière apostolique. De semblables changements de nom eurent lieu pour saint Pierre et pour saint Paul.

La vie de Matthieu nous est fort peu connue. La tradition rapporte que cet apôtre mourut martyr, transpercé d'une épée; mais cela n'est point certain.

L'Évangile selon saint Matthieu a été composé avant les trois autres; il est à croire que l'apôtre l'a écrit en hébreu pour les Juifs de la Palestine, et en grec pour les Juifs répandus dans les pays voisins. Le but qu'il se proposait n'était pas de raconter la vie du Sauveur en suivant rigoureusement l'ordre des faits, mais seulement de montrer par une esquisse rapide des enseignements, des actions et des destinées de Jésus qu'il était le Messie attendu d'Israël.

On ne connaît pas la date précise de la composition de cet Évangile, mais elle peut être fixée avec vraisemblance à l'an 62 de J.-C.

Nous possédons dans ce saint livre un inappréciable trésor de leçons et de récits dont Matthieu a été auditeur et témoin ; nous pouvons, en le lisant, assister en quelque sorte aux grandes et touchantes scènes que l'écrivain raconte avec une admirable simplicité ; et nous ne saurions le méditer avec attention sans accomplir le dessein du pauvre péager, sans reconnaître en Jésus de Nazareth le Messie, le Sauveur, l'Emmanuel prédit par les prophètes.

LE
NOUVEAU TESTAMENT.

LE SAINT
ÉVANGILE

DE

NOTRE SEIGNEUR JÉSUS-CHRIST,

SELON

SAINT MATTHIEU.

L'histoire sacrée de notre Seigneur Jésus-Christ, telle que le saint apôtre Matthieu l'a écrite. Dans le Nouveau Testament le mot Évangile *signifie tantôt la bonne nouvelle de la venue du Sauveur, tantôt l'ensemble de ses leçons, tantôt encore, comme dans ce titre, l'exposition historique de sa vie et de sa doctrine.*

CHAPITRE Iᵉʳ.

A. LA GÉNÉALOGIE DE JÉSUS-CHRIST.

Parallèle Luc iii, 23.

1 Généalogie de Jésus-Christ, fils de David, fils
2 d'Abraham. Abraham fut père d'Isaac. Isaac fut père de Jacob. Jacob fut père de Juda et de ses frè-
3 res. Juda eut de Thamar

Catalogue des aïeux de Jésus-Christ, descendant de David et d'Abraham.

Pharez et Zara. Pharez fut père d'Esrom. Esrom

4 fut père d'Aram. Aram fut père d'Aminadad. Aminadad fut père de Naasson. Naasson fut père de Sal-

5 mon. Salmon eut Booz de Rahab. Booz eut Obed de Ruth. Obed fut père de

6 Jessé. Jessé fut père du roi David. Le roi David eut Salomon de celle *qui avait*

7 *été femme* d'Urie. Salomon fut père de Roboam. Roboam fut père d'Abia.

8 Abia fut père d'Asa. Asa fut père de Josaphat. Josaphat fut père de Joram. Joram fut père de Hosias.

9 Hosias fut père de Joatham. Joatham fut père d'Achas. Achas fut père

10 d'Ezéchias. Ezéchias fut père de Manassé. Manassé fut père d'Amon. Amon

11 fut père de Josias. Josias fut père de Joakim. Joakim fut père de Jéchonias

et de ses frères, vers le temps que les Juifs furent emmenés captifs à Baby-

12 lone. Et après qu'ils eurent été transportés à Babylone, Jéchonias fut père de Salathiel. Salathiel fut

13 père de Zorobabel. Zorobabel fut père d'Abiud. Abiud fut père d'Eliakim. Eliakim fut père d'Azor.

14 Azor fut père de Sadoc. Sadoc fut père d'Achim. Achim fut père d'Eliud.

15 Eliud fut père d'Eléasar. Eléasar fut père de Matthan. Matthan fut père de

16 Jacob; et Jacob fut père de Joseph, l'époux de Marie, de laquelle est né Jésus qui est appelé le Christ.

17 Il y a donc en tout, depuis Abraham jusqu'à David, quatorze générations; depuis David jusqu'au temps que les Juifs furent emmenés à Baby-

On rencontre dans cette généalogie quelques irrégularités et quelques omissions qui s'expliquent ainsi : Pour abréger les catalogues généalogiques et les graver plus facilement dans la mémoire, on les divisait en parties

lone, quatorze généra- | symétriques, et pour établir la
tions; et depuis qu'ils eu- | symétrie on retranchait ce qui
rent été emmenés à Ba- | pouvait être supprimé sans inter-
bylone jusqu'au Christ, | rompre dans le souvenir la chaîne
quatorze générations. | qu'on tenait à conserver.

Les oracles écrits sur les premières pages de la Bible se montrent fidèlement accomplis dans la généalogie de Jésus. Ami de la vérité, médite sérieusement sur l'accomplissement de ces divines prédictions qui remontent jusqu'au berceau du monde, et tu reconnaîtras en Jésus, le Christ attendu d'Israël, et le désiré des nations.

Dieu dit à Abraham, à Isaac et à Jacob : Toutes les nations de la terre seront bénies en ta postérité.

Voici, les jours viennent, dit l'Éternel, que je ferai lever à David un germe, qui régnera comme Roi et qui exercera la justice sur la terre.

B. LA NAISSANCE ET LES NOMS DE JÉSUS-CHRIST.

Parall. Luc ɪ et ɪɪ.

18 Or la naissance de Jésus-Christ arriva de cette manière : Marie sa mère ayant été fiancée à Joseph, elle se trouva enceinte *par la vertu* du Saint-Esprit, avant qu'ils eussent été

Par la vertu signifie *par une action miraculeuse* de l'Esprit de Dieu.

19 ensemble. Mais comme Joseph son époux était un homme juste, et qu'il ne voulait pas la diffamer, il résolut de la quitter secrè-

20 tement. Comme il pensait à cela, un ange du Seigneur lui apparut en songe, et lui dit : Joseph, fils de David, ne fais point de difficulté de prendre Marie pour ta femme ; car l'enfant qu'elle a conçu est du Saint-Esprit.

21 Et elle mettra au monde un fils auquel tu donneras le nom de Jésus ; car il sauvera son peuple de leurs péchés.

22 Tout cela arriva, afin que s'accomplît ce que le Seigneur avait dit par le pro-

23 phète : Voici, une vierge sera enceinte, et elle mettra au monde un fils à qui on donnera le nom d'Emmanuel, ce qui signifie, Dieu avec nous.

Epoux veut dire ici *fiancé.*

Un homme juste, c'est-à-dire, *un homme de bien.*

Car l'enfant qu'elle a conçu a été créé par une action miraculeuse du Saint-Esprit.

Le nom de *Jésus* signifie proprement *Dieu est Sauveur.*

Esaïe VII, 14

Tous les siècles appelleront Jésus l'*Emmanuel,* parce que sa venue est le plus grand témoignage de la miséricorde de Dieu envers les hommes.

24 Quand Joseph fut réveillé, il fit ce que l'ange du Seigneur lui avait commandé, et prit Marie pour
25 sa femme. Mais il ne la connut point jusqu'à ce qu'elle eut mis au monde son fils premier né ; et il lui donna le nom de Jésus.

Hommes pécheurs, écoutez ! voici la bonne nouvelle ! Dieu vous a envoyé un Sauveur ; il veut vous réconcilier avec lui ; il veut vous donner le pardon et le salut. Recevez ce Sauveur, et par lui la paix de vos âmes. Croyez en lui, soyez son peuple, il vous sauvera de vos péchés.

Inclinez vos oreilles, et venez à moi ; écoutez, et votre âme vivra, et je traiterai avec vous une alliance éternelle, savoir, les gratuités immuables promises à David.

CHAPITRE II.

A. LES MAGES D'ORIENT.

1 Jésus étant né à Bethléhem, *ville* de Judée, au | Bethléhem est sur une hauteur, à deux lieues de Jérusalem.

temps du roi Hérode, des mages vinrent d'Orient à

2 Jérusalem, et dirent : Où est le Roi des Juifs qui est né? car nous avons vu son étoile en Orient, et nous sommes venus pour l'ado-

3 rer. Le roi Hérode ayant appris *cela*, en fut troublé, et toute *la ville* de Jéru-

4 salem avec lui. Il fit donc assembler tous les princi- paux sacrificateurs et les scribes du peuple, pour s'informer d'eux où le

5 Christ devait naître. Ils lui dirent : à Bethléhem, *ville* de Judée; car c'est ainsi que l'a écrit un pro-

6 phète : Et toi Bethléhem, terre de Juda, tu n'es pas la moindre entre les *villes* des gouverneurs de Juda; car de toi sortira le con- ducteur qui gouvernera

7 mon peuple d'Israël. Alors Hérode ayant fait venir en secret les mages, s'infor-

Hérode, surnommé le Grand, gouvernait alors les Juifs de la part des Romains. (Voyez l'In- troduction, page **xx**.)

Les mages étaient des philoso- phes orientaux qui s'appliquaient à l'étude de la nature et de l'as- tronomie. Ceux-ci venaient pro- bablement de l'Arabie.

A cette époque le bruit s'était répandu dans l'Orient tout entier qu'on verrait bientôt apparaitre un puissant roi des Juifs.

La ville de Jérusalem fut trou- blée parce que la frayeur du cruel Hérode annonçait de nouveaux crimes.

Les sacrificateurs étaient les prêtres chargés de ce qu'il y avait de plus important et de plus re- levé dans le culte. Les scribes ou docteurs de la loi étaient des hommes instruits qui interpré- taient, et enseignaient la loi di- vine. (Voyez l'Introduction, p. **xxv**.)

Michée **v**, 2.

Proprement, *entre les gouver- neurs de milliers*. Moïse avait établi, selon le conseil de son beau-père, des gouverneurs de milliers, de centaines, de cin- quantaines et de dizaines. Les vil- les qui primitivement avaient ren- fermé un chef de millier étaient appelées villes - gouverneurs (ce qui répond à notre mot chef-lieu). Bethléhem était du nombre.

ma d'eux exactement du temps auquel ils avaient

8 vu paraître l'étoile; et les envoyant à Bethléhem, il leur dit : Allez, informez-vous avec soin de cet enfant; et quand vous l'aurez trouvé, faites-le-moi savoir, afin que j'aille aussi

9 l'adorer. Les mages ayant entendu le roi partirent; et voici, l'étoile qu'ils avaient vue en Orient, allait devant eux, jusqu'à ce qu'étant arrivée sur le lieu où était l'enfant, elle

10 s'y arrêta. Quand ils virent l'étoile s'arrêter, ils en eurent une fort grande joie.

11 Et étant entrés dans la maison, ils y trouvèrent l'enfant avec Marie sa mère. Se prosternant devant lui, ils l'adorèrent, et après avoir ouvert leurs trésors, ils lui présentèrent de l'or, de l'encens

12 et de la myrrhe. Mais

Il voulait connaître par là l'âge du petit enfant; car il formait déjà des projets sanguinaires.

Un grand nombre d'opinions ont été avancées sur l'étoile qui apparut aux mages. On l'a considérée, tantôt comme une comète, tantôt comme un brillant météore dirigeant la marche de ces hommes distingués, tantôt comme un astre découvert par eux dans ce temps-là, tantôt comme une étoile (de la constellation de Cassiopée), qui demeure invisible pendant plusieurs siècles, qui se montre après cet intervalle pour briller quelque temps, et qui a dû être visible précisément à l'époque de la naissance du Sauveur. Quoi qu'il en soit, saint Matthieu nous montre évidemment dans la visite des mages une intervention miraculeuse, et ce qu'il faut surtout nous dire ici, c'est que l'homme qui ne peut comprendre comment son esprit agit sur son corps, ne doit pas s'étonner de ne pouvoir complètement expliquer la manière dont l'Esprit de Dieu agit sur les objets et les êtres de ce monde, aux époques de révélation surnaturelle.

C'est encore une coutume en Orient de ne pas s'approcher d'un prince sans lui apporter des présents.

La myrrhe est une gomme odo-

ayant été divinement a- | rante qui découle d'un arbre d'É-
vertis par un songe de ne | thiopie.
pas retourner vers Héro-
de, ils se retirèrent dans
leur pays par un autre
chemin.

La connaissance des livres saints avait répandu dans l'Orient tout entier l'attente d'un puissant envoyé de Dieu, avait préparé les mages à l'apparition du grand Roi, et avait indiqué aux Israélites le lieu même où devait naître le Messie. — Chrétien ! sonde les Écritures, et tu éprouveras avec une parfaite conviction qu'elles rendent témoignage de Jésus; et tu te rejouiras plus encore que les mages de la connaissance de ton Sauveur; et tu seras pressé d'offrir à celui qui t'a racheté, les dons qu'il demande des siens, la foi, l'amour, l'obéissance. « Heureux celui qui présente une telle » offrande à Jésus ! Il n'exige pas qu'on aille à lui les » mains chargées d'or et d'encens; les présents qui lui plaisent sont ceux que les pauvres comme les riches » peuvent lui offrir. »

B. LA FUITE EN ÉGYPTE.

13 Après qu'ils furent partis, un ange du Seigneur
apparut en songe à Joseph,
et lui dit: Lève-toi, prends

l'enfant et sa mère, fuis en Egypte, et tiens-toi là jusqu'à ce que je te le dise; car Hérode cherchera l'enfant pour le faire mou-

14 rir. Joseph s'étant donc levé pendant la nuit, prit l'enfant avec sa mère, et

15 se retira en Egypte. Il y demeura jusqu'à la mort d'Hérode. C'est ainsi que s'accomplit ce que le Seigneur avait dit par un prophète : J'ai rappelé mon Fils d'Egypte.

L'Égypte n'était pas éloignée de Bethléhem ; elle appartenait aux Romains et renfermait un grand nombre de Juifs.

L'histoire ancienne parle de la cruauté du roi Hérode qui fit mourir sa femme et trois de ses fils.

Osée xi, 1.

Pourquoi les rois et les princes de la terre consultent-ils contre l'Éternel, et contre son oint? Le Seigneur se rira de leurs desseins. J'ai sacré, dira-t-il, mon Roi sur Sion, la montagne de ma sainteté!

L'Éternel est ma lumière et ma délivrance; de qui aurai-je peur? L'Éternel est la force de ma vie; de qui aurai-je frayeur ?

C. LE MASSACRE DES ENFANTS A BETHLÉHEM.

16   Alors Hérode voyant que !

les mages s'étaient moqués de lui, fut fort irrité, et envoya tuer tous les enfants qui étaient dans Bethléhem et dans tout son territoire, depuis l'âge de deux ans et au-dessous, selon le temps dont il s'était exactement informé des mages.

Le territoire de Bethléhem était fort peu étendu.
Chez les Juifs un enfant était dit âgé de deux ans dès qu'il avait commencé sa deuxième année.

17 Alors s'accomplit ce qui avait été dit par le prophète Jérémie.

18 On a entendu dans Rama des cris, des lamentations, des pleurs, de grands gémissements. Rachel pleurait ses enfants, et elle n'a pas voulu être consolée de ce qu'ils ne sont *plus.*

Jérémie xxxi, 15.
Rama se trouvait dans le district de Bethléhem.

Rachel, femme du patriarche Jacob, avait été ensevelie à Bethléhem. Cette tendre mère est représentée ici poétiquement comme pleurant sur le sort des enfants immolés dans le lieu même de sa sépulture.

Pères et mères, si vous avez peine à comprendre que Dieu laisse souffrir des enfants innocents, dites-vous avec humilité que ses voies ne sont pas nos voies, que les plus épaisses ténèbres de ce monde seront lumières dans le monde à venir; et attendez en vous confiant à celui qui est notre Dieu et le Dieu de nos enfants, le temps où les desseins de sa bonté paternelle brilleront dans tout leur éclat.

Hérode s'effraie de la naissance du Messie, persécute Jésus au berceau, et massacre de pauvres enfants. Toutefois il ne réussit pas dans ses desseins, et il meurt au milieu de ses craintes et de ses forfaits. Une conscience criminelle s'alarme de tout; ses frayeurs provoquent souvent des crimes inutiles; et quoi qu'il en soit la mort vient bientôt; et après la mort le jugement.

Il n'y a point de paix pour le méchant.

Le méchant fait une œuvre qui le trompe.

D. LE RETOUR DE LA SAINTE FAMILLE.

19 Mais après qu'Hérode fut mort, un ange du Seigneur apparut en songe, en

20 Egypte, à Joseph, et lui dit : Lève-toi, prends l'enfant et sa mère, et retourne au pays d'Israël; car ceux qui cherchaient à faire périr l'enfant sont morts.

21 Ainsi Joseph s'étant levé, prit l'enfant et sa mère, et s'en vint au pays d'Israël.

22 Mais ayant appris qu'Archélaüs régnait en Judée à la place d'Hérode son père, il craignit d'y aller,

Hérode mourut d'une terrible maladie, dans la trentième année de son règne, à l'âge de soixante-dix ans.

A la mort d'Hérode, son royaume fut partagé entre ses trois fils, Archélaüs, Antipas et Philippe. Après un règne de neuf ans, Archélaüs fut exilé à Vienne, à cause de sa cruauté.

et ayant été averti de Dieu, en songe, il se retira dans la Galilée, et alla demeu- rer dans la ville de Naza- reth ; de sorte que ce qui avait été dit par les pro- phètes fut accompli : Il sera appelé Nazaréen.

25

Antipas, tétrarque (gouver- neur) de la Galilée, était plus humain qu'Archélaüs.

Nazareth était une petite et pauvre ville de la Basse-Galilée, dans la tribu de Zabulon. Le mot Nazaréen peut signifier éga- lement homme consacré à Dieu, (Juges XIII, 5), ou homme obs- cur, rejeton (Ésaïe XI, 1).

Qui méprisera le pauvre? le Fils de Dieu est né dans la pauvreté. Qui méprisera l'homme obscur, ignoré du monde? le Fils de Dieu a choisi pour demeure une ville méprisée. Qui murmurera de son abaissement et de son indigence? le Fils de Dieu s'est assujetti à toutes les misères de l'humanité.

« Aide-nous, ô Seigneur, dans l'honneur et dans » l'ignominie, dans la mauvaise et dans la bonne répu- » tation, à mener une vie que tu approuves, et à nous » préserver de la souillure du monde! »

CHAPITRE III.

A. MINISTÈRE DE JEAN-BAPTISTE.

Parall. Marc I. Luc III.

1

En ce temps-là parut Jean-Baptiste ; il prêchait

En ce temps-là, c'est-à-dire pendant que Jésus demeurait en-

dans le désert de Judée,

2 et disait : Amendez-vous ; car le royaume des cieux

3 est proche. C'est de lui dont Esaïe le prophète a parlé en disant : La voix de celui qui crie dans le désert, dit : Préparez le chemin du Seigneur, aplanissez ses sentiers.

4 Or Jean avait un habit de poil de chameau, et une ceinture de cuir autour de ses reins ; il se nourrissait de sauterelles et de miel

5 sauvage. Alors les habitants de Jérusalem, de toute la Judée et de tout le pays des environs du Jourdain, allaient à lui ;

6 ils étaient baptisés par lui dans le Jourdain, et ils confessaient leurs péchés.

7 Mais voyant plusieurs des Pharisiens et des Sadducéens qui venaient à son baptême, il leur dit : Race de vipères, qui vous a ap-

core à *Nazareth.* — Le désert de la Judée était une plaine sans culture où paissaient librement les troupeaux.

Par *le royaume des cieux* il faut entendre ici comme dans beaucoup d'autres endroits, *l'établissement de l'Évangile sur la terre.*

Ésaïe XL, 3. — Les princes de l'Orient avaient coutume de se faire précéder en voyage par un serviteur chargé de les annoncer et de préparer leur chemin.

Jean vivait avec une très-grande simplicité.

En Palestine, la classe pauvre mange encore une espèce de sauterelles.

Le baptême était le signe de leur conversion.

Mais voyant plusieurs des Pharisiens (orgueilleux et hypocrites), et des Sadducéens (incrédules et corrompus) venir pour être baptisés, il leur dit : Hommes méchants et pleins de ruse, comment

pris à fuir la colère à venir?

8 Portez donc des fruits convenables à la repentance;

9 et ne prétendez pas dire en vous-mêmes : Nous avons Abraham pour père; car je vous dis que même de ces pierres Dieu peut faire naître des enfants à

10 Abraham. Déjà *même* la coignée est mise à la racine des arbres; tout arbre qui ne porte pas de bon fruit, va être coupé et jeté au feu.

échapperez-vous à la colère à venir? Il ne vous reste qu'une ressource, c'est la repentance et les fruits qu'elle doit porter. Et ne dites point en vous-mêmes : Puisque nous avons Abraham pour père sa justice nous sera imputée, et nous sommes assurés de notre salut; car je vous déclare que Dieu peut vous exclure de son royaume et se choisir partout où il voudra un peuple qui sera véritablement enfant d'Abraham par la foi et la piété. Comme un arbre est menacé de sa chute quand la coignée est mise à ses racines, ainsi vous êtes menacés de votre perdition. Quiconque ne se convertit pas est près de se voir condamné. (Voyez l'Introduction, page xxv).

A la fin du livre de l'ancienne alliance on lit ces paroles du prophète Malachie : Voici, je vais envoyer mon messager, il préparera le chemin devant moi; voici, je vais vous envoyer Élie le prophète; convertissez-vous. *Le livre de la nouvelle alliance, plus de quatre siècles après cette prophétie, s'ouvre en nous montrant le Messager promis, le second Élie qui prépare le peuple de Dieu à recevoir le Seigneur, et qui répète cette invitation :* Convertissez-vous, amendez-vous, car le royaume des cieux est proche. — *Admirable accomplissement des divins oracles ! admirable harmonie de nos livres saints ! Cette harmonie qu'on chercherait en vain dans les livres des hommes règne dans toute la*

Bible ; depuis sa première jusqu'à sa dernière page , il semble qu'une seule main l'ait écrite à travers les siècles. N'est-ce pas parce qu'un seul et même Esprit a dirigé tous ces hommes d'esprit, de temps, de lieux si divers qui ont tracé les pages saintes ?

Semblables aux Israëlites qui se croyaient assurés de leur salut parce qu'ils descendaient d'Abraham , ne nous contentons-nous point d'appartenir extérieurement à l'Église de Jésus-Christ sans consacrer notre cœur et notre vie au Sauveur et à l'Évangile. Prenons garde ! pour chacun de nous la coignée est déjà mise à la racine de l'arbre, la fin de toute chose approche, pour chacun de nous le jour vient où l'arbre qui n'aura pas porté de bons fruits sera coupé et jeté au feu.

B. JEAN-BAPTISTE REND TÉMOIGNAGE A JÉSUS.

Parall. Marc i , 9. Luc iii , 16. Jean i , 33.

11 Pour moi, je vous baptise d'eau, afin de vous porter à la repentance ; mais celui qui vient après moi est plus puissant que moi, et je ne suis pas digne de lui porter les souliers ; il vous baptisera du Saint-Esprit et de feu. Il a son

Le baptême que vous recevez de moi est le signe de votre repentance ; c'est une préparation à quelque chose de plus parfait. Mais il vient après moi un Envoyé qui est pourvu d'une mission bien plus haute, et qui est si élevé au-dessus de moi que je ne suis pas même digne d'être son serviteur. Celui-là communiquera abondamment à vos cœurs préparés par la repentance l'esprit de sainteté et d'ardeur. Comme le moissonneur, avec son van, et dans

12

van dans les mains, il nettoiera parfaitement son aire; il amassera son froment dans le grenier, mais il brûlera la paille au feu qui ne s'éteint point.

le lieu où il bat le blé, sépare le grain de la balle et de la paille, serre le froment dans son grenier, et brûle tout le reste; ainsi cet Envoyé qui vient après moi séparera les bons d'avec les méchants, recevra les premiers dans son royaume et livrera les autres à la condamnation.

Que d'humilité dans la conduite de Jean-Baptiste ! Quelle leçon pour nous, qui prenons si facilement ombrage de la supériorité d'autrui ! Et en même temps quel puissant témoignage est rendu à Jésus-Christ par la déclaration de son précurseur ! Jean-Baptiste dont la gloire doit être éclipsée par l'éclat du ministère de Jésus, proclame la supériorité divine de celui qui lui sera préféré ! Jamais autorité ne fut plus digne de confiance. Néanmoins, à cette déclaration si frappante, le ciel va joindre encore sa voix irrésistible. Dieu ne nous a rien refusé de ce qui peut établir notre foi.

C. JEAN BAPTISE JÉSUS.

Parall. Marc I, 10. Luc III, 21, 22.

13   Jésus, en ce temps-là, vint de Galilée vers le Jourdain, auprès de Jean, pour être baptisé de lui.
14 Mais Jean s'y opposait;

j'ai besoin, disait-il, d'être baptisé par toi, et tu viens

15 à moi ! Jésus lui répondit : Laisse-*moi faire* pour le présent ; car c'est ainsi qu'il nous convient d'accomplir tout ce qui est juste. Jean alors le laissa

16 *faire.* Dès que Jésus fut baptisé, il sortit de l'eau ; et à l'instant les cieux s'ouvrirent sur lui, et *Jean* vit l'Esprit de Dieu descendre comme une colombe et

17 venir sur lui. En même temps on entendit une voix du ciel qui disait : C'est ici mon Fils bien-aimé, en qui j'ai mis toute mon affection,

Jésus lui répondit : Pour le moment cède à mon désir, (sans en comprendre toute la convenance) ; tu reconnaîtras bientôt que ce baptême est d'accord avec l'œuvre de notre ministère, et avec les desseins de Dieu. Alors Jean ne s'opposa plus au désir de Jésus.

On lit dans l'Évangile selon saint Luc III, 22 : *Sous une forme corporelle, comme celle d'une colombe.*

« *Oh ! oui, nous croyons en toi, divin Sauveur ; cette*
» *voix nous persuade ; c'est en toi que nous mettrons*
» *toute notre confiance, car tu es puissant pour nous*
» *sauver ; c'est à toi que nous obéirons, car tu nous*
» *apportes les commandements de l'Eternel ; c'est à toi*
» *que nous soumettrons nos pensées et nos désirs, car*
» *tu es le possesseur de la félicité céleste, tu nous la*
» *promets, tu nous l'accorderas !* »

CHAPITRE IV.

A. LA TENTATION DE JÉSUS-CHRIST.

Parall. Marc I, 12. Luc IV, 1.

1 Alors Jésus fut conduit par l'Esprit dans un désert, pour y être tenté par le diable. 2 Et après qu'il eut jeûné quarante jours et quarante nuits, 3 il eut faim. Alors le tentateur s'étant approché de lui, lui dit : Si tu es le Fils de Dieu, ordonne que ces pierres deviennent des pains. 4 *Jésus* lui répondit : Il est écrit : Ce n'est pas seulement de pain que l'homme peut vivre, mais de tout ce que la bouche de Dieu en ordonnera.

5 Alors le diable le mena dans la ville sainte, et l'ayant placé sur le haut 6 du temple, il lui dit : Si

Alors Jésus fut conduit dans le désert par l'impulsion de l'Esprit qu'il avait reçu.

Deut. VIII, 3. Jésus donne un sens spirituel à ces paroles de l'Ancien Testament, et fait déjà entendre que *sa nourriture* sera *de faire la volonté de Dieu.*

Le récit de la tentation de Jésus-Christ présente de nombreuses difficultés d'explication. On les surmontera par l'un des deux moyens que nous allons indiquer :

tu es le Fils de Dieu, jette-toi en bas; car il est écrit qu'il ordonnera à ses anges d'*avoir soin* de toi, et de te porter entre leurs mains, de peur que ton pied ne heurte contre quelque 7 pierre. Jésus lui répondit : Il est *aussi* écrit : Tu ne tenteras point le Seigneur ton Dieu.

8 Le diable le mena encore sur une montagne fort haute : il lui montra tous les royaumes du mon-9 de et leur gloire. Je te donnerai, lui dit-il, toutes ces choses, si en te prosternant devant moi tu 10 m'adores. Jésus lui répondit : Retire-toi, Satan, car il est écrit : Tu adoreras le Seigneur ton Dieu, et tu ne serviras que lui 11 seul. Alors le diable le laissa, et aussitôt des anges s'approchèrent de lui et le servirent.

Ps. XCI, 11 et 12

Deut. VI, 16.

Deut. x, 20 et VI, 13.

— Ou bien on pourra considérer la tentation comme un fait historique dans tous ses détails, et donner un sens littéral à toutes les paroles du récit, admettant, dans ce cas, que cette scène renferme des mystères qui échappent à notre faible intelligence, et qu'il est inutile de sonder. — Ou bien on pourra, s'appuyant sur les idées répandues parmi les Juifs au sujet des bons et des mauvais anges, sur l'habitude des figures chez les Orientaux, sur leur coutume de représenter comme des êtres animés les différents mouvements de l'âme, regarder comme assez vraisemblable que l'histoire de la tentation est l'histoire des pensées intimes du Sauveur, dans la solitude où il s'était rendu pour méditer profondément sur l'œuvre de son ministère. Toutes les autres opinions sur ce point nous paraissent renfermer des contradictions ou des difficultés invincibles ; c'est pourquoi nous croyons devoir les passer sous silence. Quelle que soit d'ailleurs l'interprétation qui plaise davantage à notre esprit, ce qu'il y a d'important pour nous, c'est de profiter des grandes leçons que ce récit nous présente.

Jésus a triomphé de toutes les tentations. En vain tu chercherais parmi les hommes une vie entièrement juste et pure ; en vain tu chercherais une tache dans la vie de Jésus. Tout homme est pécheur ; Jésus le juste est le Fils de Dieu.

Jésus a triomphé de toutes les tentations. Il a été ainsi éprouvé, et il est sorti victorieux de l'épreuve, afin de soutenir notre faiblesse, et de nous conduire à de semblables victoires.

Jésus a triomphé de toutes les tentations en les repoussant par ces mots : Il est écrit. Appuyons-nous sur Dieu, armons-nous de sa parole pour résister au mal, le mal s'éloignera de nous.

Les passions, les convoitises qui s'agitent au-dedans de nous, nous tiennent un langage semblable à celui dont le tentateur se servit pour séduire Jésus. N'as-tu pas le droit, nous disent-elles, de te livrer à ce penchant ? n'est-il pas de ton honneur de ne point supporter cette offense ? Elles nous rassurent ensuite sur les conséquences de nos fautes, empruntant même quelquefois la voix de la religion pour apaiser nos craintes. Enfin elles font briller des plus belles couleurs les trompeuses jouissances que le péché procure. Comment pourrions-nous vaincre tant de puissances déchaînées contre nous, si Dieu n'était pas notre force, si Jésus n'était pas notre soutien ?

B. JÉSUS COMMENCE SON MINISTÈRE.

Marc i. Luc iv.

12 Jésus ayant appris que | Hérode Antipas avait fait

Jean avait été mis en prison, se retira dans la 13 Galilée ; et ayant quitté Nazareth, il alla demeurer à Capernaüm, ville maritime sur les confins de Zabulon et de Neph- 14 thali. En sorte que tout ce qui avait été dit par le prophète Esaïe fut accom- 15 pli : Le pays de Zabulon et le pays de Nephthali, qui est sur le chemin de la mer, au-delà du Jourdain, la Galilée des Gen- 16 tils, le peuple qui était dans les ténèbres, a vu une grande lumière, et la lumière s'est levée sur ceux qui habitaient dans la région et dans l'ombre de la mort.

17 Dès-lors Jésus commença à prêcher et à dire : Amendez-vous, car le royaume des cieux est proche.

prendre Jean, et l'avait fait lier et mettre en prison, parce que Jean lui disait : Il ne t'est pas permis d'avoir pour épouse la femme de ton frère. Matth. xiv, 3, 4. Jésus avait été méconnu et maltraité à Nazareth. Luc iv, 29.

Capernaüm était une ville florissante et située au nord-ouest du lac de Génézareth, appelé aussi lac de Tibériade, ou mer de Galilée.

Ésaïe viii, 23 et ix, 1.

Cette partie de la Galilée était habitée par un grand nombre de gentils ou païens. *Ces populations qui demeuraient dans les ténèbres de l'ignorance et du malheur ont vu une grande lumière, et c'est pour les hommes qui étaient plongés dans l'obscurité la plus profonde que cette lumière éclatante s'est levée.* — Ce fut en effet dans ce pays que Jésus exerça en grande partie son ministère.

Si le Soleil de Justice ne s'était pas levé, si le Fils de

Dieu n'était pas venu au milieu des hommes, nous habiterions encore dans la région et dans l'ombre de la mort, dans l'ignorance, dans le péché, dans le malheur. Nos cœurs sentiront-ils jamais assez de reconnaissance et d'amour pour celui qui nous a éclairés et sauvés?

Comme Jean-Baptiste, Jésus commence son ministère en disant : Amendez-vous, convertissez-vous. — Avons-nous obéi à ce premier et divin appel? Avons-nous gémi sur nos offenses, avons-nous renoncé à nos erreurs et à nos fautes, avons-nous tourné nos cœurs vers le royaume des cieux? En vain nous appellerions-nous disciples de Jésus-Christ, si nous demeurions dans nos péchés, si nous courbions la tête sous le joug des passions qui nous font la guerre.

O Dieu, aie pitié de moi, selon ta miséricorde, selon la grandeur de tes compassions efface mes péchés, car je connais mes transgressions.

Je me suis hâté de rebrousser chemin vers la loi de l'Éternel.

C. QUATRE DISCIPLES SUIVENT JÉSUS.

Marc 1. Luc v.

18 Or Jésus marchant le long de la mer de Galilée, vit deux frères, Simon *qui fut* appelé Pierre, et André son frère, qui jetaient leurs filets dans la

Voyez Jean 1, 42, comment Simon fut appelé Pierre. — Il n'est point dit ici que Jésus n'eût pas rencontré d'autres fois Simon et André avant de les appeler à le suivre.

19 mer, car ils étaient pêcheurs ; et il leur dit : Suivez-moi, et je vous ferai

20 pêcheurs d'hommes. Ils laissèrent aussitôt leurs filets, et le suivirent.

Je vous mettrai en état de gagner des hommes pour le royaume des cieux.

21 De là étant passé plus avant, il vit dans une barque deux autres frères, Jacques fils de Zébédée, et Jean son frère, avec Zébédée leur père, qui raccommodaient leurs filets ;

22 et il les appela. A l'instant ils laissèrent leur barque et leur père, et le suivirent.

Jésus choisit pour ses apôtres des pêcheurs de la Galilée. — L'artisan pauvre, inconnu hors de son village, est aussi grand devant Dieu que le riche entouré de la gloire du monde.

Qu'auraient fait ces quelques pêcheurs pour le règne de l'Évangile s'ils eussent été abandonnés à leurs propres forces ? — L'établissement du christianisme est un miracle manifeste de la toute-puissance de Dieu.

Les apôtres n'hésitent point à abandonner leur barque et leurs filets pour suivre Jésus-Christ. — Sachons placer au-dessus de tout l'obéissance au Fils de Dieu.

D. JÉSUS GUÉRIT UN GRAND NOMBRE DE MALADES.

23 Jésus allait ainsi par toute la Galilée, enseignant dans leurs synagogues, prêchant l'Evangile du règne *de Dieu*, et guérissant toutes sortes de maladies et de langueurs parmi le peuple. 24 Aussi sa renommée se répandit par toute la Syrie, et on lui amenait tous les malades qui étaient affligés et tourmentés de divers maux, les démoniaques, les lunatiques, les paralytiques, 25 et il les guérissait. Et une grande multitude de peuple le suivit de Galilée, de la Décapole, de Jérusalem, de Judée, et des environs du Jourdain.

Les *synagogues* étaient des maisons où les Juifs se réunissaient pour le service divin. On y entendait des prières, la lecture de l'Ancien Testament et des méditations sur cette lecture. (Voy. l'Introduction, p. XXVIII.) La croyance populaire des Hébreux, des Orientaux en général, et même des Grecs et des Romains, attribuait au pouvoir du démon, ou à l'influence de la lune certaines maladies frappantes dont on ne connaissait point les causes, ou dont la marche et les crises offraient quelque chose de singulier. De là vint que dans le langage habituel, au lieu de dire un fou, un épileptique, un sourd-muet, etc., on dit un démoniaque, un possédé, un homme qui a un esprit impur, qui a un démon sourd-muet, etc.; qu'au lieu de dire un maniaque, un mélancolique, etc., on dit un lunatique. Jésus-Christ et les évangélistes ne durent et ne purent employer un autre langage que celui dont chacun se servait journellement. Au temps d'Origène, deux cents ans après Jésus-Christ, les médecins qui ne croyaient point à la possession des démons, employaient les mêmes expressions de démoniaques, de possédés, etc., pour désigner les malades que nous venons de nommer.

La charité qui accompagne tous les miracles de Jésus-

Christ est aussi divine que la puissance qui les opère, et aussi propre à établir notre foi.

Le prophète Ésaïe a dit en parlant de la venue du Messie : Alors les yeux des aveugles seront ouverts, et les oreilles des sourds entendront ; alors le boiteux sautera comme le cerf, et la langue du muet chantera en triomphe.

CHAPITRE V.

Discours sur la montagne.

A. LE VÉRITABLE BONHEUR.

1 Jésus voyant tout ce peuple, monta sur une montagne, où il s'assit ; et ses disciples s'approchè-

2 rent de lui. Alors prenant la parole, il les enseignait

Il enseignait ses disciples qui étaient tout près de lui, et la multitude qui était un peu plus loin.

3 en disant : Heureux les pauvres d'esprit ; car le royaume des cieux leur

Heureux ceux qui sont dépourvus d'orgueil, qui ont le sentiment de leur indignité.

4 appartient. Heureux ceux qui sont dans l'affliction ; car ils seront consolés.

5 Heureux ceux qui ont l'esprit doux ; car ils possé-

Heureux ceux qui ont un esprit de douceur et de bonté, car ils posséderont la nouvelle terre.

6 deront la terre. Heureux ceux qui sont affamés et altérés de la justice; car

7 ils seront rassasiés. Heureux ceux qui sont miséricordieux; car ils obtien-

8 dront miséricorde. Heureux ceux qui ont le cœur pur, car ils verront Dieu.

9 Heureux ceux qui sont pacifiques; car ils seront appelés enfants de Dieu.

10 Heureux ceux qui sont persécutés pour la justice; car le royaume des cieux

11 leur appartient. Vous serez heureux, lorsqu'à cause de moi on vous dira des injures, qu'on vous persécutera, et qu'on dira faussement contre vous

12 toute sorte de mal; réjouissez - vous *alors*, et soyez ravis de joie, parce que votre récompense sera grande dans les cieux; car c'est ainsi qu'on a persécuté les prophètes qui ont vécu avant vous.

Heureux ceux qui aiment avec ardeur ce qui est juste et bon, car ils jouiront pleinement de ce qui est juste et bon dans les nouveaux cieux où la justice habitera.

Heureux ceux qui aiment et recherchent la paix.

Heureux ceux qui souffrent la persécution plutôt que de trahir la cause de la justice; car ils entreront dans le royaume des cieux.

Réjouissez-vous, parce qu'une grande récompense vous attend dans les cieux; réjouissez-vous aussi, au milieu de vos persécutions, d'avoir un sort semblable à celui des saints prophètes qui ont vécu avant vous. (Élie, Michée, Jérémie.)

Homme mortel! durant ton court passage sur la terre, ton cœur demande sans cesse : Où est le bonheur ? Si tu ne veux pas t'égarer à sa poursuite dans des routes de plus en plus trompeuses, écoute la voix du Fils de Dieu. Le bonheur ne peut se trouver dans les jouissances de ce monde. Il sera dans le royaume des cieux, dont les habitants se verront consolés de toutes leurs peines, justifiés de toutes leurs fautes, rassasiés dans tous les besoins de leur âme. Il sera dans l'union éternelle de la créature avec son Créateur ; union si intime que les fidèles verront Dieu ; union si tendre qu'ils seront appelés enfants de Dieu. Il sera dans des récompenses dont la seule pensée doit nous faire tressaillir de joie au milieu des douleurs de ce monde. — Et quels seront les héritiers de ce bonheur ? Ceux qui auront été humbles de cœur, qui auront reconnu leurs faiblesses, et senti le besoin d'aller à Jésus pour avoir le salut et la vie ; ceux qui auront été affligés, et que l'affliction aura ramenés comme David aux ordonnances de l'Éternel ; ceux qui se seront revêtus de compassion et de douceur ; ceux qui auront aimé la justice par-dessus tout ; ceux qui auront purifié leur cœur ; ceux qui auront fait régner la paix au milieu de leurs frères ; ceux qui auront souffert la méchanceté et le mépris des hommes en faisant la volonté de Dieu. — Chrétien ! es-tu du nombre de ces fidèles ? as-tu acquis ces sentiments, ces vertus ? travailles-tu à les acquérir ? Que ta conscience réponde, et que les jours que Dieu t'accorde encore sur la terre soient consacrés à tendre au bonheur que Jésus te promet, par les moyens qu'il te révèle.

B. LE CHRÉTIEN DOIT ÊTRE LE SEL ET LA LUMIÈRE DU MONDE.

13 Vous êtes le sel de la terre; mais si le sel perd sa saveur, avec quoi la lui rendra-t-on? Il ne vaudrait plus rien qu'à être jeté dehors, et à être foulé aux pieds par les hommes.

14 Vous êtes la lumière du monde: une ville située sur une montagne ne saurait

15 être cachée. Et quand on allume une lampe, on ne la met point sous un boisseau, mais on la met sur un chandelier, et elle éclaire tous ceux qui sont

16 dans la maison. Que votre lumière luise ainsi devant les hommes, afin que voyant vos bonnes œuvres, ils glorifient votre Père qui est dans les cieux.

Ces paroles s'adressent directement aux apôtres, indirectement à tous les chrétiens. En voici le sens : *Comme le sel donne la saveur aux aliments, ainsi vous devez donner à l'humanité la véritable saveur de la vie, les lumières de l'Évangile; mais si vous perdez cette saveur que je vous donne, qui vous la donnera de nouveau pour que vous la communiquiez à d'autres? Il ne vous restera qu'à être rejetés de mon royaume, et méprisés de l'humanité. Vous êtes choisis pour éclairer le monde; placés par moi sur les hauteurs de la science divine, vous ne pouvez laisser ignorer aux hommes ce que vous avez appris. De même qu'on n'allume pas une lampe, etc., de même ce n'est pas pour que vous les teniez secrètes que je vous donne les lumières divines; c'est pour que vous les répandiez de toutes parts, et qu'elles éclairent tout le monde. Faites donc briller ces lumières devant les hommes, afin qu'en voyant les bonnes œuvres qu'elles inspirent, ils s'attachent à l'Évangile, et augmentent le nombre de ceux qui, comme vous, connaissent et glorifient le Père qui est dans les cieux.*

Disciple de Jésus-Christ! quelque simple, quelque peu éclairé que tu sois selon le monde, tu dois faire briller

dans la famille et aux yeux de tes frères la lumière de tes bonnes œuvres ; tu peux et tu dois, par ton exemple, avancer le règne de Dieu et du Sauveur.

Josué dit au peuple : Pour moi et ma maison nous servirons l'Éternel ; alors le peuple répondit et dit : A Dieu ne plaise que nous abandonnions l'Éternel pour servir d'autres dieux !

G. LA SAINTETÉ QUE JÉSUS DEMANDE A SES DISCIPLES.

1° Ils doivent observer toute la loi morale de l'Ancien Testament, même les commandements qui paraissent les plus petits.

17 **Ne croyez pas que je sois venu abolir la loi ou les prophètes ; je ne suis point venu pour les abolir, mais pour les accomplir.**
18 **Car je vous dis en vérité que tant que le ciel et la terre subsisteront, il n'y aura rien dans la loi qui ne s'accomplisse jusqu'à un seul iota, ou au moin-**
19 **dre trait. Celui donc qui aura violé un seul de ces plus petits commande-ments et qui aura enseigné**

Si je vous donne une nouvelle lumière, ne croyez point toutefois qu'elle abolisse les enseignements de Moïse et des prophètes ; non, elle ne les abolit point, mais elle les rend accomplis, elle les com-plète ; elle les abolit si peu que même les commandements que vous considérez comme les plus petits de l'ancienne loi morale, se-ront obligatoires à mes yeux tant que le monde subsistera. (L'iota est la plus petite lettre de l'alpha-bet grec.) Ces commandements considérés comme les plus petits de l'ancienne alliance auront force de loi dans la nouvelle ; (Les pha-risiens distinguaient selon leur convenance de grands et de petits commandements dans la loi mo-rale ;) et toujours mes disciples seront jugés, estimés grands ou petits, récompensés ou punis, se-

cela aux hommes, sera estimé plus petit dans le royaume des cieux; mais celui qui les aura observés et enseignés, sera estimé grand dans le royaume des cieux. Car je vous déclare 20 que si votre justice ne surpasse celle des scribes et des pharisiens, vous n'entrerez point dans le royaume des cieux.

lon qu'ils les auront observés ou enseignés, et qu'ils auront ainsi entraîné les autres hommes à les garder ou à les enfreindre. Je vous déclare en effet que si votre sainteté ne surpasse celle des scribes et des pharisiens qui appellent petits certains commandements de la loi morale pour les violer sans entraves, vous n'entrerez point dans le royaume des cieux.

Chrétien! n'oublie jamais le respect que tu dois à la loi que Dieu a donnée autrefois à son peuple par Moïse et par les prophètes. Elle est le fondement sur lequel Christ a posé l'Évangile. L'ancienne et la nouvelle alliance forment ce merveilleux édifice dont chaque pierre a été posée dans la suite des siècles, à la place qui lui convenait, et pour ajouter quelque chose à la divine beauté de l'ensemble.

Que ce livre de la loi *ancienne* soit continuellement dans ta bouche; médite-le nuit et jour, afin que tu sois attentif à faire tout ce qui y est écrit; *mais aspire à une sainteté plus grande encore que celle de l'homme juste en Israël, toi que le Soleil de Justice a éclairé de ses rayons.*

2° Outre l'ancienne loi, les disciples de Jésus-Christ doivent observer une autre loi plus parfaite.

a. **A l'égard des Sentiments haineux.**

21 Vous avez appris qu'il

a été dit aux anciens : Tu ne tueras point ; et celui qui aura tué sera puni par le jugement. 22 Mais je vous dis, que quiconque se met en colère sans raison contre son frère, doit être puni par le jugement ; que celui qui dira à son frère racha, doit être puni par le conseil ; que celui qui l'appellera fou, doit être puni par le feu de la géhenne.

Il est ici question des différents tribunaux établis, et des différentes peines appliquées chez les Juifs. Le *jugement* était un tribunal composé de sept juges ; il prononçait dans chaque ville sur les causes de peu d'importance. Le *conseil* ou *sanhédrin* jugeait les causes plus graves. La *Géhenne*, ou vallée des fils de Hinnon, était une vallée au sud de Jérusalem, où les Israélites idolâtres avaient fait passer leurs enfants par le feu pour les offrir au faux dieu Moloch. Le nom de ce lieu d'horreur s'appliqua ensuite au séjour des méchants après la mort. — Le mot *racha* signifie homme de peu de valeur ; c'était une injure très-usitée chez les Juifs. Le mot *fou* exprime ici non-seulement la perte de la raison, mais la dégradation, la bassesse ; c'était une injure très-offensante. — Dans le verset 22e, Jésus, comparant la justice divine à celle qui était exercée de son temps, enseigne, que ce n'est pas seulement le meurtrier qui est digne de punition, *que celui qui se met en colère contre son frère sans cause* (il est des occasions où la colère a une cause qui la justifie, par exemple, le cas de légitime défense), *mérite aussi d'être jugé et puni ; que celui qui dira à son frère une injure quelque faible qu'elle soit mérite d'être jugé et puni sévèrement, et que celui qui adressera à son frère de violents outrages mérite une peine très-rigoureuse.*

b. A l'égard de la Réconciliation.

23 Lors donc que tu apportes ton offrande à l'autel, s'il te souvient que ton frère a quelque chose
24 contre toi, laisse là ton offrande devant l'autel, va premièrement te réconcilier avec ton frère; et après cela, viens et
25 présente ton offrande. Accorde-toi au plutôt avec ta partie adverse, pendant que tu es en chemin avec elle, de peur qu'elle ne te livre au juge et le juge au sergent, et que tu ne
26 sois mis en prison. Je te dis en vérité, que tu n'en sortiras point que tu n'aies payé jusqu'au dernier quadrain.

Ce que notre Seigneur dit ici du culte public des Israélites, s'applique à toute espèce de culte qu'on offre à Dieu.

Oui, réconcilie-toi promptement avec ton frère offensé; n'attend pas que vous ne soyez plus ensemble dans ce monde, de peur qu'il ne soit pour toi un accusateur devant le souverain Juge, et que tu ne sois livré aux peines à venir; je te dis en vérité, que devant ce Juge suprême il faut nécessairement rendre compte des plus petites offenses, et recevoir le prix de chacune. (Le quadrain avait à peu près la valeur d'un demi-denier.)

c. A l'égard de l'Impureté.

27 Vous avez appris qu'il a été dit aux anciens : Tu ne commettras point d'adul-
28 tère. Mais moi je vous

dis que quiconque regarde une femme avec des yeux de convoitise, a déjà commis dans son cœur un

29 adultère avec elle. Si ton œil droit t'est une occasion de chute, arrache-le, et jette-le loin de toi ; car il vaut mieux pour toi qu'une des parties de ton corps périsse, que si tout le corps était jeté dans la

30 géhenne. De même si ta main droite t'est une occasion de chute, coupe-la, et jette-la loin de toi ; car il vaut mieux pour toi qu'une des parties de ton corps périsse, que si le corps tout entier était jeté dans la géhenne.

Si donc tu te sens entraîné à des regards impurs, hâte-toi de repousser cette tentation de tous tes efforts ; car il vaut mieux que tu sacrifies le charme coupable de ces regards que d'être amené par eux à la perdition.

Et si tu te sens sur le point de commettre des actes d'impureté, arrache-toi plus promptement, plus fortement encore aux attraits de cette séduction ; car il vaut mieux que tu renonces au plaisir de tes sens que de livrer ton corps à des souillures qui te perdraient pour toujours.

d. A l'égard du Divorce.

31 Il a été dit *aussi* : Si quelqu'un répudie sa femme, qu'il lui donne la lettre

32 de divorce. Mais moi je vous dis que quiconque

La loi de Moïse permettait au mari de répudier sa femme ; mais il devait, en la répudiant, lui donner une lettre (de douze lignes au moins) dans laquelle il déclarait qu'il ne la considérait plus comme sa femme, et qu'elle avait

répudie sa femme, si ce n'est pour cause d'adultère, l'expose à devenir adultère; et que celui qui épouse la femme répudiée, commet aussi un adultère.

le droit de prendre un autre mari (Deut. xxiv, 1). Moïse avait ordonné cette formalité, ainsi que plusieurs autres, pour empêcher les divorces irréfléchis. — D'après le passage du Deutéronome xxiv, 1, le motif sur lequel le mari pouvait fonder sa lettre de divorce était, de trouver *quelque chose de malhonnéte* dans sa femme. Selon quelques docteurs Juifs, ces mots : *quelque chose de malhonnéte*, indiquaient l'adultère; selon d'autres, ils désignaient toute chose désagréable au mari. Jésus condamne cette dernière opinion pleine de légèreté, et déclare que si une femme délaissée illégitimement (pour autre cause que l'adultère) se marie de nouveau, le mari qu'elle prend n'est pas légitime, mais adultère; et que la femme elle-même n'est pas légitime, mais adultère, puisque réellement, devant Dieu et devant la loi bien interprétée, elle est encore liée à son premier mari.

c. A l'égard des Serments.

33 Vous avez encore appris qu'il a été dit aux anciens : Tu ne te parjureras point; mais tu t'acquitteras envers le Seigneur de ce que tu auras 34 promis par serment. Mai moi je vous dis : Ne jurez point du tout, ni par le

Les pharisiens prétendaient que le parjure était peu condamnable quand le nom de l'Éternel n'avait pas été prononcé. Jésus s'élève contre cette fausse apparence de respect pour le nom de l'Éternel, faisant comprendre que les faux serments, et même les serments vains, sont aussi coupables lorsqu'on jure par quelque objet appartenant à Dieu que lorsqu'on jure par le nom de Dieu même. Il veut qu'on se contente de dire oui, quand on doit affirmer; non,

35 ciel, parce que c'est le trône de Dieu; ni par la terre, parce que c'est son marche-pied; ni par Jérusalem, parce que c'est
36 la ville du Grand Roi. Ne jure pas non plus par ta tête, puisque tu ne peux faire devenir un seul che-
37 veu blanc ou noir; mais que votre parole soit oui, oui; non, non; car tout ce qui est de plus vient du malin.

quand on doit nier; tout le reste, dit-il, vient du malin, c'est-à-dire est mauvais; tous les serments qu'on ajoute à ces mots, dans la vie ordinaire, ne font que détruire le respect pour ce qui est sacré, ou pour la vérité simple et pure. Il n'est pas besoin de dire que Jésus ne blâme en aucune façon le serment prononcé devant les tribunaux.

f. À l'égard du Support et de la Condescendance.

38 Vous avez appris qu'il a été dit : Œil pour œil,
39 dent pour dent. Et moi je vous dis de ne point résister à celui qui vous fait du mal, mais si quelqu'un te frappe à la joue droite, présente-lui aussi
40 l'autre. Si quelqu'un veut te faire un procès pour avoir ta robe, laisse-lui
41 encore l'habit. Si quelqu'un veut te contraindre

C'était une loi que les juges devaient observer dans la condamnation des coupables; la loi du talion, Lév. xxiv, 20. Les Pharisiens s'appuyaient sur cette loi pour s'excuser de rendre le mal pour le mal.

Jésus nous demande de supporter une seconde offense plutôt que de rendre la première; de faire de grands sacrifices plutôt que d'entrer en querelle ou en procès avec notre frère (la robe ou tunique était le vêtement de dessous, l'habit ou manteau se mettait par dessus); et de souffrir long-temps une pénible contrainte plutôt que d'y répondre par la violence.

de faire une lieue avec lui,
fais-en deux.

g. A l'égard de la Bienfaisance.

42 Donne à celui qui te demande et ne te détourne
point de celui qui veut
emprunter de toi.

Nous ne pouvons pas toujours remplir les vœux de ceux qui nous demandent du secours, ou qui veulent emprunter de nous; mais ce qu'ordonne notre Maître, c'est que nous ayons le cœur disposé à soulager nos frères, à donner et à prêter, toutes les fois que cela est possible et raisonnable.

h. A l'égard de l'amour des ennemis.

43 Vous avez appris qu'il
a été dit : Tu aimeras ton
prochain, et tu haïras
44 ton ennemi. Mais moi je
vous dis : Aimez vos en-
nemis, bénissez ceux qui
vous maudissent, faites
du bien à ceux qui vous
haïssent, et priez pour
ceux qui vous outragent
et qui vous persécutent;
45 afin que vous soyez enfants de votre Père qui
est dans les cieux; car il
fait lever son soleil sur
les méchants et sur les
bons, et il fait pleuvoir

Les scribes et les pharisiens considéraient ces mots : *Tu aime-ras ton prochain* (Lév. xix, 18) comme signifiant : Tu aimeras celui qui t'aime; et ajoutaient comme conséquence cet autre précepte qui n'est point dans la Bible : Tu haïras celui qui te hait.

46 sur les justes et sur les injustes. En effet, si vous n'aimez que ceux qui vous aiment, quelle récompense en aurez-vous ? les péagers même n'en font-47 ils pas autant ? Et si vous ne faites accueil qu'à vos frères, que faites-vous d'extraordinaire ? les péagers même n'en font-ils pas autant ?

Les péagers, c'est-à-dire les hommes employés à percevoir les impôts sur les marchandises, étaient en général aussi corrompus que méprisés.

Disciple de Jésus-Christ ! garde-toi de prendre pour seul guide les lois humaines ou les maximes du monde. Que l'Évangile de ton Sauveur soit en toutes choses la règle de ta vie.

Les lois humaines condamnent les crimes qu'enfante la colère. — Souviens-toi que l'Évangile condamne tout sentiment de haine, toute parole offensante ; que Dieu ne reçoit point ton culte quand ton frère a sujet de se plaindre de toi, et qu'il a de redoutables peines pour ceux qui refusent de tendre à ses enfants la main de réconciliation.

Les lois humaines condamnent l'adultère. — Souviens-toi que l'Évangile condamne toutes les pensées, tous les désirs impurs ; et garde ton cœur plus que toute autre chose qu'on garde.

Les lois humaines sur le divorce varient selon les lieux. — Quel que soit le pays que tu habites, souviens-

toi que Dieu lui-même a formé le lien du mariage, et que l'Évangile a fixé les seuls motifs qui puissent le rompre.

Les lois humaines ne te frapperont pas si tu prends le nom de Dieu en vain, si tu trahis la vérité, peut-être même si tu es infidèle à tes promesses; — mais sache que pour toutes ces choses Dieu t'appellera en jugement.

Les maximes du monde appellent lâcheté le pardon des offenses, le support, les concessions, les sacrifices de l'intérêt et de l'orgueil, l'amour en échange de la haine. — Disciple de Jésus-Christ, regarde toutes ces nobles vertus comme la plus belle gloire d'un enfant de Dieu.

3° Enfin, la sainteté à laquelle doivent tendre les disciples de Jésus est celle de Dieu même.

48   Soyez donc parfaits comme votre Père qui est dans les cieux est parfait.

Soyez donc les imitateurs non des péagers, non des pharisiens, non des serviteurs de l'ancienne loi, mais de Dieu lui-même; tendez à devenir parfaits, comme lui-même est parfait.

Oui, chrétien, voilà la vocation à laquelle ton Sauveur t'a appelé! C'est la loi parfaite qui doit être ta loi, c'est le Dieu parfait qui doit être ton modèle. Consacre chaque jour de ta vie à avancer dans la sainteté par excellence dont l'Évangile est le code, à former ton cœur à l'image du Père qui est dans les cieux; ainsi tu deviendras le bien-aimé de l'Éternel, le vrai disciple de

7*

*son Fils et l'héritier de son royaume. Mais que son
Esprit soit ta force et ton secours dans la carrière où
tu dois marcher; que ton énergie et ton courage se
raniment sans cesse à la source de tout ce qui est saint
et pur; que la prière s'élève sans cesse de ton âme pour
y appeler la chaleur et la vie.*

CHAPITRE VI.

Suite du discours sur la montagne.

A. ENSEIGNEMENTS DE JÉSUS SUR L'AUMÔNE.

1 Prenez garde de faire votre aumône devant les hommes afin d'en être vu, autrement vous n'en recevrez aucune récompense de votre Père qui est dans 2 les cieux. Quand donc tu feras l'aumône, ne fais pas sonner la trompette devant toi, comme font les hypocrites dans les synagogues et dans les rues, pour être honorés des hommes. Je vous dis en

Quand donc tu feras l'aumône ne fais point grand bruit de ta charité; n'imite pas les hypocrites qui ont soin de distribuer publiquement leurs aumônes dans les synagogues et dans les rues; je vous dis en vérité qu'ils reçoivent leur récompense; ce qui a provoqué leur bienfaisance c'est uniquement le désir d'être honorés des hommes; ils reçoivent cet honneur, ils n'ont rien à attendre de

3 vérité qu'ils reçoivent leur récompense. Mais quand tu fais l'aumône, que ta main gauche ne sache pas 4 ce que fait ta droite, afin que ton aumône se fasse en secret, et ton Père qui voit ce que tu fais en secret t'en récompensera publiquement.

Dieu. Mais quand tu fais l'aumône, ne la fais pas pour qu'elle soit connue, même de ceux qui sont le plus près de toi.

Remarquons bien que Jésus ne condamne point les aumônes publiques lorsqu'elles ne sont pas faites par ostentation.

Dieu regarde au cœur; il sonde les secrets motifs de toutes nos actions; et il n'approuve aucune de celles qu'un sentiment d'orgueil a dictées. Les œuvres entièrement pures d'orgueil, d'amour-propre, d'ostentation, sont-elles nombreuses dans notre vie? Que d'actes inspirés par l'amour de la louange humaine, s'élèvent en témoignage contre nous! — Dieu voit dans le secret, *voilà ce qui doit nous exciter sans cesse à l'accomplissement de sa volonté!* « *Que toutes nos pensées, que* » *toutes nos paroles, que toutes nos œuvres, se rappor-* » *tent à la certitude que son œil est toujours ouvert sur* » *nous.* »

Rien n'est plus trompeur, ni plus gâté que le cœur de l'homme, qui le connaîtra?

Je suis l'Éternel, qui sonde le cœur et qui éprouve les reins pour rendre à chacun selon ses œuvres.

B. SUR LA PRIÈRE. — ORAISON DOMINICALE.

5 Demême, quand tu prieras, ne fais pas comme les hypocrites; car ils aiment à prier debout dans les synagogues et aux coins des rues, pour être vus des hommes; je vous dis en vérité qu'ils reçoivent leur récompense.

6 Mais toi, lorsque tu voudras prier, entre dans ton cabinet, et ayant fermé ta porte, prie ton Père qui *est avec toi* dans ce lieu secret; et ton Père qui voit ce que tu fais en secret, te récompensera publiquement.

7 Quand vous priez, n'usez pas de vaines redites, comme les payens, qui s'imaginent qu'ils seront exaucés en parlant beaucoup.

8 Ne les imitez pas; car votre Père sait de quoi

Notre Seigneur ne blâme point les prières publiques, ni les prières faites en famille; mais il condamne de nouveau les sentiments d'ostentation et d'orgueil qui accompagnent souvent la prière, aussi bien que l'aumône.

Dans le 1er livre des Rois (XVIII, 26), on voit que les prêtres de Bahal invoquaient leur fausse divinité en répétant depuis le matin jusqu'à midi : *Bahal, exauce-nous!*

vous avez besoin avant que vous le lui deman-

9 diez. Voici donc comme vous devez prier : Notre Père qui *es* aux cieux ; que ton nom soit sanctifié ;

10 que ton règne vienne ; que ta volonté soit faite sur la

11 terre comme au ciel ; don- ne-nous aujourd'hui notre

12 pain quotidien ; pardon- ne-nous nos péchés, com- me nous pardonnons à ceux qui nous ont offen-

13 sés ; et ne nous abandonne point à la tentation , mais délivre-nous du malin ; car c'est à toi qu'appar- tiennent dans tous les siècles le règne , la puis- sance et la gloire. *Amen.*

14 Car si vous pardonnez aux hommes leurs fautes , vo- tre Père céleste vous par- donnera aussi *les vôtres ;*

15 mais si vous ne pardonnez pas aux hommes leurs fautes, votre Père ne vous

Il n'est donc pas nécessaire que vous prononciez beaucoup de paroles. Prenez cette prière pour modèle : Notre Père qui es aux cieux , que partout on t'honore comme le Dieu parfaitement saint; que le règne de ton Évangile s'avance dans le monde ; que ta volonté soit exécutée par les hom- mes sur la terre , comme elle est exécutée par tes anges dans le ciel. Donne-nous aujourd'hui ce qui est nécessaire à notre subsis- tance ; pardonne-nous nos pé- chés ; nous prenons l'engagement de pardonner aussi à ceux qui nous ont offensés. Éloigne de nous les occasions de faire le mal, et si tu veux qu'elles se présen- tent, préserve-nous d'y succomber. Nous te prions avec confiance, toi qui es et qui seras à jamais le Dieu tout-puissant, tout sage et tout bon. Ainsi soit-il!

Ces paroles sont une explica- tion du verset 12e.

pardonnera pas non plus
les vôtres.

Ne répétons jamais la prière du Seigneur qu'avec l'attention la plus recueillie, et le respect le plus profond. Ne nous considérons point comme agréables à Dieu selon le nombre des invocations que nos lèvres prononcent ; mais prions avec amour et confiance, puisque c'est un Père que nous implorons ; prions avec charité, puisqu'il est le Père de tous ; prions avec humilité, puisqu'il règne dans les cieux. Demandons à Dieu, avant toutes choses, ce qui se rapporte à la connaissance de son nom, à l'avancement du règne de son Fils, à l'accomplissement de sa volonté sur la terre ; car c'est ici la vie éternelle, de connaître le seul vrai Dieu, et Jésus qu'il a envoyé ; demandons-lui avec modération, et en nous soumettant sans crainte aux desseins de sa bonne providence, les grâces temporelles, les douceurs de la vie ; demandons-lui avec ardeur ce qui appartient à la paix et au salut de notre âme, son pardon pour nos fautes passées, son secours contre les tentations à venir.

A la fin de chaque journée, quand nous élevons notre âme au ciel, souvenons-nous que nul ne peut s'endormir en paix avec Dieu, s'il n'est en paix avec ses frères.

C. SUR LE JEÛNE.

16 Lorsque vous jeûnez, ne prenez pas un air triste, comme les hypo-

Les pharisiens jeûnaient régu-

crites qui font paraître un visage abattu, pour montrer aux hommes qu'ils jeûnent. Je vous dis en vérité qu'ils reçoivent 17 leur récompense. Mais toi, lorsque tu jeûnes, parfume-toi la tête et lave-toi 18 le visage, afin que les hommes ne s'aperçoivent pas que tu jeûnes, mais *seulement* ton Père qui est avec toi dans les lieux les plus secrets. Et ton Père qui te voit en secret, te récompensera publiquement.

lièrement le lundi et le jeudi de chaque semaine; alors ils ne se lavaient pas, ils ne mettaient point d'huile à leurs cheveux, mais ils couvraient leur tête de cendres, et prenaient le vêtement de deuil appelé *sac*.

Mais toi, lorsque tu jeûnes, que ce ne soit point par une humiliation extérieure, que ce ne soit point pour paraître saint aux yeux des hommes; mais que ce soit par les sentiments de ton cœur, devant ton Père céleste, qui est avec toi dans les lieux les plus secrets.

« *Celui qui est avec toi en secret exposera en plein* » *jour, au jugement dernier, beaucoup d'actes d'hypo-* » *crisie, qui auront peut-être reçu ici-bas des applau-* » *dissements, et récompensera bien des actes cachés de* » *piété et de charité.* » *Que cette pensée t'encourage à travailler avec humilité à l'œuvre que Dieu t'a donnée à faire; que l'approbation du Père céleste soit plus douce à ton cœur que les paroles flatteuses et les gloires du monde.*

Qu'un homme afflige un jour son âme, est-ce là le jeûne que j'ai choisi? dit l'Éternel; n'est-ce pas plutôt le jeûne que j'ai choisi, que tu dénoues les liens de la méchanceté, que tu partages ton pain avec celui qui a faim, et que tu fasses venir en ta maison les affligés qui sont errants ?

D. sur l'attachement aux biens de la terre.

Luc xii.

19 Ne vous amassez pas des trésors sur la terre, où les vers et la rouille gâtent tout, et où les larrons percent et dérobent;

20 mais amassez-vous des trésors dans le ciel, où les vers et la rouille ne gâtent rien, et où les larrons ne percent ni ne dérobent;

21 car où est votre trésor, là sera aussi votre cœur.

22 L'œil est la lumière du corps : si donc ton œil est sain, tout ton corps sera

23 éclairé; mais si ton œil est mauvais, tout ton corps sera dans l'obscurité. Si donc ce que tu as de lumière n'est que té-

Ne prenez pas pour but principal de votre activité et de vos efforts les biens de cette terre que mille accidents peuvent vous arracher; mais prenez pour but principal les biens qui subsistent après cette vie, et que rien ne peut vous ravir (les amas de denrées qui composaient souvent au temps de Jésus-Christ une grande portion de la fortune, étaient sujets à se gâter); car selon que vous prendrez pour but principal les biens terrestres ou les biens célestes, votre cœur se donnera tout entier aux uns ou aux autres; or, de même que l'œil est le guide du corps, le cœur avec ses affections est le guide de la conduite.

Si donc la lumière qui est en toi, si les affections de ton cœur qui

nèbres, combien seront grandes les ténèbres mê-24 mes. Nul ne peut servir deux maîtres; car ou il haïra l'un, et aimera l'autre, ou s'il s'attache à l'un, il méprisera l'autre: vous ne pouvez servir Dieu et Mammon.

guident ta conduite, sont mal placées, comment toute ta conduite ne serait-elle pas mal dirigée?

Ne croyez pas que vous puissiez donner à la fois votre cœur aux biens de la terre et aux biens du ciel; comme nul ne peut servir deux maîtres dont les volontés sont opposées, ainsi vous ne pouvez servir Dieu et la richesse. (Mammon signifie, en langue syriaque, le Dieu de la richesse.)

Celui qui s'assure en ses richesses tombera, mais les justes verdiront comme la feuille. Il y en a qui se confient en leurs biens, et qui se glorifient dans l'abondance de leurs richesses. Quand tu verras quelqu'un enrichi, et quand la gloire de sa maison sera multipliée, il n'emportera rien en mourant; sa gloire ne descendra point après lui dans le sépulcre.

La bénédiction de l'Éternel est ce qui enrichit.

E. SUR LES INQUIÉTUDES A L'ÉGARD DES CHOSES NÉCESSAIRES.

Luc XII.

25 C'est pourquoi je vous dis : Ne vous inquiétez point; ni à l'égard de votre vie, de ce que vous mangerez, ou de ce que vous

Notre Seigneur répond ici à une question qui pouvait s'élever dans l'esprit de ses auditeurs après avoir entendu les leçons qui précèdent; ils pouvaient se demander : Si nous ne songeons pas premièrement à nous amasser

boirez; ni à l'égard de votre corps, de quoi vous vous habillerez. La vie n'est-elle pas plus que la nourriture, et le corps plus que le vêtement?

26 Considérez les oiseaux de l'air; ils ne sèment, ni ne moissonnent; ils n'amassent rien dans des greniers; mais votre Père céleste les nourrit; ne valez-vous pas beaucoup 27 plus qu'eux? Et qui de vous, par ses inquiétudes, peut ajouter une coudée 28 à sa taille? Pour ce qui est du vêtement, pourquoi vous en mettriez-vous en peine? Voyez comment croissent les lis des champs, ils ne travaillent 29 ni ne filent; cependant je vous dis que Salomon même, dans toute sa magnificence, n'a jamais été si bien vêtu que l'un de ces 30 lis; si donc Dieu revêt

des biens de la terre, ne manquerons-nous point des choses nécessaires à la vie?

Dieu qui vous a donné la vie ne vous donnera-t-il pas la nourriture qui l'entretient? Dieu qui vous a donné le corps, ne vous donnera-t-il pas aussi de quoi le vêtir?

Qui de vous peut, par ses inquiétudes, apporter quelque changement à son état?

ainsi l'herbe des champs, qui est aujourd'hui, et qui demain sera jetée dans le four, ne vous *revêtira-t-il* pas beaucoup plutôt,

Les Hébreux chauffaient leurs fours avec des débris de blé battu, et avec des herbes desséchées.

31 ô gens de peu de foi? Ne vous inquiétez donc point, et ne dites point : Que mangerons-nous? que boirons-nous? ou de quoi

O hommes qui avez peu de confiance !

32 serons-nous vêtus? car ce sont les payens qui recherchent toutes ces choses, et votre Père céleste sait que vous en avez be-
33 soin; mais cherchez premièrement le royaume de Dieu et sa justice, et toutes ces choses vous seront données par-dessus.

Les hommes qui ne connaissent pas la Providence de Dieu peuvent s'inquiéter ainsi ; mais à vos yeux Dieu est un Père qui sait que vous avez besoin de ces choses ; ne vous en mettez donc point en peine ; mais tournez principalement vos cœurs vers les biens éternels, vos efforts vers la justice que Dieu demande des héritiers de son royaume ; les choses dont vous avez besoin ne vous manqueront pas.

34 N'ayez donc point d'inquiétudes pour le lendemain; car le lendemain aura soin de ce qui le regarde, à chaque jour suffit sa peine.

Remarquons bien que Jésus ne nous interdit point de nous *occuper* de l'avenir, mais seulement de nous en *inquiéter.*

Chaque jour nous offre une œuvre importante à accomplir ; consacrons à cette œuvre notre zèle et nos efforts·

sans nous tourmenter pour le lendemain ; le lendemain, Dieu sera encore avec nous, pour nous protéger et nous bénir.

Plusieurs disent : Qui nous fera voir des biens ?— Lève sur nous la clarté de ta face, ô Éternel ! Je me coucherai, et je dormirai aussi en paix ; car toi seul, ô Éternel ! me feras habiter en assurance.

CHAPITRE VII.

Suite du discours sur la montagne.

Luc vi, 37.

ENSEIGNEMENTS DE JÉSUS.

A. SUR LES JUGEMENTS TÉMÉRAIRES.

1 Ne jugez point, afin que vous ne soyez point 2 jugés ; car selon que vous jugerez on vous jugera, et on se servira pour vous de la même mesure dont vous vous serez servis pour 3 les autres. Pourquoi vois-tu une paille qui est dans l'œil de ton frère, et ne vois-tu pas une poutre qui

Ne portez point un jugement rigoureux ni téméraire sur la conduite d'autrui, afin que vous ne soyez point jugé sévèrement par le souverain Juge.

Pourquoi fais-tu attention aux plus petits défauts chez ton frère, tandis que tu ne prends pas garde à des défauts bien plus grands qui sont chez toi ?

4 est dans ton œil ? ou comment peux-tu dire à ton frère : Permets que j'ôte cette paille de ton œil, pendant qu'il y a une

5 poutre dans le tien ? hypocrite, ôte premièrement la poutre qui est dans ton œil, et ensuite tu penseras à ôter la paille de l'œil de ton frère.

Ou comment se fait-il que tu sois si prompt à blâmer les plus légères fautes de ton frère, toi qui en commets de bien plus grandes ?

Hypocrite (toi qui veux passer pour juste), corrige-toi d'abord de tes fautes graves, et ensuite tu pourras penser à corriger ton frère de ses légers défauts.

Interrogeons souvent notre conscience; comptons nos fautes de chaque jour; par là nous deviendrons sévères pour nous-mêmes, indulgents pour autrui; et nous trouverons au dernier jour non point un juge sévère, mais un Père miséricordieux.

Anne parlait en son cœur; elle ne faisait que remuer ses lèvres, et on n'entendait point sa voix; c'est pourquoi Héli estima qu'elle était ivre. Mais Anne lui répondit : Je ne suis point ivre, mon seigneur, je suis une femme affligée d'esprit; je n'ai bu ni vin, ni cervoise, mais j'ai répandu mon âme devant l'Éternel.

Éternel ! qui est-ce qui séjournera dans ton Tabernacle ? Celui qui ne médit point par sa langue, qui ne lève point le blâme contre son prochain.

B. SUR LA PRUDENCE AVEC LAQUELLE IL FAUT ENSEIGNER LA VÉRITÉ.

6   Ne donnez point les choses saintes aux chiens, et ne jetez point vos perles devant les pourceaux, de peur qu'ils ne les foulent aux pieds, et que se tournant contre vous ils ne vous déchirent.

Si votre indulgence doit être grande pour les défauts d'autrui, vous ne devez point cependant parler des choses saintes, porter le trésor de l'Évangile, à des hommes que vous connaissez comme assez impies et assez méchants pour couvrir de mépris la parole divine, ou vous maltraiter dans leur fureur. (Les chiens et les pourceaux étant considérés par les Juifs comme animaux impurs, représentaient souvent les hommes impies et corrompus.)

Soyons toujours prêts à nous entretenir avec nos frères des choses qui appartiennent à notre paix éternelle, mais gardons-nous d'en parler avec légèreté, de peur de donner lieu au mépris et à l'indifférence pour ce qu'il y a de plus vénérable et de plus sacré.

Celui qui instruit un moqueur n'en reçoit que la honte.

Combien est bonne une parole dite à propos !

C. SUR L'EFFICACE DE LA PRIÈRE.

Luc xi, 9.

7   Demandez et on vous donnera, cherchez et vous trouverez, heurtez et on

En voyant les difficultés de leur tâche, les apôtres devaient se demander : Comment pourrons-nous en triompher ? Jésus

8 vous ouvrira; car quiconque demande reçoit, celui qui cherche trouve, et on ouvre à celui qui

9 heurte. Y a-t-il quelqu'un de vous qui donne une pierre à son fils s'il lui

10 demande du pain? ou s'il lui demande du poisson, lui donnera-t-il un serpent?

11 Si donc vous, tout méchants que vous êtes, vous donnez de bonnes choses à vos enfants, combien plus votre Père qui est dans les cieux, donnera-t-il de bonnes choses à ceux qui les lui demandent.

soutient leur courage en leur montrant un sûr appui. Pour fortifier leur confiance dans le succès de la prière, il répète en termes différents une invitation qui peut s'exprimer ainsi : *Priez avec persévérance, certainement Dieu vous exaucera.*

Cette promesse se rapporte particulièrement aux bénédictions spirituelles. On lit dans saint Luc : *Combien plus votre Père céleste donnera-t-il le Saint-Esprit à ceux qui le lui demandent.*

Le Père céleste donne de bonnes choses à ceux qui les lui demandent; mais seul il sait ce qui est véritablement bon pour nous. Toujours il exauce celui qui lui demande avec ardeur et sincérité la foi, le zèle, le pardon, la consolation, les grâces spirituelles; il repousse quelquefois les vœux de celui qui demande des bénédictions temporelles, la force, la santé, le succès dans les entreprises, la conservation d'êtres bien-aimés. C'est que dans sa sagesse infinie, Dieu voit que l'é-

preuve est quelquefois bonne à ses enfants, ou que les biens qu'ils souhaitent leur seraient funestes. Prions donc avec une entière confiance; et quand nous demanderons les grâces du temps présent, n'oublions jamais que nous ne pouvons dire nous-mêmes ce qui nous est salutaire, et ce qui nous est nuisible, mais que la volonté de Dieu est toujours parfaite.

Vous me chercherez et vous me trouverez, dit l'Éternel, quand vous m'aurez cherché de tout votre cœur.

D. SUR LA RÈGLE DE LA JUSTICE ET DE LA CHARITÉ.

12 Tout ce que vous voulez donc que les hommes fassent pour vous, faites-le de même pour eux; car c'est la loi et les prophètes.

Excités par cette bonté infinie de votre Père céleste, faites à vos frères tout ce que vous voudriez qu'ils vous fissent; c'est là le point important des préceptes divins (à l'égard de vos devoirs envers les hommes).

Examinons-nous souvent et sérieusement sur ce grand précepte, car l'égoïsme frappe sans cesse à la porte de notre cœur. Combien nous sommes plus enclins à agir envers nos frères comme ils agissent envers nous, qu'à leur faire ce que nous voudrions raisonnablement qu'ils nous fissent, si nous étions à leur place!

E. SUR LE CHEMIN SPACIEUX ET LE CHEMIN ÉTROIT.

Luc XIII, 24.

13 Entrez par la porte *L'entrée de la carrière que*

étroite, car la porte large et le chemin spacieux mènent à la perdition, et il y a beaucoup de gens qui y passent; mais la porte étroite et le chemin étroit mènent à la vie, et il y a peu de gens qui les trouvent.

vous devez parcourir est difficile, cette carrière même offre bien des obstacles ; mais n'hésitez point à la choisir; car la carrière où il est facile d'entrer (celle où nos penchants nous conduisent), et le chemin où l'on marche aisément (celui du péché), mènent à la perdition, et ils sont nombreux, hélas ! ceux qui y entrent (ne vous laissez point entraîner par leur grand nombre); mais l'entrée difficile (celle du renoncement à soi-même), et le chemin étroit (celui où il faut lutter sans cesse contre le péché), mènent à la vie éternelle ; et il y en a peu qui le trouvent (ne vous laissez point décourager par leur petit nombre).

Il est étroit, il est difficile le sentier de la vie éternelle ; l'exemple de la multitude nous en détourne avec force; comment ferons-nous pour y marcher d'un pas assuré? Ne perdons point courage, Dieu sera avec nous, il nous prendra par la main; il donne son esprit de sagesse à ceux qui le lui demandent, et il a dit que tous le trouveront, après l'avoir cherché de tout leur cœur.

F. SUR LES HOMMES QUI ONT L'APPARENCE DE LA RELIGION, ET QUI NE FONT POINT LA VOLONTÉ DE DIEU.

Gardez-vous des faux prophètes; ils viennent à vous déguisés en brebis;

Ne vous laissez point séduire par des docteurs hypocrites qui se présentent à vous avec des dehors pleins de douceur et de

mais au dedans ils sont des
16 loups ravissants. Vous les
reconnaîtrez à leurs fruits.
Cueille-t-on des raisins
sur les épines, ou des
figues sur les chardons?

17 Ainsi tout arbre *qui est*
bon porte de bons fruits;
mais un mauvais arbre
porte de mauvais fruits.

18 Un bon arbre ne peut pro-
duire de mauvais fruits,
ni un mauvais arbre pro-
19 duire de bons fruits. Tout
arbre qui ne porte point
de bons fruits est coupé et
20 jeté au feu. Vous les con-
naîtrez donc à leurs fruits.

21 Tous ceux qui me disent:
Seigneur, Seigneur, n'en-
treront pas dans le royaume des cieux; mais seu-
lement ceux qui font la
volonté de mon Père qui
22 *est* dans les cieux. Plusieurs me diront en ce
jour-là : Seigneur, Sei-
gneur, n'avons-nous pas

saincteté, mais qui renferment au fond du cœur la haine et la corruption. Vous les reconnaîtrez à leurs fruits. Dans ce verset 16e, et dans les quatre suivants, l'homme est comparé à l'arbre, et les œuvres aux fruits.

Tous ceux qui m'appellent souvent et avec empressement leur Maître.

Plusieurs me diront au jour du jugement.

prophétisé en ton nom? N'avons-nous pas chassé les démons en ton nom? et n'avons-nous pas fait plusieurs miracles en ton 23 nom? Mais alors je leur dirai ouvertement : Je ne vous ai jamais connus; éloignez-vous de moi, vous qui faites métier d'iniquité.

En ton nom, c'est-à-dire, *par ton autorité, en qualité de tes disciples.*

Vous qui faites habituellement des œuvres d'iniquité.

Ce qui nous fera trouver grâce devant notre divin Juge, ce ne sera pas cette foi morte qui se contente de prononcer souvent les noms de Dieu et de Sauveur; ce sera la foi active et vivante qui porte le chrétien à faire en toutes choses, et avant toutes choses la volonté de son Père céleste. — Avons-nous cette foi? ne sommes-nous point disciples de Jésus en apparence bien plus qu'en effet? Tremblons d'entendre un jour ces mots de celui que nous appelons notre Maître : Je ne vous ai jamais connus! et appliquons-nous à lui appartenir entièrement par notre cœur et par notre conduite.

Éternel! le méchant ne séjournera point chez toi; les orgueilleux ne subsisteront point devant toi; tu as toujours haï tous les ouvriers d'iniquité!

G. SUR LA PRATIQUE DES INSTRUCTIONS DE JÉSUS.

24 Quiconque donc en-|

tend ces instructions que je vous donne, et les met en pratique, je le comparerai à un homme prudent qui a bâti sa maison sur

25 le roc. La pluie est tombée, les torrents se sont débordés, les vents ont soufflé, et sont venus fondre sur cette maison, et elle n'est point tombée, parce qu'elle était fondée

26 sur le roc. Mais quiconque entend ce que je viens de dire et ne le met pas en pratique, est semblable à un homme insensé, qui a bâti sa maison sur

27 le sable. La pluie est tombée, les torrents se sont débordés, les vents ont soufflé, et sont venus fondre sur cette maison ; elle *est* tombée, et la ruine en a été grande.

Il a élévé sa foi, sa religion sur un fondement solide.

Images des tentations et des épreuves de la vie.

« *Qu'est-ce qu'une piété de mots et de pratiques exté-*
» *rieures, et de quoi pourra-t-elle nous servir si elle*

» n'est pas enracinée dans nous et fondée sur le roc?
» Si des torrents de malheur débordent, si le vent des
» passions souffle, nous tomberons, notre ruine sera
» grande. Oh! plutôt cherchons à montrer notre foi
» par nos œuvres; ne nous contentons plus de vaines
» formules et de vaines apparences, mais travaillons
» avec sincérité, avec ardeur, à l'œuvre de notre régé-
» nération, nous souvenant que tout bon arbre doit
» porter de bons fruits. Demandons à Dieu des forces
» pour nous soutenir, en lui adressant humblement et
» de cœur nos prières. »

H. ADMIRATION DU PEUPLE POUR LA DOCTRINE DE JÉSUS.

28 Lorsque Jésus eut achevé ces discours, le peuple
fut rempli d'admiration
29 pour sa doctrine, car il les
enseignait comme ayant
autorité, et non pas com-
me faisaient les scribes.

Les scribes enseignaient avec
la sagesse humaine, Jésus avec
la sagesse d'en haut.

Et toi, chrétien! quand tu lis et quand tu médites le
discours sur la montagne, n'es-tu pas saisi d'une ine-
xprimable admiration pour les enseignements de Jésus,
et ton cœur ému ne te dit-il pas que ce n'est point ici
le langage des sages de la terre, que c'est ici l'autorité
du Fils de Dieu, la Parole du Père céleste dans la bouche
de son Bien-Aimé?

Ta Parole est un flambeau à mes pieds et une lumière dans mes sentiers; oh! combien j'aime ta loi!
oh! que ta Parole est douce à mes lèvres!

CHAPITRE VIII.

A. GUÉRISON D'UN LÉPREUX.

Parall. Marc 1, 40. Luc v, 12.

1 Quand *Jésus* fut descendu de la montagne, une grande multitude de 2 peuple le suivit. Alors un lépreux vint se prosterner devant lui et lui dit : Seigneur, si tu veux, tu peux 3 me guérir. *Jésus* étendant la main, le toucha et lui dit : Je *le* veux, sois guéri; et à l'instant il fut guéri 4 de sa lèpre. Ensuite Jésus lui dit : Garde-toi de le dire à personne; mais va te montrer au sacrificateur, et présente l'offrande que Moïse a prescrite, afin que cela leur serve de témoignage.

La lèpre est une maladie de la peau dont les Juifs eurent beaucoup à souffrir, et qui règne encore en Orient. Elle est contagieuse, dégoûtante, souvent mortelle, et se transmet jusqu'à la quatrième génération. Le lépreux qui se croyait guéri, devait, d'après la loi de Moïse, se présenter au sacrificateur, et si celui-ci déclarait qu'il y avait guérison, le lépreux devait présenter à Dieu une offrande de reconnaissance. (Voyez Introduction, page xxxv.)

Ensuite Jésus lui dit : Garde-toi de dire sur ton chemin que tu as été guéri miraculeusement par moi, de peur que le sacrificateur ne conteste ta guérison; mais va te montrer à lui sans retard, et présenter l'offrande ordonnée par Moïse, afin qu'après cela ta guérison soit parfaitement reconnue.

Comme Jésus avait le pouvoir et la volonté de guérir le pauvre lépreux, il peut et il veut toujours guérir nos âmes de la lèpre spirituelle qui est le péché ; seulement il faut que nous lui reconnaissions cette puissance, et que nous cherchions en lui seul la guérison et le salut.

« Les afflictions qui nous rapprochent de Christ, qui » nous apprennent à le connaître et à chercher notre » salut en lui, sont de véritables bénédictions. »

Avant que je fusse affligé je m'égarais, mais maintenant j'observe ta Parole.

B. GUÉRISON DU SERVITEUR D'UN CENTENIER.

Parall. Luc vii, 1, 2.

5 Après cela Jésus étant entré dans Capernaüm, un centenier vint le trouver, et lui fit cette prière :

Jésus demeurait alors à Capernaüm.

6 Seigneur, j'ai chez moi un serviteur détenu au lit par une paralysie qui lui cause de grandes douleurs.

Le centenier était un capitaine romain qui commandait une compagnie de cent hommes.

7 Jésus lui dit : J'irai et je
8 le guérirai. Le centenier répondit : Seigneur, je ne suis pas digne que tu entres chez moi ; mais dis

un mot seulement, et mon
9 serviteur sera guéri. Car
bien que je sois sous la
puissance d'autrui, j'ai
sous moi des soldats, et
je dis à l'un : Va, et il va;
à l'autre : Viens, et il vient;
et à mon serviteur : Fais
10 cela, et il le fait. Jésus
entendant parler ainsi, fut
dans l'admiration, et dit
à ceux qui le suivaient :
Je vous dis, en vérité, que
même en Israël je n'ai
point trouvé une si grande
11 foi. Aussi je vous dis que
plusieurs viendront d'o-
rient et d'occident, et
seront à table avec Abra-
ham, Isaac et Jacob, au
12 royaume des cieux. Mais
les enfants du royaume
seront jetés dehors dans
les ténèbres; il y aura là
des pleurs et des grince-
13 ments de dents. Alors Jésus dit au centenier : Va,
et qu'il te soit fait selon

Toi donc qui n'es point sous la puissance d'autrui, mais qui as un souverain pouvoir sur toute maladie, tu peux assurément chasser d'un seul mot celle de mon serviteur, sans venir dans ma maison.

Je vous assure que même parmi les enfants d'Israël je n'ai pas trouvé une foi aussi grande que celle de ce payen. C'est pourquoi je vous dis qu'un grand nombre de payens des contrées les plus éloignées entreront dans le royaume du ciel, et y goûteront la félicité dont jouissent les Pères du peuple de Dieu; tandis qu'un grand nombre de ceux qui se regardent comme les héritiers naturels de cette félicité (les enfants du royaume), en seront exclus à cause de leur incrédulité, et seront jetés dans le lieu des tourments. Les joies du royaume des cieux sont souvent figurées, aux yeux des Juifs, par celles d'un splendide festin auquel président les patriarches; et ceux qui sont exclus de ce bonheur, sont représentés comme chassés de la salle lumineuse du festin et jetés dans les ténèbres qui règnent au dehors.

que tu as cru. A l'heure
même son serviteur fut
guéri.

*Admirons chez le centenier sa tendre compassion
pour les maux d'un serviteur, sa grande foi, son humilité profonde; et que son exemple nous excite et nous
encourage, nous qui maintenant portons le nom d'enfants du royaume, de cohéritiers de Jésus-Christ, à
nous rendre chaque jour moins indignes de ces nobles
titres.*

« *Le langage de l'Evangile est :* Qu'il te soit fait
« selon que tu as cru; *selon notre foi dans la Parole*
« *divine, et en Celui qui nous en a donné connaissance,*
« *il nous sera fait ainsi à tous. Puisse Celui qui voit*
« *le cœur et connaît la foi de chacun, nous accorder*
» *cette vraie foi, de laquelle dépend la promesse de la*
» *vie éternelle.* »

C. GUÉRISON DE LA BELLE-MÈRE DE PIERRE ET DE PLUSIEURS MALADES.

Parall. Marc ɪ, 3o. Luc ɪv, 38.

14 Jésus étant venu à la maison de Pierre, vit sa belle-
mère qui était au lit, ayant
15 la fièvre. Il lui toucha la
main, et la fièvre l'ayant
quittée, elle se leva et les
servit.

Pierre demeurait à Capernaüm,
où il était marié.

16 Le même soir, on lui présenta plusieurs démoniaques ; il chassa par sa parole les mauvais esprits qui les possédaient, et il guérit tous les malades.

Voyez la note du chapitre IV, v. 24.

17 C'est ainsi que s'accomplit ce qui avait été dit par le prophète Esaïe : Il a pris sur lui nos langueurs, et il s'est chargé de nos maladies.

Cette prophétie d'Ésaïe (LIII, 4, 5), s'applique aussi aux souffrances que notre Seigneur a endurées pour nous.

« Servons Christ en faisant du bien à tous nos frères. » Assistons-les dans leurs maladies, supportons leurs in- » firmités, soulageons-les dans leurs besoins, et tâchons » ainsi d'imiter, quelque faiblement et à quelques dis- » tance que ce soit, ces exemples de l'amour infini de » notre Sauveur. »

D. CE QUE JÉSUS RÉPOND A DEUX HOMMES QUI VEULENT DEVENIR SES DISCIPLES.

Parall. Luc IX, 57.

18 Jésus voyant une grande foule de peuple autour de lui, ordonna qu'on passât à l'autre bord *du*

A l'autre bord du lac de Génésareth ou de Tibériade.

19 *lac.* Et un scribe s'étant approché, lui dit : Maître, je te suivrai partout où tu

20 iras. Jésus lui répondit : Les renards ont des tanières, et les oiseaux de l'air ont des nids ; mais le Fils de l'homme n'a pas un lieu où il puisse reposer sa tête.

21 Un autre de ses disciples lui dit : Seigneur, permets-moi d'aller auparavant en-

22 sevelir mon père. Mais Jésus lui répondit : Suis-moi, et laisse les morts ensevelir leurs morts.

Ce scribe s'approcha de lui au moment où il allait entrer dans la barque pour passer à l'autre bord.

Le Fils de l'homme, c'est-à-dire, Celui qui a voulu s'assujettir aux misères de l'humanité.

Un autre qui était du nombre de ceux qui l'écoutaient habituellement, lui dit : Seigneur, permets qu'avant de te suivre comme tes apôtres, j'aille auparavant ensevelir mon père ; ou bien : Permets que je demeure auprès de mon père jusqu'à ce qu'il soit mort, et que je lui aie rendu les derniers devoirs ; après cela je te suivrai. Jésus lui répondit : Laisse ceux qui sont morts pour ma doctrine et pour mon règne (les incrédules et les indifférents), rendre les derniers devoirs à ceux qui quittent ce monde ; et toi, accepte la grande vocation que Dieu t'adresse, deviens dès à présent et pour toujours mon disciple.

De ces deux hommes qui veulent suivre Jésus, le premier, entraîné par une ardeur généreuse mais irréfléchie, se détermine à embrasser la carrière des apôtres du Sauveur, sans songer aux difficultés qu'il doit rencontrer, et qui éteindront peut-être son zèle ; le second, veut obéir au monde et à ses convenances avant d'obéir au Fils de Dieu. — Jeunes gens , vous êtes prompts à concevoir de nobles résolutions, à prononcer de saintes promesses ; mais vous oubliez trop souvent les tentations et les obstacles qui ne peuvent manquer de survenir, et, trop sûrs de la victoire, vous avez à déplorer bientôt de tristes défaites. — Hommes de l'âge mûr, vous voulez pour la plupart, avant de soumettre votre vie entière à la Parole de Dieu, accomplir des projets, satisfaire des désirs mondains ; et votre soumission toujours différée reste incomplète jusqu'au dernier jour.— Heureux celui qui prononce avec ardeur, et tient avec constance la promesse de renoncer à soi-même, et au monde, pour suivre toujours et en toutes choses les traces de son divin Maître !

E. JÉSUS APAISE UNE TEMPÊTE.

Parall. Marc ɪᴠ, 37. Luc ᴠɪɪɪ, 22.

23 Il entra ensuite dans la barque, suivi de ses disci-
24 ples ; et il s'éleva tout à coup une si grande tourmente sur la mer, que la barque était toute couverte des flots. Cependant
25 Jésus dormait. Alors les disciples s'approchant de lui, le réveillèrent et lui dirent : Seigneur, sauve-

Sur la mer ou le lac de Génésareth.

26 nous ; nous sommes perdus. Jésus leur répondit : Pourquoi avez-vous peur, gens de peu de foi ? Et se levant, il parla avec autorité aux vents et à la mer ; et il se fit un grand calme.

27 Tous furent saisis d'étonnement. Quel est cet homme, disaient-ils, à qui même les vents et la mer obéissent ?

« *Sommes-nous, comme les disciples, dans cette nacelle que tourmentent les flots, c'est-à-dire dans quelqu'une de ces positions terribles où, envahis de toutes parts par le malheur, nous sommes prêts à nous croire perdus sans retour, où l'âme s'abat, la vue se trouble, la foi chancelle, et la piété même semble s'affaiblir et disparaître? Elevons en haut nos cœurs et nos regards! Jésus veille aussi pour nous. Notre Dieu permet un moment les fureurs de la tempête pour nous éprouver; mais il les contient cependant, et il les réprimera bientôt. Bientôt il va tancer les flots et l'orage; il rendra bientôt le calme au ciel et à notre cœur. Courage! la nature lui obéit; les événements de la vie sont ses messagers, et nous sommes ses enfants!*

Je me suis toujours proposé l'Éternel devant moi ; puisqu'il est à ma droite, je ne serai point ébranlé.

Voilà! quand il me tuerait, je ne cesserais point d'espérer en lui.

F. GUÉRISON DES DÉMONIAQUES GERGÉSÉNIENS.

Parall. Luc VIII, 27.

28 Quand il fut arrivé à l'autre bord, dans le pays des Gergéséniens, deux démoniaques qui sortaient des sépulcres et qui *étaient* si furieux que personne n'osait passer par ce che-
29 min-là, vinrent à lui, et se mirent à crier : Qu'y a-t-il entre nous et toi, Jésus, Fils de Dieu ? Es-tu venu ici pour nous tourmenter avant le temps ?
3o Or il y avait à quelque distance de là un grand troupeau de pourceaux qui
31 paissaient; et les démons le prièrent en lui disant : Si tu nous chasses, permets-nous d'entrer dans ce trou-
32 peau de pourceaux. Jésus leur dit : Allez ; et étant sortis, ils allèrent dans ce troupeau de pourceaux.

Quand il fut arrivé à l'autre bord de la mer de Galilée, dans le pays des Gergéséniens (qui faisait partie de la Décapole. Voyez Introduction, page xv), *deux hommes en démence, qui sortaient des grottes ou cavernes dont on se servait chez les Juifs comme de sépulcres, vinrent à lui.* Ces insensés, se croyant possédés du démon, regardaient le Fils de Dieu, dont ils avaient entendu parler, comme leur ennemi. — *Avant le temps,* c'est-à-dire, *avant notre mort;* ils pensaient que le lieu des tourments serait leur demeure après cette vie, puisqu'ils étaient sous l'empire de Satan. Voyez la note du chapitre IV, v. 24.

Ce troupeau appartenait sans doute à un payen, car il était défendu aux Juifs de garder des pourceaux. *Les démons le prièrent,* c'est-à-dire, *la folie des insensés leur fit tenir ce langage.*

Il serait inutile de chercher l'explication de leurs paroles; ce sont les discours incohérents d'hommes privés de raison.

Aussitôt tout le troupeau courut avec impétuosité se précipiter dans la mer, et ils périrent dans les

33 eaux. Alors ceux qui les gardaient s'enfuirent, et étant venus dans la ville, ils y racontèrent tout *ce qui s'était passé*, et ce qui était arrivé aux démonia-

34 ques. Aussitôt toute la ville sortit au-devant de Jésus, et dès qu'ils le virent, ils le prièrent de se retirer de leur contrée.

Vraisemblablement les insensés coururent vers les pourceaux qui s'effrayèrent et se jetèrent dans la mer. Toute l'obscurité de cette scène tient, d'une part, à la conduite étrange des insensés, et, de l'autre, à la nature des idées juives sur les possessions du démon.

Ils lui attribuaient la perte du troupeau effrayé, et craignaient sans doute de semblables accidents.

Ils ressemblent aux habitants de cette ville, ceux qui de nos jours repoussent l'Évangile de Jésus-Christ, ou ne l'accueillent qu'avec indifférence, parce que leurs habitudes et leurs convenances seraient troublées s'ils s'attachaient franchement à la Parole du Sauveur.

Parce que j'ai crié, et que vous avez refusé d'ouïr; que j'ai étendu ma main, et qu'il n'y a eu personne qui y prît garde; que vous avez rejeté tout mon conseil, et que vous avez dédaigné toutes mes remontrances; moi aussi je me rirai de votre calamité. Alors on m'appellera, mais je ne répondrai point; on me cherchera avec ardeur, mais on ne me trouvera point.

CHAPITRE IX.

A. GUÉRISON D'UN PARALYTIQUE.

Parall. Marc 11, 3. Luc v, 18.

1 Jésus étant rentré dans la barque, repassa *le lac,*
2 et vint dans sa ville. Et on lui présenta un paralytique couché sur un lit. Jésus, voyant la foi de ces gens-là, dit au paralytique: Prends courage, *mon fils,* tes péchés te sont pardonnés.

Et vint dans la ville qu'il habitait alors (Capernaüm).

Jésus voyant la foi du malade et de ceux qui le lui présentaient.

3 Là-dessus quelques scribes disaient en eux-mêmes : Cet homme blasphème.
4 Mais Jésus connaissant leurs pensées leur dit : Pourquoi faites-vous de mauvais jugements en
5 vous-mêmes ? Lequel est le plus aisé, de dire : Tes péchés te sont pardonnés, ou de dire : Lève-toi et

Cet homme blasphème en s'arrogeant le droit de pardonner les péchés.

6 marche? Or, afin que vous sachiez que le Fils de l'homme a sur la terre le pouvoir de pardonner les péchés : Lève-toi, dit-il au paralytique, emporte ton lit, et va-t'en dans ta
7 maison. Le paralytique se leva, et s'en alla chez lui.
8 Le peuple ayant vu cela, fut rempli d'admiration, et glorifia Dieu de ce qu'il avait donné un tel pouvoir aux hommes.

De ce qu'il avait donné un tel pouvoir à un être qui appartenait à la race humaine.

Glorifions Dieu, à notre tour, de ce qu'il a donné un tel pouvoir à son Envoyé pour établir sûrement notre foi ; glorifions-le surtout de ce qu'il dit par la bouche de son Bien-aimé, à tout pécheur qui se repent et revient à lui : Prends courage, mon fils, tes péchés te sont pardonnés.

Il ne tient point à toujours sa colère, car il se plaît en la gratuité ; il aura encore compassion de nous ; il effacera nos iniquités.

B. MATTHIEU DEVIENT APÔTRE.

9 Comme Jésus partait de là, il vit un homme nom-

Matthieu était péager. Les péagers étaient chargés de la part des Romains de percevoir les impôts;

10

mé Matthieu, assis au bureau des impôts, et il lui dit : Suis-moi. Et s'étant levé, il le suivit.

on les haïssait et on les méprisait, parce qu'ils se montraient durs et exigeants, et parce qu'ils étaient pour la plupart très-corrompus. (Voyez Introduct., page xxxvii.)

Gardons-nous de mépriser aucun de nos frères parce qu'il appartient à une certaine classe d'hommes ; c'est dans une classe méprisée à cause de sa pauvreté que Jésus choisit ses disciples ; c'est dans une classe méprisée à cause de ses vices qu'il choisit l'apôtre dont nous lisons l'Évangile. Ne jugeons point selon l'apparence des personnes ; Dieu qui lit dans les âmes, place le flambeau de sa Parole entre les mains de pécheurs ignorants, et fait écrire à un péager les plus sublimes leçons que l'oreille de l'homme ait entendues. Ceux qui voyaient Matthieu au bureau des impôts l'appelaient injuste et corrompu, cependant son cœur simple, honnête et pieux, obéit au premier appel du Sauveur.

Que personne d'entre vous ne pense aucun mal dans son cœur contre son frère.

C. JÉSUS MANGE AVEC DES PÉAGERS.

Parall. Luc xv, 2.

10 Il arriva ensuite que Jésus étant à table dans la maison *de cet homme,* il y vint beaucoup de péagers et de gens de mau-

Ensuite, c'est-à-dire, dans une autre occasion, plus tard. L'évangéliste, en rapportant la manière dont il devint apôtre, ajoute, à propos de ce récit, une circonstance qui eut lieu quelque temps après, dans sa maison.

vaise vie, qui se mirent à table avec Jésus et avec ses disciples. **11** Or quelques pharisiens voyant cela, dirent à ses disciples : Pourquoi votre Maître mange-t-il avec des péagers et des gens de mauvaise vie? **12** Mais Jésus entendant *cela,* leur dit : Ce ne sont pas ceux qui sont en santé qui ont besoin de médecin ; ce sont ceux qui se portent mal. **13** Allez donc apprendre ce que signifie *cette parole :* Je veux la miséricorde et non pas le sacrifice ; car ce ne sont pas les justes que je suis venu appeler à la repentance, mais les pécheurs.

Notre Seigneur répond de plusieurs manières au reproche des pharisiens. D'abord il leur fait entendre qu'il est pour l'âme ce que le médecin est pour le corps, et que le médecin doit s'occuper avec plus de sollicitude de ceux qui ont un plus grand besoin de son secours. Ensuite il apprend aux orgueilleux pharisiens qu'ils peuvent se convaincre par les livres sacrés (Osée vi, 6) que la disposition charitable qui leur manque envers le pécheur est plus agréable à Dieu que toutes leurs cérémonies. Enfin, Jésus déclare que s'il est venu dans le monde, ce n'est pas pour les justes, qu'on y chercherait en vain, mais pour les pécheurs qu'il veut amener à la repentance, et racheter de la condamnation.

L'Éternel, mon Dieu, est plein de miséricorde pour les pauvres pécheurs; Jésus-Christ, mon Sauveur, est venu pour les racheter; et moi qui pèche tous les jours en plusieurs manières, je serais dur, inflexible envers les malheureux qui s'égarent? je leur montrerais une haine sans pitié, un orgueilleux mépris? Oh! je m'ef-

forcerai plutôt de répondre aux tendres compassions de mon Père céleste, en faisant du bien aux justes et aux injustes, de répondre à l'amour de mon Rédempteur, en amenant à lui ceux qui ne le connaissent pas.

Il y a un jour assigné par l'Éternel contre tout homme orgueilleux et hautain.

Faites ce qui est vraiment droit, et exercez la gratuité et la compassion chacun envers son frère.

D. Jésus répond a ceux qui lui demandent pourquoi ses disciples ne jeûnent pas.

Parall. Marc ii, 18. Luc v, 31-39.

14 Alors les disciples de Jean vinrent trouver *Jésus*, et lui dirent : D'où vient que nous jeûnons souvent, nous et les pharisiens, et que tes disciples ne jeûnent point ?

15 Jésus leur *répondit :* Les amis de l'époux peuvent-ils s'affliger pendant que l'époux est avec eux ? Mais il viendra un temps où l'époux leur sera ôté; alors

16 ils jeûneront. Personne ne

Mes disciples ne doivent pas jeûner pendant que je suis avec eux, car le jeûne doit être toujours le signe de l'affliction, et non pas une apparence hypocrite; il viendra un temps où je leur serai enlevé, et alors ils jeûneront. (Voyez l'Introduction, p. xxv.) De même qu'on ne met pas une pièce de drap neuf à un vieil habit, parce

met une pièce de drap neuf à un vieil habit, parce que la pièce emporterait une partie de l'habit, et que la déchirure devien-

17 drait plus grande. On ne met pas non plus le vin nouveau dans de vieux vaisseaux; autrement les vaisseaux sont perdus; mais on met le vin nouveau dans des vaisseaux neufs, et ainsi le vin et les vaisseaux se conservent.

que la pièce, etc., de même je ne viens pas ajouter quelques préceptes nouveaux aux anciennes traditions des pharisiens; car une doctrine ainsi formée serait pire que la leur; mais je viens apporter une doctrine entièrement nouvelle à côté de celle des pharisiens, une doctrine toute spirituelle qui demande le changement du cœur au lieu de vaines pratiques. De même aussi qu'on ne met pas le vin nouveau, etc., de même je ne choisis pas, pour leur confier ma doctrine nouvelle et toute spirituelle, les pharisiens imbus de leurs vieilles traditions, car ils seraient incapables de les conserver, et se perdraient eux-mêmes; mais je choisis des hommes nouveaux, ignorants sans doute, mais exempts des préjugés et de l'orgueil des pharisiens; ainsi ma doctrine se conservera pure et mes disciples seront fidèles.

Il est bien éloigné de l'Évangile et du salut celui qui s'applique davantage aux formalités et aux pratiques religieuses, qu'à la pureté du cœur et de la vie.

Qu'ai-je à faire, dit l'Éternel, de la multitude de vos sacrifices? Lavez-vous, purifiez-vous; cessez de mal faire, apprenez à faire le bien.

E. JÉSUS GUÉRIT UNE FEMME MALADE, ET RESSUSCITE LA FILLE D'UN CHEF DE LA SYNAGOGUE.

Parall. Marc v, 22. Luc VIII, 41.

18   Comme il leur disait ces choses, un des chefs *de*

Ce chef de la synagogue se

la synagogue vint se prosterner devant lui et lui dit : Ma fille vient de mourir ; mais viens lui imposer les mains, et elle vivra.

19 Jésus s'étant levé le suivit, accompagné de ses

20 disciples. Alors une femme qui depuis douze ans avait une perte de sang, s'approcha de lui par derrière, et toucha le bord

21 de son habit ; car elle disait en elle-même : Si je puis seulement toucher son vêtement, je serai gué-

22 rie. Jésus s'étant retourné, et la regardant, lui dit : Rassure-toi, *ma* fille ; ta foi t'a guérie ; et cette femme fut guérie à l'heure même.

23 Quand Jésus fut arrivé à la maison du chef *de la synagogue*, et qu'il eut vu les joueurs de flûte, et une troupe de gens qui

24 faisaient grand bruit, il leur dit : Retirez-vous ; car

nommait Jaïrus. (Voyez les parallèles ; et pour ce qui regarde les chefs de la synagogue, voyez l'Introduction, page xxviii.)

Imposer les mains à quelqu'un, c'était placer les mains sur sa tête, en priant pour lui.

Elle s'approcha de Jésus pendant qu'il était en marche vers la maison du chef de la synagogue.

Les Juifs enterraient très-promptement leurs morts, parce que la maison dans laquelle se trouvait un cadavre était regardée comme impure. Il y avait aux enterrements des chanteurs funè-

cette jeune fille n'est pas morte, mais elle dort. Et ils se moquaient de lui.

25 Mais, après qu'on eut fait sortir tout le monde, il entra; et ayant pris cette jeune fille par la main,

26 elle se leva. Et le bruit de ce miracle se répandit dans tout le pays.

bres, des joueurs de flûte et des femmes payées pour jeter de grands cris. La jeune fille était-elle en léthargie, ou bien Jésus compare-t-il sa mort de quelques instants à un sommeil? C'est ce qu'on ne peut décider; mais quoi qu'il en soit, un éclatant miracle fut opéré dans cette occasion.

La foi au Fils de Dieu produit aujourd'hui, dans les cœurs et dans les consciences, des miracles aussi grands que ceux dont les regards des hommes étaient frappés, quand Jésus allait de lieu en lieu faisant le bien.

Parents affligés, retenez bien la parole de Celui qui est la résurrection et la vie : Cette jeune fille n'est pas morte, mais elle dort. *La mort est un sommeil; un repos après les fatigues du voyage terrestre; un repos auquel se livre avec confiance le fidèle, en attendant le réveil bienheureux.*

Que je meure de la mort des justes, et que ma fin soit semblable à la leur !

———

F. GUÉRISON DE DEUX AVEUGLES ET D'UN MUET.

27 Comme Jésus partait de là, deux aveugles le suivirent, en criant : Fils de David, aie pitié de 28 nous ! Lorsqu'il fut entré dans la maison, ces aveugles vinrent à lui, et Jésus leur dit : Croyez-vous que je puisse faire *ce que vous demandez?* Ils lui répondi-29 rent : Oui, Seigneur. Alors il leur toucha les yeux en disant : Qu'il vous soit fait 3o selon votre foi. Aussitôt leurs yeux furent ouverts. Et Jésus leur défendit fortement *d'en parler :* Prenez garde, leur dit-il, que personne n'en sache rien. 31 Mais dès qu'ils furent partis, ils répandirent sa réputation dans tout le pays. 3a Comme ils s'en allaient, on lui présenta un homme muet, possédé du démon.

Lorsqu'il fut entré dans la maison qu'il habitait à Capernaüm.

Dans plusieurs occasions Jésus défendit à ceux qu'il avait guéris de répandre le bruit de ses miracles. C'était sans doute afin de ne pas attirer trop promptement l'attention et la haine de ses ennemis, et de n'être pas arrêté dans l'exercice de son ministère avant que son heure fût venue.

Ces hommes ne surent pas contenir l'expression de leur admiration et de leur joie.

Ce récit confirme pleinement

33 Le démon ayant été chassé, le muet parla ; et le peuple, rempli d'admiraration, disait : Jamais rien de semblable n'a été vu
34 en Israël. Mais les pharisiens disaient : Il chasse les démons par le prince des démons.

ce qui a été dit au chapitre IV, v. 24, sur les idées juives à l'égard des possessions du démon.

Ne pouvant nier les miracles de Jésus, ils avaient recours à des accusations absurdes, pour en affaiblir l'éclat au yeux du peuple.

Mon Dieu, éloigne de nos cœurs l'orgueil qui les ferme à la foi ; fais-y régner cette humilité précieuse qui les conduit et les attache à ton Fils bien-aimé ; ouvre nos yeux à la lumière divine de son Evangile, aux signes éclatants de son autorité céleste !

O Dieu ! crée en nous un cœur pur, renouvelle au-dedans de nous un esprit bien disposé.

G. COMPASSION DE JÉSUS POUR LES MAUX DU CORPS ET DE L'AME.

35 Or Jésus allait dans toutes les villes et dans toutes les bourgades, enseignant dans les synagogues, prêchant l'Évangile du règne *de Dieu*, et guérissant toutes sortes de mala-

(La division en chapitres, telle qu'elle est usitée dans nos éditions de la Bible, a été faite au douzième siècle par le cardinal Hugo de Saint-Cher. La division en versets est due à Robert Étienne, qui l'introduisit dans son édition de la Bible en 1551. Ces divisions sont quelquefois défectueuses ; ainsi le dernier paragraphe de ce

dies et d'infirmités parmi

36 le peuple. Et voyant la multitude du peuple, il en fut ému de compassion, parce qu'ils étaient dispersés et errants, comme des brebis qui n'ont point

37 de berger. Alors il dit à ses disciples : La moisson est grande, mais il y

38 a peu d'ouvriers; priez donc le maître de la moisson d'envoyer des ouvriers à sa moisson.

chapitre devrait faire le commencement du chapitre x^e, car il se lie étroitement à l'envoie des apôtres.)

Jésus voyant cette multitude d'hommes sans guide et sans sauveur au milieu de leurs égarements, fut ému de compassion envers eux. Alors il dit à ses disciples : Il y a beaucoup d'âmes à éclairer et à sauver au milieu de ce peuple, mais ils sont en petit nombre ceux qui peuvent leur porter la lumière et le salut; priez donc Celui qui peut sauver toutes ces âmes, de leur envoyer des guides qui les conduisent à lui.

« *Comme Jésus sait plaindre les maux du corps, et*
» *surtout ceux de l'âme ! avec quelle efficacité il soulage*
» *les uns et les autres ! Voilà le guide et le Sauveur*
» *que nous devons chercher et croire; que sa puissance*
» *nous encourage, et que sa compassion nous rassure.*
» *Voilà le modèle que notre vie doit retracer. Comme*
» *lui, émus de compassion pour les hommes, faisons-*
» *leur, et faisons à leurs âmes surtout, tout le bien*
» *que Dieu nous permet de faire.* »

CHAPITRE X.

JÉSUS ENVOIE DOUZE APÔTRES AU MILIEU DES JUIFS.
— DISCOURS QU'IL PRONONCE A CETTE OCCASION.

Parall. Marc III, 14. Luc VI, 12, et XII.

1 Jésus ayant assemblé ses douze disciples, leur donna le pouvoir de chasser les esprits immondes, et de guérir toutes sortes de maladies et d'infirmités.

Les esprits immondes ou impurs, c'est-à-dire, les maladies attribuées au pouvoir du démon.

2 Voici les noms des douze apôtres : le premier est Simon nommé Pierre, puis André son frère ; Jacques fils de Zébédée,

Le premier que Jésus appela à le suivre est Simon, qui reçut le surnom de Pierre.

3 et Jean son frère ; Philippe et Barthélemi ; Thomas et Matthieu le péager ; Jacques fils d'Alphée, et Lebbée surnommé Thad-

Barthélemi est le même que Nathanaèl.

4 dée ; Simon le Cananite, et Judas Iscariot qui trahit Jésus.

Thaddée est le même que Jude.

Simon, appelé ici le Cananite, est surnommé ailleurs le Zélote, et ces deux surnoms ont le même sens, c'est-à-dire homme qui avait

5 Ce sont là les douze apôtres que Jésus envoya,
après leur avoir donné ses
instructions, en disant :
N'allez point vers les Gentils, et n'entrez dans aucune ville des Samaritains;

6 mais allez plutôt vers les
brebis de la maison d'Is-

7 raël qui sont perdues ; et
partout où vous irez, prê-
chez que le règne de Dieu

8 est proche ; guérissez les
malades, nettoyez les
lépreux, ressuscitez les
morts, chassez les dé-
mons ; vous avez reçu gratuitement, donnez gratui-

9 tement. Ne prenez ni or,
ni argent, ni monnaie dans

10 vos ceintures ; ni sac pour
le voyage, ni deux habits,
ni souliers, ni bâton ; car
l'ouvrier est digne de sa

11 nourriture. En quelque
ville ou en *quelque* bourgade que vous entriez,
informez-vous s'il y a quel-

appartenu à la société formée pour
la défense du culte, et de l'honneur national.

Le mot *Iscariot* signifie homme
de *Carioth*, ville de la tribu de
Juda.

*N'allez point encore vers les
payens auprès desquels vous n'auriez point de succès ; ni vers les
Samaritains qui ont peu de foi aux
oracles des prophètes* (voyez l'Introduction, p. xxviii); *mais allez
plutôt, en commençant votre ministère, vers les vrais Israélites
qui sont égarés, errants comme
des brebis sans berger* (ix, 36), *et
qui sont mieux disposés à vous
recevoir.*

(Voyez Matthieu iii, 2.)

(Voyez Matthieu iv, 24.)

*Vous avez reçu gratuitement
le pouvoir d'opérer ces miracles,
exercez-le gratuitement.* (Voyez
Actes viii, 20.)

La ceinture servait à retenir le
vêtement de dessus, et à serrer
l'argent.

Au temps de Jésus-Christ et
des apôtres, l'hospitalité était généralement exercée, surtout envers des compatriotes.

*Votre vie est consacrée à tra-
vailler pour le bonheur des hommes ; il est juste qu'ils pourvoient
à votre entretien.*

qu'un digne *de vous rece-*
voir, et demeurez chez
lui jusqu'à ce que vous
12 partiez du lieu. Quand
vous entrerez dans une
13 maison, saluez-la ; si cette
maison en est digne, votre
paix demeurera sur elle ;
mais si elle n'en est pas
digne, votre paix retour-
14 nera à vous ; si l'on ne vous
reçoit pas ou que l'on n'é-
coute pas vos instructions,
en sortant de cette maison
ou de cette ville, secouez
la poussière de vos pieds ;
15 je vous dis en vérité qu'au
jour du jugement Sodome
et Gomorrhe seront trai-
tées avec moins de ri-
gueur que cette ville-là.
16 Je vous envoie comme des
brebis au milieu des loups ;
soyez donc prudents com-
me des serpents, et sim-
ples comme des colombes.
17 Donnez-vous garde de ces
gens-là, car ils vous li-

Ne craignez pas d'abuser de
l'hospitalité qu'on vous accorde ;
demeurez sans scrupule dans la
maison où l'on vous reçoit, car les
bénédictions que vous apporterez
dans cette maison sont assez gran-
des pour qu'on vous y entretienne
avec joie pendant tout le temps
que vous y resterez. — Si la mai-
son est digne de la paix que vous
lui souhaitez (le salut habituel
était : Que la paix soit avec vous !)
votre souhait s'accomplira ; si elle
n'en est pas digne, elle ne recevra
pas la bénédiction que vous lui
souhaitez ; mais vous, vous la re-
cevrez ; votre intention pieuse ne
sera point oubliée de Dieu.

N'ayez plus rien de commun
avec cette maison ni avec cette
ville qui, en repoussant vos leçons
et vos miracles, se sont rendues si
coupables, qu'au jour du jugement
Sodome et Gomorrhe seront trai-
tées moins rigoureusement qu'elles.

Je vous envoie, vous hommes
doux et timides, au milieu d'ar-
dents ennemis ; ayez donc une
grande prudence ; mais que cette
prudence soit sans aucun mélange
de mal (de ruse, de tromperie).
Chez les Égyptiens et chez les
Juifs, le serpent était l'emblème
de la souplesse et de la prudence.
Notre Seigneur, à l'occasion de

vreront aux tribunaux, et ils vous *feront fouetter*

18 dans les synagogues. Vous serez menés devant les gouverneurs et devant les rois, à cause de moi, pour me servir de témoins devant eux et devant les na-

19 tions ; mais quand on vous livrera entre leurs mains, ne soyez point en peine, ni de ce que vous direz, ni comment vous parlerez, car ce que vous devez dire vous sera inspiré à

20 l'heure même ; car ce n'est pas vous qui parlerez, mais c'est l'Esprit de votre Père qui parlera par vous.

21 Alors le frère livrera son frère à la mort, et le père son enfant ; les enfants se soulèveront contre leurs pères et leurs mères, et

22 les feront mourir. Vous serez haïs de tout le monde à cause de mon nom ;

la première mission des apôtres, prédit ici ce qui doit leur arriver dans le cours entier de leur ministère. Le livre des Actes des apôtres nous montre l'accomplissement de toutes ces prédictions. (Voyez Actes xxiii, 33 ; xxiv, 1 ; xxv, 6, etc.)

C'est ainsi que la vérité parvint aux oreilles de ceux qui sans cela n'en auraient jamais entendu parler.

Les membres de la même famille seront divisés au sujet de l'Évangile, et ceux qui le repousseront n'épargneront pas la vie de leurs plus proches parents. L'histoire des premiers temps du christianisme fait voir comment cette prédiction s'est littéralement accomplie.

mais celui qui persévérera jusqu'à la fin sera sauvé. 23 Quand on vous persécutera dans une ville, fuyez dans une autre; je vous dis en vérité que vous n'aurez pas achevé de parcourir toutes les villes d'Israël, que le Fils 24 de l'homme sera venu. Le disciple n'est pas plus que le maître, ni le serviteur 25 plus que son seigneur; il suffit au disciple d'être traité comme son maître, et au serviteur d'être comme son seigneur; si l'on appelle le père de famille Béelzébub, combien plutôt *donneront-ils ce nom* 26 *à ses domestiques.* Ne les craignez donc point; car il n'y a rien de caché qui ne doive être découvert, ni rien de secret qui ne 27 doive être connu. Ce que je vous dis dans les ténèbres, dites-le en plein jour;

La persécution, chassant les disciples d'une ville dans une autre, répandit l'Évangile dans beaucoup d'endroits. (Voyez Act. VIII, 1 et 4.)

Quelles que soient ces persécutions, je vous déclare qu'avant même que vous ayez parcouru toutes les villes du pays d'Israël, le règne du Fils de l'homme sera établi, l'Évangile sera reçu dans un grand nombre de lieux.

Vous ne pouvez vous attendre à être moins persécutés que moi; ce qui peut vous arriver de plus heureux, c'est de ne pas l'être davantage; s'ils m'ont appelé le prince du mal; combien ne vous outrageront-ils pas? (Béelzébub est le nom d'une divinité des Ébionites, à laquelle on attribuait le pouvoir de garantir des sauterelles et des insectes. Les Juifs qui considéraient les faux dieux des payens comme des démons ennemis de l'Éternel, pensaient que Béelzébub était un démon des plus puissants.)

Ne soyez point détournés, ni arrêtés par tout cela; car la destinée de ma doctrine, aujourd'hui inconnue et cachée, est d'être universellement répandue. Travaillez courageusement à l'accomplissement de cette destinée, ce que je vous enseigne en particulier, publiez-le ouvertement dans le monde. (En Orient les toits sont plats, semblables à des terrasses, et présentent une position avantageuse

et ce que vous entendez dire à l'oreille, prêchez-le du haut des maisons.

28 Ne craignez point ceux qui ôtent la vie du corps, et qui ne peuvent faire mourir l'âme; mais craignez plutôt Celui qui peut faire périr l'âme et le corps

29 dans la géhenne. Deux passereaux ne se donnent-ils pas pour une pite? Cependant il n'en tombe. pas un seul à terre sans *la permission de* votre Père;

30 les cheveux même de votre tête sont tous comptés;

31 aussi ne craignez rien; vous valez mieux qu'un grand nombre de passe-

32 reaux. Quiconque me confessera devant les hommes, je le confesserai aussi devant mon Père qui *est*

33 dans les cieux; mais quiconque me reniera devant les hommes, je le renierai aussi devant mon Père

à ceux qui veulent parler à la multitude.)

Cherchez par-dessus tout l'approbation de Celui dont votre sort dépend durant tous les siècles de l'éternité; c'est à lui que vous devez plaire et obéir, et non aux hommes qui peuvent tout au plus faire mourir votre corps quelques années avant le temps.

Sur le mot *géhenne*, voyez l'Introduction, page xviii.

La *pite* était une pièce de monnaie de très-petite valeur (1/4 de denier).

Votre Père céleste prendra donc le plus tendre soin de vous.

Quiconque me déclarera ouvertement son Maître devant les hommes, je le déclarerai ouvertement mon disciple devant mon Père qui est aux cieux, au jour du jugement universel; mais quiconque refusera de me déclarer son Maître, etc.

34 qui *est* dans les cieux. Ne pensez pas que je sois venu apporter la paix sur la terre; je ne suis point venu apporter la paix, mais l'é-

35 pée; car je suis venu mettre la division entre le fils et le père, entre la fille et la mère, entre la belle-fille

36 et la belle-mère; et chacun aura *ses propres* domestiques pour ennemis.

37 Celui qui aime son père ou sa mère plus que moi, n'est pas digne de moi; celui qui aime son fils ou sa fille plus que moi, n'est

38 pas digne de moi; et celui qui ne prend pas sa croix pour me suivre n'est

39 pas digne de moi. Celui qui conserve sa vie la perdra, et celui qui perd sa vie à cause de moi la re-

40 trouvera. Celui qui vous reçoit me reçoit; et qui me reçoit, reçoit Celui

41 qui m'a envoyé. Celui qui

Quoique mon Évangile soit une doctrine de paix, il ne pourra s'établir sur la terre sans trouble, et sans division; car lorsqu'on voudra devenir mon disciple, on trouvera souvent dans sa propre famille des oppositions, des menaces, des violences, et l'on aura pour ennemis ceux de sa maison. Alors celui qui se laissera détourner de l'Évangile par la résistance de ses parents et de ses amis, qui ne sera pas prêt à souffrir pour me rester fidèle, celui-là ne sera pas digne de m'appartenir. (Prendre sa croix, signifie se préparer à souffrir; c'est une image empruntée à la coutume de faire porter la croix aux condamnés jusqu'au lieu de l'exécution.)

Celui qui pour conserver sa vie aura renié mon Évangile, perdra la vie éternelle; mais celui qui aura perdu la vie pour me rester fidèle, revivra à jamais dans les cieux.

Le Sauveur, pour donner un nouvel encouragement à ses apôtres, et disposer les hommes à bien les accueillir, déclare solennellement que l'accueil favorable fait à ses disciples sera regardé

reçoit un prophète en qualité de prophète, recevra une récompense de prophète; celui qui reçoit un juste en qualité de juste, recevra une récompense 42 de juste; et quiconque donnera seulement un verre d'eau froide à l'un de ces petits, parce qu'il est mon disciple, je vous dis en vérité qu'il ne perdra point sa récompense.

comme fait à leur Maître et à Dieu même, si on les reçoit favorablement parce qu'ils sont des prophètes divins, et non par des motifs intéressés. *Même le plus léger bienfait accordé à l'un de ces hommes faibles et pauvres (parce qu'il est mon disciple), recevra dans le ciel sa récompense.*

Jésus confie à douze apôtres, faibles, timides, dépourvus de science et de talents, pauvres, inconnus et méprisés, le premier établissement de son règne qu'il veut étendre sur toute la terre; il les envoie comme des brebis au milieu des loups, en leur montrant, dès l'entrée de la carrière, les persécutions, les outrages, les supplices. Aucun homme n'aurait agi, n'aurait parlé comme Jésus; celui-là seul pouvait concevoir un tel projet, choisir de tels moyens, tenir un tel langage, qui faisait l'œuvre du Père céleste, et qui pouvait dire avec une autorité divine: L'Esprit de Dieu parlera pour vous; quiconque sacrifiera sa vie pour moi la retrouvera.

Les douze apôtres, privés de toute ressource, selon les vues de la sagesse humaine, acceptent la tâche que

Jésus leur impose ; l'attente des obstacles, des dangers, des douleurs, n'ébranle point leur courage. C'est que leurs yeux voient avec évidence, c'est que leurs esprits savent avec certitude, c'est que leurs cœurs sentent avec entière conviction, que celui qui les envoie est le Fils du Dieu vivant.

Tout chrétien doit faire ce qui est en son pouvoir pour gagner à l'Évangile ses frères qui en sont encore éloignés. Que Dieu nous accorde d'accomplir ce devoir avec la simplicité de cœur, avec la prudence, mais aussi avec le courage que Jésus demande de ses disciples ! « Que la » sagesse, l'humilité, la charité règlent toujours notre » zèle, et tremblons de défendre la vérité par l'intolé- » rance et la passion. »

En renonçant aux vanités du monde et à nos penchants mauvais, pour nous attacher fermement à la Parole de Dieu, nous devons nous attendre à rencontrer autour de nous des obstacles, des oppositions, des railleries ; mais qu'est-ce que tout cela auprès de l'approbation de Dieu, auprès de la louange du Sauveur qui nous appellera, devant le Père céleste, ses disciples et ses bien-aimés ?

Qu'il est miséricordieux et tendre le Dieu que nous adorons ! A toute heure ses yeux sont sur nous ; tous les cheveux de notre tête sont comptés. Qu'il est généreux et clément le Maître que nous servons ! Tout acte de dévouement et d'amour pour lui, le moindre sacrifice d'un cœur touché, toute intention pieuse, recevront un jour de lui leur récompense. Courage donc dans le danger et dans les épreuves ! nous sommes toujours entre

*les mains de notre Dieu. Courage dans l'œuvre de notre
foi et de notre sanctification! Aucun effort ne sera oublié
du Maître qui nous jugera.*

CHAPITRE XI.

A. JEAN-BAPTISTE ENVOIE DEUX DE SES DISCIPLES A JÉSUS.

Parall. Luc VII, 18.

1 Après que Jésus eut achevé de donner ses instructions à ses douze disciples, il partit de là pour aller enseigner et prêcher dans les villes d'alentour.

Il partit de là, c'est-à-dire, vraisemblablement de Capernaüm.

2 Cependant Jean ayant entendu parler dans sa prison de ce que Jésus-Christ faisait, envoya deux de ses disciples pour lui 3 dire : Es-tu celui qui doit venir, ou si nous devons en attendre un autre ?

Jean-Baptiste partageait sans doute en quelque façon les erreurs des Juifs (et même des apôtres avant l'envoi du Saint-Esprit), sur le règne du Messie. Il s'attendait peut-être comme eux à voir Jésus fonder un nouveau royaume d'Israël, avec gloire et puissance. Il fut donc étonné de l'humble ministère du Sauveur, et envoya deux disciples pour s'éclairer par leurs rapports.

4 Jésus leur répondit : Allez rapporter à Jean ce que

Jésus fait comprendre aux disciples de Jean que l'éclat de ses miracles prouve assez qu'il est

5 vous entendez et ce que vous voyez : Les aveugles recouvrent la vue, les boiteux marchent, les lépreux sont nettoyés, les sourds entendent, les morts ressuscitent, l'Évangile est annoncé aux pauvres. 6 Heureux celui à qui je ne serai pas une occasion de chute !

celui qui doit venir, et que l'humble ministère qu'il exerce en évangélisant aux pauvres, est conforme à ce qui a été dit du Messie dans les oracles des prophètes. (Voyez Ésaïe xxxv, 5, 6 , lxi, 1.)

Heureux celui dont la foi ne sera pas ébranlée par mon humble apparence.

L'évangéliste n'hésite point à raconter les incertitudes du Précurseur de Jésus-Christ. Quelle admirable preuve de candeur et de bonne foi !

Te contempler, ô Jésus ! dans ton abaissement selon le monde, et dans ta charité divine, te voir annoncer aux pauvres et aux faibles l'Évangile de gloire et de salut, ce sera toujours pour nous un puissant moyen de reconnaître en toi le Fils de Dieu !

B. ÉLOGE DE JEAN-BAPTISTE.

Parall. Luc vii, 24.

7 Comme ils s'en allaient, Jésus se mit à parler de Jean au peuple, et dit : Qu'êtes-vous allés voir au

Notre Seigneur semble craindre que le peuple ne considère les dernières paroles qu'il a prononcées, comme défavorables à Jean-Baptiste, et il s'empresse de dire : *Celui que vous êtes allés voir*

désert? Un roseau agité
8 du vent? Mais *encore*,
qu'êtes-vous allés voir?
Un homme vêtu d'habits
précieux? Mais ceux qui
portent des habits pré-
cieux sont dans les mai-
9 sons des rois. Qu'êtes-vous
donc allés voir? Un pro-
phète? Oui, vous dis-je,
et plus qu'un prophète.
10 C'est de lui qu'il est écrit:
J'envoie devant toi mon
messager qui te préparera
11 le chemin. Je vous dis en
vérité qu'entre tous ceux
qui sont nés de femme, il
n'y en a point eu de plus
grand que Jean-Baptiste;
(cependant le plus petit du
royaume des cieux est
12 plus grand que lui; c'est
depuis le temps de Jean-
Baptiste jusqu'à présent
que le royaume des cieux
est forcé, et ce sont les
violents qui le ravissent.)
13 Car jusqu'à Jean tous les

*au désert lorsqu'il prêchait la re-
pentance, est-il un homme chan-
celant comme un roseau? Non,
assurément. Ou bien est-il un
homme avide des pompes et de
l'éclat du monde? Non, certes;
car ceux qui aiment les grandeurs
mondaines fréquentent les palais
des rois, et ne vivent pas dans le
désert. Qu'êtes-vous donc, etc.*

Jean était prophète, et de plus
précurseur de Jésus-Christ. Ses
enseignements sont comme l'introduction de l'Évangile.

Malachie III, 1.

*Je vous déclare qu'entre tous
les hommes qui ont paru jusqu'ici,
aucun n'a eu une mission plus
grande que celle de Jean-Baptiste.
(Cependant le moindre de mes
apôtres a une mission plus grande
et plus belle encore; il enseigne
de meilleures choses; mais la mission de mes apôtres, comme celle
de Jean-Baptiste, souffre la persécution, et les hommes violents
empêchent les autres hommes de
la recevoir.)* Il faut considérer le
passage commençant par: *Cependant le plus petit*, etc., et finissant
avec le verset 12e, comme une pa-
renthèse, après laquelle Jésus continue son discours sur la grandeur
de Jean-Baptiste en disant: *Moïse
et les prophètes jusqu'à Jean, ont
annoncé la venue du Messie; mais
lui a fait plus qu'eux tous; il a dit,*

prophètes aussi bien que la loi ont prophétisé ; et
14 si vous voulez recevoir *ce que je dis,* il est *cet* Élie
15 qui devait venir. Que celui qui a des oreilles pour ouïr, entende !

en le montrant : le voici ; il a été cet Élie qui, selon les oracles, devait préparer le chemin du Christ.

Exhortation pressante à réfléchir attentivement sur ce qui vient d'être dit.

Que celui auquel Dieu a accordé les facultés d'un être intelligent les applique premièrement à la connaissance de la Parole divine. Le Père céleste a donné à ses enfants le livre du salut et de la vie éternelle ; malheur à ceux qui le tiennent fermé, ou qui n'en font pas l'aliment le plus précieux de leur âme.

Que celui qui se glorifie, se glorifie en ce qu'il a de l'intelligence pour me connaître, et pour savoir que je suis l'Éternel, qui exerce la miséricorde et la justice sur la terre.

C. CENSURE DES JUIFS ENDURCIS.

Parall. Luc VII, 31.

16 Mais à qui comparerai-je cette génération ? Elle ressemble à des enfants qui sont dans une place publique et qui crient à leurs
17 compagnons : « Nous vous

Notre Seigneur se sert ici d'une comparaison empruntée aux jeux des enfants juifs, et reproche à la génération de son temps de ressembler à ceux que rien ne peut contenter, ni ce qui est sérieux, ni ce qui est gai. En effet, dit-il, Jean-Baptiste est venu menant une vie austère, et les Israélites

» avons joué de la flûte, et » vous n'avez point dansé; » nous vous avons chanté » des airs lugubres , et » vous n'avez point pleu-18 » ré ; » car Jean est venu ne mangeant ni ne buvant; et ils disent : Il est possé-19 dé du démon; le Fils de l'homme est venu mangeant et buvant , et ils disent : C'est un mangeur et un buveur, un ami des péagers et des gens de mauvaise vie; mais la sagesse a été justifiée par ses enfants.

ont dit : C'est un insensé ; ensuite le Fils de l'homme est venu sans pratiquer la même austérité, et ils ont dit : Voilà un mangeur et un buveur, un ami des péagers et des gens de mauvaise vie.

Mais la sagesse a trouvé dans tous les temps des amis, des enfants, qui ont montré son excellence.

Il y a des hommes qui trouvent de nombreux prétextes pour ne pas se soumettre à la loi de Dieu; prétextes dictés par la légèreté d'esprit ou par la corruption du cœur. Mais ceux qui font de l'Évangile leur trésor, y trouvent la paix et la joie; et ainsi la sagesse est justifiée par ses enfants; ils en montrent l'incomparable valeur.

Le prix de la sagesse monte plus haut que celui des perles.

D. REPROCHES AUX VILLES INCRÉDULES ET IMPÉNITENTES.

Parall. Luc **x**, 13.

20 Alors Jésus se mit à faire des reproches aux villes où il avait fait plusieurs miracles, de ce qu'elles ne s'étaient point amen-
21 dées. Malheur à toi, Corazin, malheur à toi Bethsaïde! car si les miracles qui ont été faits au milieu de vous avaient été faits dans Tyr et dans Sidon, il y a long-temps qu'elles se seraient converties, en prenant le sac et la cen-
22 dre. C'est pourquoi je vous déclare qu'au jour du jugement, Tyr et Sidon seront traitées avec moins de rigueur que vous. Et
23 toi, Capernaüm, qui as été élevée jusqu'au ciel, tu seras abaissée jusqu'en enfer; car si les miracles qui ont été faits au milieu

Corazin et Bethsaïde étaient deux villes situées au bord du lac de Génésareth. (*Voyez* Introduction, page **xvii**.)

Tyr et Sidon, villes payennes, capitales du pays des Phéniciens, avaient été très-célèbres par leur richesse, leur luxe et leur orgueil. En signe d'affliction ou d'humiliation, les Juifs portaient un vêtement grossier, noir, en forme de sac, avec des ouvertures pour les bras. Ils répandaient aussi des cendres ou de la poussière sur leurs cheveux.

Et toi, Capernaüm, qui as reçu la faveur la plus signalée en devenant le séjour habituel du Fils de Dieu, tu seras réduite à un profond abaissement.

24 de toi eussent été faits à Sodome, elle subsisterait encore aujourd'hui. C'est pourquoi je te dis qu'au jour du jugement, Sodome sera traitée avec moins de rigueur que toi.

Nés dans le sein du christianisme, instruits dès nos jeunes années des choses qui appartiennent à notre paix, attirés par l'Evangile dans le chemin du ciel, exhortés sans cesse par la voix des ministres de Jésus-Christ à marcher sur les traces de notre Maître, favorisés des constants appels que le Père de grâce adresse à notre cœur, de quel châtiment ne serons-nous pas dignes si nous repoussons toutes ces grâces pour suivre les conseils du monde, la voix de la chair et de ses convoitises ?

Si lorsque j'aurai dit à l'homme juste qu'il vivra, il met sa confiance dans sa propre justice et commet l'iniquité, toutes ses bonnes œuvres seront mises en oubli, et il mourra dans l'iniquité qu'il aura commise.

E. L'ÉVANGILE RÉVÉLÉ AUX HOMMES SIMPLES, AUX CŒURS TRAVAILLÉS ET CHARGÉS.

Parall. Luc x, 22. Jean xiii, 3 ; 1, 18.

25   Jésus continuant à par-| *Je te loue de ce que tu as choisi*

ler : Je te loue, dit-il, ô mon Père, Seigneur du ciel et de la terre, de ce qu'ayant caché ces choses aux sages et aux savants, tu les as révélées aux en-

26 fants. Oui, mon Père, cela est ainsi parce que tu l'as

27 trouvé bon. Toutes choses m'ont été données par mon Père, et personne ne connaît le Fils que le Père, ni personne ne connaît le Père que le Fils, ou celui à qui le Fils aura voulu le

28 faire connaître. Venez à moi, vous tous qui êtes travaillés et chargés, et je

29 vous soulagerai. Soumettez-vous à mon joug, et apprenez de moi que je suis doux et humble de cœur, vous trouverez le

30 repos de vos âmes ; car mon joug est doux, et mon fardeau léger.

pour recevoir et répandre la révélation divine, non point les sages et les savants selon le monde, mais ceux qui sont humbles et simples comme des enfants. Oui, mon Père, il en est ainsi parce que dans ta sagesse éternelle et infinie tu vois que cela est bon.

Tout ce que je vous enseigne m'a été enseigné par mon Père, et seul je puis vous faire connaître en toute vérité le Père céleste. Comme personne ne connaît bien le Fils que le Père, personne ne connaît bien le Père que le Fils, et celui à qui le Fils aura voulu le faire connaître.

Puisque mes enseignements sont ceux du Père céleste, venez à moi avec confiance, vous tous, etc.

Soumettez-vous à ma loi, et sachez que je n'exige point au-delà de ce que vous pouvez faire, et que je ne vous traite point avec orgueil (comme les pharisiens.) Vous trouverez le repos de vos âmes, car mon Évangile est un joug aisé et un fardeau léger. (Les Juifs comparaient souvent à un joug les préceptes de leur religion. La religion des pharisiens était un joug accablant.)

Nous sommes tous travaillés et chargés, par nos fau-

tes et par nos épreuves ; écoutons les tendres invitations du Sauveur qui nous appelle à lui, de la part du Père céleste, pour donner le repos à nos âmes. « C'est la voix » d'un ami, du meilleur des amis ; seul il donne la paix, » il nous aime, il nous appelle tous ; il veut nous con- » duire à son Père et au ciel. » Allons à lui de tout notre cœur, chargeons-nous avec joie du joug de sa Parole, ce joug nous semblera chaque jour plus doux et plus facile.

C'est une joie pour le juste de faire ce qui est droit.

Ses voies sont des voies agréables, et tous ses sentiers ne sont que bonheur.

CHAPITRE XII.

A. LEÇONS DE JÉSUS-CHRIST SUR L'OBSERVATION DU SABBAT.

Parall. Marc ii, 23. Luc vi, 1.

1 En ce temps-là, Jésus passait par des blés dans un jour de sabbat; ses disciples ayant faim, se mirent à arracher des épis et 2 à en manger. Des pharisiens qui virent cela lui di-

La loi de Moïse permettait à chacun d'arracher des épis dans les champs, pour se rassasier. Deut. xxiii, 25. Les pharisiens condamnaient cet acte comme une violation du repos prescrit le septième jour de la semaine. Exode xxxi, 15.

rent : Voilà tes disciples qui font ce qu'il n'est pas permis de faire le jour du

3 sabbat. Mais il leur répondit : N'avez-vous point lu ce que fit David, un jour que lui et ceux qui l'accompagnaient avaient

4 faim ? Comment il entra dans la maison de Dieu, et mangea les pains de proposition dont il n'était pas permis de manger, ni à lui, ni à ceux qui l'accompagnaient, mais aux

5 seuls sacrificateurs ? Ou n'avez-vous pas lu dans la loi que les sacrificateurs, au jour du sabbat, violent le sabbat dans le temple sans être coupables *pour*

6 *cela?* Or je vous dis qu'il y a ici quelqu'un qui est plus grand que le temple.

7 Si vous saviez ce que signifie cette parole, je veux la miséricorde et non pas le sacrifice, vous n'auriez

Chaque jour du sabbat on déposait dans le temple, (avant la construction du temple, dans le tabernacle), douze pains consacrés à Dieu, comme un témoignage de la reconnaissance des douze tribus. (Voyez l'Introduction, page XXIII.)

Jésus répond à l'accusation des pharisiens, en leur montrant que la faim éprouvée par ses disciples devait les excuser, comme elle avait jadis excusé David et ses compagnons; que si les sacrificateurs étaient autorisés à violer le sabbat, le Fils de l'homme possédait assez de puissance pour accorder une semblable autorisation à ses disciples; enfin, que les dispositions charitables qui manquaient aux pharisiens, si prompts à condamner autrui, auraient été plus agréables à Dieu qu'une observation minutieuse du repos ordonné.

8 pas condamné des personnes innocentes. Car le Fils de l'homme est

9 maître même du sabbat. Etant parti de là, il vint

10 dans leur synagogue. Il s'y trouva un homme qui avait une main sèche, et les pharisiens, pour avoir lieu d'accuser Jésus, lui demandèrent s'il était permis de guérir quelqu'un

11 le jour du sabbat. Il leur répondit : Si quelqu'un d'entre vous a une brebis qui soit tombée, un jour de sabbat, dans une fosse, ne la prend-il pas, et ne l'en retire-t-il pas ?

12 Combien un homme vaut-il mieux qu'une brebis ? Il est donc permis de faire du bien le jour du sabbat.

13 Alors il dit à cet homme : Etends ta main. Il l'étendit, et elle devint aussi saine que l'autre.

Le mot *car* indique fort souvent que les paroles dont il est suivi sont un nouvel argument.

Une main sèche, c'est-à-dire une main dont il ne pouvait se servir.

Les docteurs juifs ne permettaient de travailler à la guérison d'un malade, le jour du sabbat, que dans le cas où la vie était en danger.

Gardons-nous d'abuser des paroles de notre Seigneur

en refusant au jour du repos le respect qui lui est dû. N'oublions pas que ce qu'il blâme chez les pharisiens, c'est une extrême exagération par laquelle ces hypocrites cherchaient à se faire honorer des hommes ; que les œuvres nécessaires et les œuvres charitables sont permises dans le jour du Seigneur ; mais que c'est pour tout chrétien un devoir d'une haute importance de consacrer à l'Eternel, par le repos et le recueillement, le jour qu'il a béni et sanctifié dès la création du monde.

Apprenons par l'exemple de notre divin Maître, qui a opéré de nombreuses guérisons dans le jour du sabbat, à visiter plus particulièrement dans ce jour la maison du pauvre, du malade et de l'affligé. Apprenons par les paroles de blâme qu'il adresse aux pharisiens, que nos cérémonies extérieures, pratiquées dans ce jour, ne sont rien devant Dieu, si les sentiments auxquels il prend plaisir ne remplissent pas en même temps nos cœurs.

« Si tu sanctifies le dimanche, le dimanche te sanctifiera. »

Si tu appelles le sabbat un repos délicieux et honorable consacré à l'Éternel, tu trouveras tes délices en l'Éternel.

Venez et montons à la maison de l'Éternel, il nous instruira de ses voies et nous marcherons dans ses sentiers.

B. HUMILITÉ ET DOUCEUR DE JÉSUS-CHRIST.

14   Là-dessus les pharisiens]   Ils étaient irrités au plus haut

étant sortis de la synagogue, délibérèrent entr'eux
sur les moyens de le per-
15 dre. Mais Jésus connaissant leur dessein se retira
de là. Une grande multi-
tude de gens le suivit; il
16 guérit tous les malades; et
il leur défendit fortement
17 de le faire connaître. De
sorte que ce qui avait été
dit par le prophète Ésaïe
18 fut accompli : Voici mon
serviteur, que j'ai choi-
si, mon bien-aimé, à qui
j'ai donné toute mon af-
fection ; je mettrai mon esprit en lui, et il annoncera
19 la justice aux nations ; il
ne contestera point, il ne
criera point, et l'on n'entendra point sa voix dans
20 les places publiques ; il ne
rompra pas *tout-à-fait* le
roseau cassé, il n'éteindra
point le lumignon qui fume
encore, jusqu'à ce qu'il ait
21 fait triompher la justice ;

point, parce qu'en montrant la
vanité de leurs traditions, et de
leur justice prétendue, Jésus dé-
truisait le crédit dont ils jouis-
saient au milieu du peuple.

Le peuple juif, excité par
l'attente d'un Messie qui le déli-
vrerait de ses ennemis, se serait
soulevé plus d'une fois sans la
prudence et l'humilité de Jésus.

Ésaïe XLII, 1.

La justice signifie, d'après le
sens du mot hébreu correspon-
dant, *les préceptes divins*. (L'É-
vangile selon saint Matthieu renferme un grand nombre de mots
tirés de la langue hébraïque).
Ces expressions figurées an-
nonçaient que le Messie, dans
l'exercice de son ministère, ne
chercherait point l'éclat ni le
bruit ; et qu'il serait plein de
compassion, d'indulgence, de
douceur, pour les faibles et les
affligés.

et les nations espéreront
en son nom.

La vie entière du Sauveur a accompli avec une merveilleuse fidélité ce touchant oracle d'Esaïe. Jésus n'a jamais cherché les hommages; aucun de ses miracles, aucune de ses actions n'a eu d'autre but que la gloire de Dieu et le salut des hommes. Il n'a jamais profité de la faveur du peuple pour triompher de ses ennemis; il n'a jamais montré un mouvement d'orgueil ni de dureté. Quand le malade l'a imploré, il ne lui a jamais refusé son secours; quand il a vu dans l'âme du coupable une lueur de repentir, il ne l'a jamais dédaignée. Disciple de Jésus-Christ, revêts-toi comme ton modèle d'humilité et de douceur, ne prends point plaisir à contester, ne recherche point ta propre gloire, console celui qui pleure, supporte le faible, ramène ton frère égaré. « Celui » qui refuse de tendre la main au pécheur et de porter » le fardeau de son frère, brise le roseau cassé. »

C. LE PRINCE DES DÉMONS. — BLASPHÊME CONTRE LE SAINT-ESPRIT. — NOUS SERONS JUGÉS PAR NOS PAROLES.

Parall. Luc xi, 14. Marc iii, 22.

22 Alors on présenta à Jésus un démoniaque aveugle et muet, et il le guérit; de sorte que cet homme

qui avait été aveugle et muet, parlait et voyait ;

23 ce qui causa tant d'étonnement à tout le peuple, qu'ils disaient : Cet homme-ci ne serait-il point le

24 Fils de David? Mais les pharisiens qui entendirent cela disaient : Cet homme ne chasse les démons que par Béelzébul, prince des

25 démons. Jésus, connaissant leur pensée, leur dit : Tout royaume divisé contre lui-même sera réduit en désert ; et toute ville ou toute maison divisée contre elle-même ne saurait subsister. Si donc Sa-

26 tan chasse Satan, il est divisé contre lui-même ; comment son royaume

27 pourrait-il subsister? Et si c'est par Béelzébul que je chasse les démons, par qui vos enfants les chassent-ils ? C'est pourquoi ils seront *eux-mêmes* vos ju-

(Voyez la note du chap. IX, v. 34). Béelzébul et Béelzébub étaient les noms que les Juifs donnaient au chef des démons (Voy. aussi la note du chap. X, v. 25).

Jésus s'appuie ici sur les idées des pharisiens à l'égard des démons pour renverser l'accusation élevée contre lui :

Si le prince des démons m'aidait à chasser les démons, qui, (selon votre croyance), se sont emparés par son ordre du corps de certains hommes, il serait en opposition directe avec lui-même, et agirait de la manière la plus insensée en détruisant son propre empire. Et si c'est par Béelzébul que je chasse les démons, par quelle autorité agissent donc ceux de vos disciples qui prétendent aussi les chasser ? Vous ne les accusez pas, pourquoi m'accusez-vous? Ils servent donc eux-mê-

28 ges. Mais si je chasse les démons par l'Esprit de Dieu, il est donc vrai que le règne de Dieu est venu

29 à vous. — Ou comment quelqu'un peut-il entrer dans la maison d'un homme fort et la piller, s'il n'a auparavant lié cet homme fort? Ce n'est qu'alors qu'il

30 peut piller sa maison. Celui qui n'est point avec moi est contre moi, et celui qui n'assemble point avec moi disperse.

31 Or je vous déclare que tout péché et tout blasphème sera pardonné aux hommes; mais le blasphème contre l'Esprit ne leur

32 sera point pardonné. Et si quelqu'un a parlé contre le Fils de l'homme, il pourra lui être pardonné; mais celui qui aura parlé contre le Saint-Esprit, n'en obtiendra le pardon, ni dans ce siècle, ni dans celui qui est à venir.

mes à vous convaincre de calomnie; et vous êtes forcés de reconnaître dans votre conscience que j'agis par le pouvoir de l'Esprit de Dieu; mais alors vous êtes forcés de reconnaître aussi que le règne que je veux établir est le règne de Dieu.

Ou comment quelqu'un, etc. Jésus continue son raisonnement par une nouvelle comparaison: de même que personne ne peut entrer, etc., s'il n'a auparavant lié cet homme; de même, si je n'étais pas plus fort que Satan, je ne pourrais pas lui ravir les possédés qui lui appartiennent. C'est ici le cas d'appliquer ce proverbe: Celui qui n'est point avec moi, etc. Si je n'assemble pas pour Satan, si je ne lui procure pas de nouveaux possédés, si au contraire je lui en arrache un grand nombre, évidemment je ne suis pas d'accord avec lui, mais je lutte contre lui; ce n'est donc pas par lui, mais par l'Esprit de Dieu que j'opère.

Puisqu'il est si évident que j'opère des miracles non par le secours de Satan, mais par l'Esprit de Dieu; et puisque, fermant volontairement les yeux à l'évidence, vous blasphémez contre l'Esprit de Dieu en l'appelant Satan, vous êtes les plus coupables des hommes, et vous n'obtiendrez nullement l'indulgence dont pourront jouir les pécheurs qui auront parlé contre moi, par ignorance ou par préjugé.

33 Ou dites que l'arbre est bon, et son fruit bon; ou dites que l'arbre est mauvais, et son fruit mauvais; car on connaît l'arbre à

34 son fruit. Race de vipères, comment pourriez-vous dire de bonnes choses, étant méchants comme vous êtes, puisque c'est de l'abondance du cœur que la

35 bouche parle ? L'homme de bien tire de bonnes choses du bon trésor de son cœur; mais le méchant tire de mauvaises choses du mauvais trésor

36 *de son cœur.* Or je vous déclare que les hommes rendront compte, au jour du jugement, de toutes les paroles vaines qu'ils

37 auront proférées; car par tes paroles tu seras justifié, et par tes paroles tu seras condamné.

Ou bien le cœur est bon, et alors les paroles sont bonnes ; ou bien le cœur est mauvais, et alors les paroles sont mauvaises. Hommes méchants et corrompus, comment pourriez-vous dire de bonnes choses, puisque votre cœur est plein d'orgueil, d'hypocrisie et de malice, et puisque les sentiments dont le cœur est rempli dictent les paroles que la bouche prononce ?

L'homme de bien tire de bonnes paroles du trésor des bons sentiments qui remplissent son cœur ; mais le méchant, etc.

Les hommes auront à rendre compte, au jour du jugement, de toutes leurs paroles, même de celles qu'on appelle vaines, insignifiantes ; et ces paroles, bonnes ou mauvaises, serviront, comme les actions, à décider du sort à venir.

Par tes paroles, etc., était une sentence proverbiale employée par les juges hébreux.

Qu'ils devaient être éclatants les miracles de Jésus, puisque ses ennemis ne pouvaient y opposer que les plus

folles accusations! — Beaucoup d'autres accusations se sont élevées depuis ce temps contre le Sauveur et son Evangile; et maintenant qu'en est-il résulté, si ce n'est ce qui résulte de l'objection des pharisiens, une plus vive lumière répandue sur la divinité du christianisme?

Les pharisiens, témoins des prodiges les plus frappants, ne pouvaient douter, dans le fond de leur cœur, de la mission divine de Jésus; ils refusaient donc volontairement et sciemment les secours miraculeux que Dieu leur donnait pour les amener à la foi; c'est ainsi qu'ils péchaient contre le Saint-Esprit; ils blasphémaient contre lui en feignant, devant le peuple, d'attribuer au pouvoir du démon des miracles qu'ils ne pouvaient attribuer, dans leur conscience, qu'à l'action de l'Esprit de Dieu. — Aujourd'hui ce péché ne peut exister au même degré parmi les hommes, puisque l'Esprit de Dieu n'agit plus dans le monde par les mêmes miracles; mais ils sont coupables d'une faute semblable ceux qui ne peuvent nier intérieurement la divinité de l'Evangile, et qui, par orgueil ou par corruption du cœur, refusent de prendre ouvertement cet Evangile pour règle de leur foi et de leur conduite. Ils sont coupables d'une grande faute tous ceux qui repoussent les secours que Dieu leur offre pour la régénération et le salut de leur âme.

Veillons sur nos lèvres; apprenons par les paroles de notre bouche quelles sont les plaies de notre cœur, et portons le remède à la source du mal. Garde ton cœur plus que tout ce qu'on garde. O Éternel! préserve notre langue du mal, et nos lèvres de la tromperie!

D. ON DEMANDE A JÉSUS UN MIRACLE. —
LES SEPT ESPRITS.

Parall. Marc VIII, 11. Luc XI, 16.

58 Alors quelques scribes et quelques pharisiens lui dirent : Maître, nous voudrions bien le voir faire

Nous voudrions te voir faire quelque miracle qui nous fût particulièrement destiné.

59 quelque miracle ; sur quoi Jésus leur répondit : Cette race méchante et adultère demande un miracle, mais il ne lui en sera accordé aucun autre que celui du

Adultère, c'est-à-dire, *infidèle à Dieu.* L'alliance de la nation d'Israël avec Dieu est souvent représentée dans la Bible sous l'image du lien qui unit l'épouse à l'époux (Esaïe LVII, 3).

40 prophète Jonas ; car comme Jonas fut trois jours et trois nuits dans le ventre d'un grand poisson, ainsi le Fils de l'homme sera trois jours et trois nuits dans le sein de la terre.

Les portions du premier et du troisième jour sont ici comptées comme des jours entiers, selon l'usage des Juifs.

Jésus répond aux pharisiens par un refus, à cause de leurs dispositions coupables ; mais il leur annonce en même temps un miracle plus éclatant encore que celui qu'ils demandent.

41 Les Ninivites s'élèveront au *jour du* jugement contre cette nation et la condamneront, parce qu'ils s'amendèrent à la prédication de Jonas, et il y a

Le repentir que montrèrent les Ninivites à la prédication de Jonas fera la condamnation de ce peuple, qui persévère dans l'impénitence et dans l'incrédulité, après les prédications et les miracles du Fils de Dieu.

42 ici plus que Jonas. La reine du midi, s'élèvera au *jour du* jugement, contre cette nation, et la condamnera ; car elle vint des extrémités de la terre pour entendre la sagesse de Salomon, et il y a ici plus que Salomon.

43 Lorsqu'un esprit immonde est sorti d'un homme, il va par des lieux arides pour chercher du repos ; et n'en trouvant point,

44 il dit : Je retournerai dans ma maison, d'où je suis sorti ; et étant revenu, il la trouve vide, balayée et ornée.

45 Alors il s'en va, et prend avec soi sept autres esprits plus méchants que lui ; ils y entrent, ils y demeurent, et la dernière condition de cet homme est pire que la première ; c'est ce qui arrivera à cette méchante race.

Il est parlé dans le 1er livre des Rois, chap. x, de la *reine du midi* ou de *Seba*, contrée de l'Arabie heureuse, riche en or et en encens.

Toutes les maladies frappantes étaient attribuées à la possession des démons ; lorsque le mal cessait pour un temps, on pensait que le démon était sorti. Le mal revenait-il ? Le démon était rentré. Pendant que le mal n'agitait pas le patient, on s'imaginait que l'esprit malin allait habiter des lieux déserts et arides, séjour habituel des démons ; et si, après un certain temps de relâche, le mal reparaissait plus violent, c'était, selon l'opinion répandue, parce que le démon s'était adjoint d'autres démons dans la demeure des esprits impurs, et qu'il les amenait avec lui dans le corps du possédé. Jésus s'accommodant aux idées de ses auditeurs enveloppe sous leurs images favorites la leçon suivante : *Si le miracle que vous demandez chassait l'incrédulité de votre esprit, ce ne serait que pour bien peu de temps,* (parce que votre orgueil qui l'enfante ne serait pas détruit); *bientôt votre incrédulité reviendrait, elle trouverait vos esprits orgueilleux tout prêts à la rece-*

voir de nouveau, et même, après avoir résisté à ce miracle, elle ne ferait que se fortifier, en sorte que votre dernière condition serait pire que la première. C'est en effet ce qui arrivera à cette race perverse. Jésus prédit dans ces dernières paroles l'endurcissement des pharisiens.

L'ancienne et la nouvelle alliance, Moïse, les prophètes et l'Evangile, nous pressent de nous attacher par-dessus tout à Dieu et à Jésus. Si nous restions insensibles à tous ces appels, combien d'hommes et de peuples moins doués que nous des grâces divines, témoigneraient au jour du jugement, par leur repentir et leur foi, contre notre impénitence et notre incrédulité.

Quand l'incrédulité est établie dans un cœur orgueilleux, les plus grands miracles ne la chasseraient pas. La demeure où pénètre sans peine la véritable foi, c'est un cœur qui sent sa misère.

Seigneur, ne m'abandonne pas au conseil de mes pensées, et ne permets pas qu'elles me fassent succomber; ne me donne point un regard élevé, retiens-moi dans l'obéissance, moi qui désire de te servir sans cesse.

E. AMOUR DE JÉSUS POUR SES DISCIPLES.

Parall. Marc III, 31. Luc VIII, 20.

46   Comme *Jésus* parlait encore au peuple, sa mè-

Tout concourt à prouver qu'il s'agit ici des propres frères de Jésus, et non de ses proches pa-

re et ses frères qui étaient dehors demandèrent à lui

47 parler ; et quelqu'un lui dit : Ta mère et tes frères sont là dehors , qui de-

48 mandent à te parler. Mais Jésus répondit à celui qui lui avait dit *cela :* Qui est ma mère et qui sont mes

49 frères? Et étendant la main vers ses disciples , voici, dit-il , ma mère et mes

50 frères; car quiconque fait la volonté de mon Père qui *est* dans les cieux , ce-lui-là est mon frère , et ma sœur, et ma mère.

rents en général , comme l'ont pensé quelques commentateurs. Voyez Jean 11, 12. Matth. x111, 55 et 1, 25.

Appelé au milieu de son dis-cours par sa mère et ses frères, Jésus s'interrompt et saisit l'occa-sion de déclarer solennellement aux disciples qui l'écoutaient et à tous ceux qui dans les siècles à venir feraient la volonté de son Père, qu'ils lui sont aussi chers que peuvent l'être les parents les plus proches.

Quelle douce assurance pour mon âme dans ces pa-roles du Sauveur ! Que cette promesse est consolante après les redoutables sentences qui l'ont précédée ! Comme un fils aime sa mère, comme un frère aime son frère, ainsi notre Seigneur aime celui qui est son vrai disci-ple, celui qui croyant en lui de tout son cœur, accomplit fidèlement la volonté du Père qui est dans le ciel. Oh! que je sois au nombre de ceux qui lui appartiennent de si près ! Que chaque pas, dans la carrière que Jésus m'a tracée, m'unisse plus intimement à lui, me donne le sentiment toujours plus vif de son approbation et de son amour !

CHAPITRE XIII.

A. PARABOLE DU SEMEUR.

Parall. Marc iv. Luc viij.

1 Ce même jour, Jésus étant sorti de la maison, alla au bord de la mer

2 où il s'assit ; et il s'assembla autour de lui une si grande foule de peuple, qu'il fut obligé d'entrer dans une barque. Il s'*y* assit, et tout le peuple était

3 sur le rivage. Il leur dit plusieurs choses en se servant de paraboles : Un semeur sortit pour semer ;

4 et comme il semait, une partie du grain tomba le long du chemin, et il vint des oiseaux qui le mangèrent. Une autre partie tom-

5 ba dans des endroits pierreux où il n'y avait que peu

Les *paraboles* ou *similitudes* de l'Écriture sainte sont des enseignements religieux qui sont présentés sous forme de comparaisons tirées de la vie ordinaire. Elles sont très-propres à frapper l'esprit, et à graver dans la mémoire les leçons qu'elles renferment. Par les similitudes, les auditeurs étaient rendus plus attentifs ; ils étaient excités à s'interroger les uns les autres sur le sens caché de ces récits, et amenés ainsi à en profiter.

de terre; et le grain leva d'abord, parce qu'il n'entrait pas profondément

6 dans la terre; mais le soleil venant à paraître, la plante fut brûlée, et sécha, faute

7 de racine. Une autre partie tomba parmi des épines; les épines crûrent, et l'é-

8 touffèrent. Mais une autre partie tomba dans une bonne terre, et rapporta du fruit; un grain en rendit cent, un autre soixante, et un autre trente.

Jésus explique un peu plus loin la parabole du semeur.

9 Que celui qui a des oreilles pour entendre, entende.

Soyez tous attentifs à ces leçons, car elles sont d'une grande importance.

10 Alors les disciples s'étant approchés, lui dirent: Pourquoi te sers-tu de paraboles en parlant à

11 ce peuple? Il leur répondit: C'est parce qu'il vous est donné de connaître les mystères du royaume des cieux, et non pas à eux.

12 Car on donnera à celui qui a déjà, et il aura encore

Il leur répondit : Si vous, à qui il est donné de mieux comprendre mes révélations et mes enseignements, vous n'avez pas besoin d'être instruits en paraboles, ceux qui n'ont pas le même avantage ont besoin de ce langage qui stimule leur intelligence. Car, selon le proverbe on donnera à celui qui a, etc., les lumières que

davantage ; mais pour celui qui n'a pas, on lui ôte-
13 ra même ce qu'il a. C'est pour cette raison que je me sers de paraboles en leur parlant, parce qu'en voyant ils ne voient point, et qu'en entendant ils n'entendent point et ne com-
14 prennent point. Ainsi s'accomplit en eux la prophétie d'Esaïe, qui dit : Vous entendrez de vos oreilles, et vous ne comprendrez point ; vous verrez de vos yeux, et vous n'apercevrez
15 point. Car le cœur de ce peuple est appesanti, ils ont ouï dur de leurs oreilles, ils ont fermé les yeux ; en sorte qu'ils n'aperçoivent pas de leurs yeux, qu'ils n'entendent pas de leurs oreilles, qu'ils ne comprennent pas du cœur, et qu'ainsi ils ne se convertissent pas, et que je ne
16 les guéris pas. Mais *pour*

vous avez déjà reçues de moi vous rendent facile l'acquisition d'autres lumières, tandis que pour les autres qui n'ont reçu que très-imparfaitement mes instructions, le peu qu'ils ont reçu leur échapperait si je ne venais en aide à leur faiblesse, en faisant tomber mes enseignements sous leurs sens, par des paraboles appropriées à leur manque de connaissance. C'est pour cela que je leur parle en similitudes ; c'est parce que leur intelligence est si bornée qu'on peut dire d'eux, qu'en voyant de leurs yeux ils ne voient réellement pas de leur esprit, qu'en entendant ils n'entendent point et ne comprennent point. Leur intelligence est si faible, leur volonté est si peu disposée à profiter de mes enseignements, et leur cœur est si peu enclin à se convertir, que ce que Esaïe a dit dans ses prophéties s'accomplit en eux : Vous entendrez, etc. (Le proverbe on donnera à celui qui a déjà, etc. était, familier chez les Juifs ; il voulait dire : celui qui est déjà riche n'a pas de peine à le devenir davantage, tandis que le pauvre perd facilement le peu qu'il a. Jésus applique ce proverbe à la possession de ses enseignements.)

Mais pour vous, vous êtes

vous, vous êtes heureux d'avoir des yeux qui voient, et des oreilles qui enten-

17 dent; car je vous dis en vérité, que plusieurs prophè- tes et *plusieurs* justes ont désiré de voir ce que vous voyez, et ne l'ont point vu ; et d'entendre ce que vous entendez, et ne l'ont point

18 entendu. Vous donc, écou- tez *ce que signifie* la para-

19 bole du semeur: Lorsqu'un homme entend la parole du royaume *de Dieu*, et qu'il ne la goûte point, le malin vient, et emporte ce qui a été semé dans son cœur ; voilà celui qui a reçu la semence le long

20 du chemin. Celui qui a reçu la semence dans des endroits pierreux, c'est celui qui entend la parole, et qui la reçoit d'abord

21 avec joie ; mais n'ayant point de racine, il ne sou- tient que peu de temps;

---

bienheureux d'avoir été placés de manière à profiter des facultés que Dieu vous a données pour recevoir, comprendre et pratiquer les leçons de l'Évangile; car je vous dis en vérité, etc.

Les apôtres avaient compris, comme la multitude, le sens gé- néral de cette parabole ; mais il était important qu'ils la compris- sent dans tous ses détails.

Le malin, c'est-à-dire, *les mau- vais penchants;* les Juifs attri- buaient au démon, à l'esprit malin, toutes les inclinations coupables. Jésus se conforme au langage de son temps.

N'ayant point de racine, c'est- à-dire, *ne s'étant attaché que légèrement* à la Parole de Dieu.

et lorsqu'il survient quelque affliction ou quelque persécution à cause de la parole, il tombe aussitôt. 22 Celui qui a reçu la semence parmi les épines, c'est celui qui entend la parole ; mais les inquiétudes pour les choses de ce monde et la séduction des richesses étouffent cette parole, et elle devient infructueuse. 23 Mais celui qui a reçu la semence dans une bonne terre, c'est celui qui entend la parole, et qui, l'ayant goûtée, porte du fruit, de sorte qu'un grain en produit cent, un autre soixante, et un autre trente.

Il devient bientôt infidèle.

De sorte que chacune des instructions qu'il a reçues produit, à divers degrés, les bons sentiments et les bonnes œuvres.

Puissions-nous aujourd'hui, et tous les jours de notre vie, recueillir la Parole du Fils de Dieu dans un cœur plein de zèle et d'amour ! Ne soyons jamais de ceux qui la dédaignent ou qui la reçoivent avec indifférence, tellement qu'elle ressemble à une semence jetée sur le chemin, et dont les oiseaux du ciel se nourrissent. Ne soyons pas de ceux qui, après avoir été touchés de son céleste langage, oublient bientôt l'émotion d'un moment, et succombent à l'heure de l'épreuve. Ne soyons point enfin de ceux que le monde enveloppe tellement de ses inquié-tudes, de ses affaires, de ses convoitises, de ses vanités, que leurs pieuses résolutions sont étouffées dès qu'ils rentrent dans l'agitation de la vie. Que plutôt le Sau-veur nous compte au nombre de ces disciples bienheu-reux qui reçoivent sa parole avec joie, manifestent l'influence de cette parole par une vie sainte et pure, et portent du fruit avec abondance !

Bienheureux l'homme qui prend plaisir en la loi de l'Éternel !

B. Parabole de l'ivraie, du grain de moutarde et du levain.

Parall. Marc iv, 30. Luc xiii, 18.

24 Jésus leur proposa une autre parabole : Le ro-yaume des cieux, dit-il, est semblable à un hom-me qui avait semé de bon grain dans son champ;

Il arrivera dans l'établissement du royaume des cieux, c'est-à-dire du règne de l'Évangile, quelque chose de comparable à ce qui arriva lorsqu'un homme eut semé de bon grain, etc.

25 mais pendant qu'on dor-mait, son ennemi vint, qui sema de l'ivraie parmi le

L'ivraie est une mauvaise herbe à graine noire, qui croit parmi le blé.

26 blé, et se retira. Quand donc l'herbe eut poussé, et qu'elle eut produit du

Jésus explique un peu plus loin cette parabole.

fruit, l'ivraie parut aussi.

27 Alors les serviteurs du père de famille lui vinrent dire : Seigneur, n'avais-tu pas semé de bon grain dans ton champ ? D'où vient donc qu'il y a de

28 l'ivraie ? Il leur répondit : C'est quelque ennemi qui a fait cela. Et les serviteurs lui dirent : Veux-tu donc que nous allions la

29 cueillir ? Non, leur dit-il, de peur qu'en cueillant l'ivraie vous n'arrachiez aus-

30 si le froment. Laissez-les croître ensemble jusqu'à la moisson ; et au temps de la moisson, je dirai aux moissonneurs : Cueillez premièrement l'ivraie, et liez-la en bottes pour la brûler, mais amassez le froment dans mon grenier.

31 Il leur proposa encore cette parabole : Le royaume des cieux est semblable à un grain de moutarde,

L'établissement progressif du règne de l'Évangile est comparable au développement d'un grain de moutarde. Une variété de cette

que quelqu'un prend et sème dans un champ. Ce grain est une des plus petites de toutes les semences; mais quand il a pris son accroissement, il est plus grand que les *autres* légumes, et devient un arbre, en sorte que les oiseaux viennent faire leurs nids dans ses branches.

33   Il ajouta encore cette autre parabole : Le royaume des cieux est semblable à du levain qu'une femme met parmi trois mesures de farine, pour faire lever toute la pâte.

34   Jésus dit au peuple toutes ces paraboles, et il ne leur parlait point sans

35 paraboles. De sorte que ce qui avait été dit par le prophète fut accompli : J'ouvrirai ma bouche pour parler en paraboles, je publierai les choses qui ont été cachées depuis la création du monde.

plante, cultivée en Palestine, prenait un si grand accroissement, qu'elle devenait un arbre.

La parabole du grain de moutarde annonce l'immense *extension* que devait prendre le christianisme ; celle du levain exprime la *puissance* avec laquelle le christianisme devait agir progressivement sur le monde entier.

A cette époque de son ministère il ne leur parlait point sans paraboles.

Ces paroles sont d'Asaph qui est appelé dans le livre des Chroniques (xxix, 30) le *voyant* ou le *prophète*. Elles sont tirées du psaume LXXVIII, v. 2.

56 Alors *Jésus* ayant renvoyé le peuple, s'en *alla* à la maison, et ses disciples étant venus vers lui, lui dirent : Explique-nous la parabole de l'ivraie qui s'est trouvée dans le champ. Il leur répondit :

Dans la maison qu'il habitait à Capernaüm.

37 Celui qui sème le bon grain, c'est le Fils de l'homme.

38 Le champ est le monde. Le bon grain, ce sont les enfants du royaume. L'ivraie, ce sont les enfants

39 du malin. L'ennemi qui l'a semée, c'est le diable. La moisson c'est la fin du monde ; et les moisson-

40 neurs sont les anges. Comme donc on amasse l'ivraie, et qu'on la brûle dans le feu, il en sera de même à la fin du monde.

Les enfants du royaume, c'est-à-dire les disciples fidèles de l'Évangile. *Les enfants du malin*, c'est-à-dire *les méchants*, les hommes qui, selon les idées juives, étaient *sujets de Satan*. Dans cette explication de la parabole de l'ivraie, le Sauveur s'accommode aux opinions de son temps sur les bons et les mauvais esprits, se servant des expressions familières à ses auditeurs, pour mieux faire comprendre ses leçons ; de même il parle du jugement à venir avec le langage figuré dont les Juifs avaient l'habitude.

41 Le Fils de l'homme enverra ses anges qui ôteront de son royaume tous les scandales, et ceux qui pra-

42 tiquent l'iniquité ; et ils

Les scandales, c'est-à-dire *les hommes qui entraînent au mal.*

43 les jetteront dans la fournaise ardente ; là il y aura des pleurs et des grincements de dents. Alors les justes brilleront comme le soleil, dans le royaume de leur Père. Que celui qui a des oreilles pour entendre, entende.

La fournaise ardente ou *la géhenne.* (Voyez l'Intr., p. XVII.)

Dans le langage biblique un éclat semblable à celui du soleil désigne une suprême félicité.

Le mal qui se trouve toujours à côté du bien dans ce monde provoque l'activité, la vertu de l'homme, la lutte sainte contre la tentation. C'est dans sa sagesse éternelle que Dieu a voulu cela. Mais il viendra un jour où les justes ne seront plus en contact avec les méchants. Qu'ils s'encouragent donc et se rassurent ceux qui ont à souffrir de l'injustice des hommes, à combattre l'exemple mauvais ; qu'ils tremblent et s'amendent ceux qui commettent l'iniquité, et sont pour leurs frères une occasion de chûte.

Ne sois point jaloux de ceux qui s'adonnent à la perversité ; car ils seront soudainement retranchés comme le foin, et se faneront comme l'herbe verte. Assure-toi en l'Éternel et fais ce qui est bon. « *Sous les soins paternels de Dieu la parole qui était d'abord la plus petite de toutes les semences est devenue un arbre qui étend ses branches jusque dans les terres les plus éloignées, et qui sert d'abri à une multitude de peuples. O Seigneur, que tes œuvres sont merveilleuses, dans la nature et dans la grâce !* »

Voici, dit l'Éternel, je l'ai donné pour être le conducteur des peuples ; voici, tu appelleras, et les nations qui ne te connaissaient point accourront à toi.

C. PARABOLES DU TRÉSOR CACHÉ ET DE LA PERLE DE GRAND PRIX.

44 Le royaume des cieux est encore semblable à un trésor caché dans un champ ; l'homme qui a trouvé ce trésor le cache ; et de la joie qu'il en a, il s'en va, et vend tout ce qu'il possède pour acheter ce champ-là.

L'Évangile (jusqu'ici caché aux hommes) est comparable à un trésor caché dans un champ. L'homme qui l'a trouvé, qui en sait le prix, le garde dans son cœur avec amour, et de la joie qu'il en a, il fait les plus grands sacrifices pour rester en possession de ce bien si précieux.

45 Le royaume des cieux est encore semblable à un marchand qui cherche de 46 belles perles ; et qui en ayant trouvé une de grand prix, s'en va, et vend tout ce qu'il a pour l'acheter.

Il arrive aussi à l'égard de l'Évangile quelque chose de comparable à ce qui arrive lorsqu'un marchand, etc Cette parabole signifie qu'on met l'Évangile au-dessus de tout lorsqu'on en a compris la valeur. (L'expression de *royaume des cieux* s'emploie dans le Nouveau Testament pour désigner le règne de Dieu par l'Évangile, et quelquefois l'Évangile lui-même.)

Oui, ô notre Dieu, ta parole est le premier des trésors, la perle de grand prix. Elle est plus douce que le miel le plus pur, plus précieuse que l'or le plus abondant et le plus fin. *Source de toute paix, de toute véritable joie, elle répond à tous les besoins de notre âme, elle soulage toutes ses douleurs.*

Oh! combien j'aime ta loi! Je n'oublierai jamais tes commandements, car par eux tu m'as fait revivre.

D. PARABOLE DU FILET JETÉ DANS LA MER.

47 Le royaume des cieux est aussi semblable à un filet, qui jeté dans la mer ramasse toutes sortes de 48 choses. Quand il est plein, les pêcheurs le tirent sur le rivage, et après s'être assis, ils mettent ce qu'il y a de bon à part dans *leurs* vaisseaux, et ils jettent 49 ce qui ne vaut rien. Il en sera de même à la fin du monde : Les anges viendront séparer les méchants d'avec les justes ; 5o ils jetteront *les méchants* dans la fournaise ardente. Là il y aura des pleurs et des grincements de dents.

De même qu'un filet jeté dans la mer ramasse toutes sortes de choses, les unes bonnes, les autres mauvaises ; de même l'Évangile répandu au milieu des hommes rassemblera sous son empire des disciples fidèles et des disciples infidèles. Mais de même qu'après la pêche on met à part dans des vases ce qu'il y a de bon, tandis qu'on jette ce qui est mauvais ; de même au dernier jugement, les disciples infidèles seront séparés d'avec les fidèles, et livrés aux plus redoutables tourments.

Que les terribles images des peines du méchant ne soient point éloignées de nos yeux ; mais qu'elles nous pénètrent de crainte, et s'unissent aux brillants tableaux de la gloire éternelle pour nous retenir dans le chemin qui mène à la vie.

Les méchants ne subsisteront point en jugement ni les pécheurs dans l'assemblée des justes.

E. CONSEIL DE JÉSUS A CEUX QUI ENSEIGNENT L'ÉVANGILE.

51 Jésus dit alors *à ses disciples :* Avez-vous compris tout cela ? Ils lui *répondirent :* Oui, Seigneur.

52 Puis il leur dit : C'est ainsi que tout docteur *bien* instruit dans *ce qui regarde* le royaume des cieux, est semblable à un père de famille, qui tire de son trésor des choses nouvelles et des choses vieilles.

Jésus enseignait tantôt en paraboles, tantôt sans paraboles ; après avoir fait comprendre à ses disciples (v. 11), la convenance des similitudes, il leur apprend qu'ils doivent, comme lui, dans leur prédication de l'Évangile, employer, selon l'occasion, tantôt des enseignements nouveaux, comme les paraboles, tantôt des enseignements anciens, c'est-à-dire la méthode ordinaire. Ils doivent en cela imiter un père de famille attentif, qui distribue à ses enfants une nourriture appropriée à leurs besoins et à leur santé. *(De son trésor c'est-à-dire, du lieu où il tient les provisions.)*

Que ceux qui sont appelés de Dieu à enseigner sa parole s'appliquent à remplir cette tâche avec la simplicité et la noblesse, avec la variété et l'onction dont Jésus leur offre le modèle. Surtout qu'ils ne parlent jamais avec indifférence ou froideur des choses du ciel et de l'éternité.

« Ceux-là doivent s'appliquer avec ardeur à l'acqui-
» sition de la sagesse, qui doivent la rechercher non-
» seulement pour eux-mêmes, mais aussi pour en faire
» part aux autres hommes ».

F. INCRÉDULITÉ DES HABITANTS DE NAZARETH.

Parall. Marc VI, 1. Luc IV, 16. Jean IV, 44.

53 Après que Jésus eut achevé ces paraboles, il
54 partit de *ce lieu*-là ; et étant venu dans sa patrie, il enseignait le peuple dans la synagogue ; de sorte qu'ils disaient tout remplis d'étonnement : D'où viennent à cet homme cette sagesse et le pouvoir de faire ces
55 miracles ? N'est-ce pas le fils du charpentier ? Sa mère ne s'appelle-t-elle pas Marie, et ses frères, Jacques, Joses, Simon
56 et Jude ? Ses sœurs ne sont-elles pas toutes parmi

On regardait Nazareth comme la patrie de Jésus parce que Joseph et Marie habitaient cette ville.

Sur les *synagogues* voyez Introd., page XXVIII.

On voit dans deux Évangiles, (Marc XV, 40 et Luc VI, 15) que les noms de trois des cousins de Jésus étaient aussi Jacques, Joses et Jude ; on a donc pensé qu'il s'agissait ici non des propres frères du Sauveur, mais de ses cousins, le titre de *frère* étant donné aussi chez les Juifs aux

nous ? D'où lui viennent donc toutes ces choses ? 57 De sorte qu'il leur était une occasion de chute. Mais Jésus leur dit : Un prophète n'est méprisé que dans son pays et dans 58 sa maison. Et il ne fit pas là beaucoup de miracles, à cause de leur incrédulité.

parents liés à ce degré. Cependant comme les mêmes noms étaient très-répandus, surtout dans les familles amies, il se peut fort bien que trois des frères de Jésus aient porté le même nom que trois de ses cousins, et que par conséquent il soit question dans ce passage des propres frères du Sauveur.

Ou bien l'incrédulité des habitants de Nazareth les empêcha de présenter leurs malades à Jésus; ou bien leur incrédulité était si aveugle que Jésus jugea les miracles inutiles.

L'humble condition du Fils de l'homme offense les habitants de Nazareth, et devient pour eux une occasion de chûte, en les retenant dans l'incrédulité; pour l'homme sage cette humble condition fait briller d'un divin éclat la grandeur et la charité de Jésus.

« Les hommes méprisent souvent les faveurs que Dieu » leur accorde, et les avantages les plus précieux lors- » qu'ils peuvent en jouir sans peine ». Craignons que notre ingratitude ne nous rende indignes des bénédictions dont le Seigneur nous a comblés jusqu'à ce jour ; craignons que notre indifférence pour tant de lumières divines dont nous sommes environnés ne nous arrache l'héritage que Dieu réserve à ses fidèles.

CHAPITRE XIV.

A. MORT DE JEAN-BAPTISTE.

Parall. Marc VI, 14. Luc IX, 7.

1 En ce temps-là, Hérode le tétrarque apprit ce qu'on publiait de Jé-
2 sus; et il dit à ses serviteurs: C'est Jean-Baptiste; il est ressuscité, et c'est pour cela qu'il fait des mi-
3 racles. Car Hérode avait fait saisir Jean, et l'avait fait lier et mettre en prison, au sujet d'Hérodias, femme de Philippe son frè-
4 re; parce que Jean avait dit *à Hérode :* Il ne t'est pas permis de l'avoir *pour*
5 *femme.* Hérode aurait bien voulu le faire mourir; mais il craignait le peuple, parce qu'on regardait Jean
6 comme un prophète. Or

C'était Hérode Antipas, appelé *tétrarque*, c'est-à-dire gouverneur du quart des états de son père. (Voyez Intr., page xx.)

Tourmenté par les frayeurs de sa conscience, il s'imaginait que Jean-Baptiste était ressuscité, et viendrait le punir. Le meurtrier a peur de sa victime.

Philippe vivait encore.

comme on célébrait le jour de la naissance d'Hérode, la fille d'Hérodias dansa devant l'assemblée

7 et plut à Hérode ; de sorte qu'il lui promit avec serment de lui donner tout ce qu'elle demanderait.

8 Etant donc sollicitée par sa mère, elle lui dit : Donne-moi ici dans un bassin la tête de Jean-Baptiste.

9 Le roi en fut fâché ; mais à cause du serment qu'il avait fait, et de ceux qui étaient à table avec lui, il commanda qu'on la lui

10 donnât ; et il envoya décapiter Jean dans la prison.

11 On apporta sa tête dans un bassin, et on la donna à la fille, qui la présenta à

12 sa mère. Ses disciples vinrent ensuite prendre son corps, et après l'avoir enseveli, ils allèrent rapporter à Jésus ce qui était arrivé.

Elle se nommait Salomé.

De tels serments étaient souvent faits dans de pareils jours par les monarques de l'Orient ; voyez Esther v, 3, 6.

Nous voyons dans l'Évangile selon saint Marc (vi, 24,) que la fille d'Hérodias était sortie et avait dit à sa mère : Qu'est-ce que je demanderai ?

Admirons la noble fermeté de Jean-Baptiste, et sachons comme lui, quand le devoir nous y appelle, parler avec une sainte énergie, sans crainte de ce que les hommes pourront dire ou faire contre nous. Souvenonsnous toutefois de l'exemple d'humilité que nous a donné le précurseur, et joignons à la franchise une sage modestie qui fera bien souvent accueillir nos avis.

Craindre de faire le bien, parce qu'en le faisant on attirerait sur soi les railleries ou le blâme du monde; ne pas oser s'arrêter dans le chemin du mal parce qu'il faudrait avouer ses torts; c'est être esclave de la fausse honte qui conduisit Hérode à un crime affreux, et qui peut nous conduire à de déplorables fautes.

Est-il un plus triste spectacle que de voir un enfant entraîné au mal par sa mère. Bénissez Dieu, vous que des parents chrétiens élèvent selon le Seigneur, et rendez-vous dignes, par votre soumission, de ce bonheur incomparable.

Quand quelqu'un aura juré en prononçant légèrement et de ses lèvres le serment de faire du mal ou du bien, soit qu'il ne s'en soit pas aperçu, soit qu'il y ait pris garde, il est coupable en l'un de ces points.

Jean-Baptiste tomba entre les mains de ceux qui tuent le corps, et ne peuvent rien faire de plus; *Hérode tomba entre les mains de* celui qui peut perdre l'âme et le corps dans la géhenne.

———

B. PREMIÈRE MULTIPLICATION DES PAINS.

Parall. Marc vi, 34. Luc ix, 12. Jean vi, 5.

13 Jésus ayant donc appris ce qu'*Hérode disait de lui*, monta sur une barque, et se retira en particulier dans un lieu écarté. Mais dès que le peuple le sut, il *sortit* des villes voisines et le suivit à pied.

14 Or étant sorti de la barque, il vit une grande foule de peuple, il en eut compassion, et il guérit leurs malades.

15 Sur le soir, ses disciples vinrent à lui, et lui dirent : Ce lieu est désert, et il est déjà bien tard ; congédie ce peuple, afin qu'ils aillent dans les bourgades, et qu'ils y achètent des vi-

16 vres. Mais Jésus leur dit : Il n'est pas nécessaire qu'ils y aillent ; donnez-leur vous-mêmes à man-

Ce lieu écarté était près d'une ville appelée Bethsaïde (Luc ix, 10), dans le territoire du tétrarque Philippe. Plusieurs villes de la Palestine portaient le nom de Bethsaïde, qui signifie maison de pêche.

17 ger. Ils lui répondirent : Nous n'avons ici que cinq pains et deux poissons.

18 Apportez-les-moi ici, leur

19 dit-il. Et après qu'il eut fait asseoir le peuple sur l'herbe, il prit les cinq pains et les deux poissons, et levant les yeux au ciel, il bénit Dieu. Puis ayant rompu les pains, il les donna aux disciples, et les disciples les donnèrent au

20 peuple. Tous en mangèrent, et furent rassasiés ; et on remporta douze paniers pleins des morceaux

21 qui restèrent. Or ceux qui avaient mangé étaient au nombre d'environ cinq mille hommes, sans *compter* les femmes et les petits enfants.

Les pains, en forme de gâteaux, étaient rompus et non coupés.

Lorsqu'on s'éloignait du lieu de sa demeure on prenait avec soi un panier qui contenait des vivres, et d'autres objets nécessaires.

Les miracles de Jésus n'avaient rien d'incertain, rien d'obscur; des milliers d'hommes en étaient témoins; les apôtres n'ont pu s'y tromper, et leur candeur est sans pareille. Ces miracles possèdent donc de nos jours encore une grande puissance pour affermir notre foi.

« *En travaillant au bonheur spirituel de nos frères,*
» *ayons pitié de leurs maux temporels, et faisons tout ce*
» *qui dépend de nous pour les assister dans leurs divers*
» *besoins. Que les riches ne perdent pas de vue l'exemple*
» *de frugalité qu'ont donné Jésus et ses disciples, et*
» *qu'ils apprennent à retrancher sur leurs dépenses de*
» *quoi subvenir aux besoins des pauvres. Que les pau-*
» *vres, de leur côté, apprennent à être satisfaits de leurs*
» *simples repas; quelque frugale que puisse être leur*
» *nourriture, elle l'est rarement plus que celle dont se*
» *contentait le Sauveur du monde.* »

Riches et pauvres, en voyant sur notre table les ali-
ments que Dieu nous dispense chaque jour, rendons
grâces au Père céleste, et implorons sa bénédiction.

L. JÉSUS ET SIMON PIERRE MARCHENT SUR LES EAUX. — GUÉRISONS MIRACULEUSES.

Parall. Marc VI, 46. Jean VI, 16.

22 Aussitôt après, Jésus obligea ses disciples d'entrer dans la barque, et de passer avant lui de l'autre côté *du lac,* pendant qu'il con-
23 gédierait le peuple. Quand il l'eut renvoyé, il se retira à l'écart sur une montagne, pour prier; et la

On lit dans l'Évangile selon saint Jean (VI, 14, 15) que le peuple, après le miracle de la multiplication des pains, disait de Jésus : *Celui-ci est véritablement le Messie,* et voulait l'enlever pour le proclamer roi. Ce fut pour empêcher cela que Jésus obligea ses disciples à entrer seuls dans la barque, et se retira seul sur une montagne où il passa une partie de la nuit en prières.

nuit étant venue, il demeura seul en ce lieu-là.

24 Cependant la barque était déjà au milieu de la mer fort agitée des flots ; car

25 le vent était contraire ; et à la quatrième veille de la nuit, Jésus alla vers eux,

La quatrième veille durait depuis 3 heures du matin jusqu'à 6 heures. La nuit était divisée en 4 veilles, dont la première commençait vers 6 heures du soir.

26 marchant sur la mer. Or ses disciples le voyant marcher sur la mer furent troublés, et dirent : C'est un fantôme ; et de la frayeur qu'ils eurent,

Les Juifs croyaient à l'existence de malins esprits marchant dans les ténèbres.

27 ils se mirent à crier ; mais aussitôt Jésus leur parla et leur dit : Rassurez-vous, c'est moi ; n'ayez point

28 peur. Pierre lui répondit : Seigneur, si c'est toi, ordonne que j'aille à toi *en marchant* sur les eaux.

L'expression *si c'est toi* a le même sens que *puisque c'est toi*.

29 Viens, lui dit Jésus ; et Pierre étant descendu de la barque, marcha sur les eaux pour aller à Jésus.

L'apôtre Simon Pierre possédait un caractère ardent qui se montre en mainte circonstance dans les récits évangéliques.

30 Mais voyant que le vent était fort, il eut peur ; et

comme il commençait à
enfoncer, il s'écria : Sei-
31 gneur, sauve-moi. Aussitôt Jésus lui tendant la
main, le prit et lui dit :
Homme de peu de foi,
32 pourquoi as-tu douté ? Et
quand ils furent entrés
dans la barque, le vent ces-
33 sa. Alors ceux qui *étaient*
dans la barque vinrent et
l'adorèrent, en disant : Tu
es véritablement le Fils de
34 Dieu. Puis ayant passé *le
lac* ils vinrent au pays
35 de Génézareth. Quand les
gens de ce lieu-là l'eurent
reconnu, ils en donnèrent
avis dans tout le pays d'a-
lentour, et on lui présenta
36 tous les malades, en le
priant qu'ils pussent seulement toucher le bord
de son habit ; et tous ceux
qui le touchèrent furent
guéris.

Sur le pays de Génézareth.
(Voyez l'Introd. page xvi.)

*Jésus cherche la solitude pour prier. Aux prières que
nous faisons en famille, joignons des entretiens secrets*

avec notre Père céleste ; répandons nos cœurs devant lui ; ainsi nous trouverons de la force contre les tentations du monde.

Simon Pierre s'expose au danger sans nécessité, ce fut la première cause de sa faiblesse. Ceux qui ont beaucoup de confiance en eux-mêmes ont peu de force à l'heure de l'épreuve.

Simon Pierre est faible, ensuite, parce qu'il doute, parce qu'il oublie la puissance et la fidélité de son Maître, et ne voit plus que le péril ; ainsi nous sommes chancelants et abattus dans les tempêtes de la vie, quand nous oublions Celui qui nous conduit et nous garde, quand nous nous arrêtons à la pensée que l'abîme est profond, au lieu de nous souvenir que Dieu est fort, et que son bras est là pour nous soutenir.

Lorsque le danger devient extrême, Simon crie à Jésus : Seigneur, sauve-moi. Ah! que ce cri s'échappe au moins de nos cœurs dans les grandes douleurs, ou dans les tentations puissantes, et nous ne serons pas vaincus; toujours Dieu nous entendra et nous soutiendra, toujours notre Sauveur nous tendra la main avec bonté pour nous conduire au port de la délivrance.

Mon âme pourquoi t'abats-tu, et pourquoi frémis-tu au-dedans de toi? Attends-toi à Dieu! Il est ma délivrance, il est mon Sauveur. Attends-toi à l'Éternel, demeure ferme et il fortifiera ton cœur.

CHAPITRE XV.

A. JUGEMENT DE JÉSUS SUR LES TRADITIONS DES PHARISIENS.

Parall. Marc vii, 1.

1 Alors des scribes et des pharisiens venus de Jérusalem, abordèrent Jésus,

2 et lui dirent : Pourquoi tes disciples transgressent-ils la tradition des anciens ? Car ils ne se lavent point les mains lorsqu'ils pren-

3 nent leurs repas. Mais il leur répondit : Et vous, pourquoi transgressez-vous les commandements de Dieu par vos traditions ?

4 Car Dieu a donné ce commandement : Honore ton père et ta mère, et que celui qui maudira *son* père ou *sa* mère soit puni de

5 mort ; mais vous, vous

Les *docteurs* ou *scribes* juifs (voyez l'Introd. page xxv), en expliquant la loi de Moïse, y avaient ajouté une multitude de pratiques minutieuses et d'insignifiantes cérémonies. Les pharisiens, fidèles observateurs de toutes ces traditions, ne mangeaient jamais, même des choses sèches, sans se laver soigneusement les mains et les bras. — Jésus répond à leur accusation en leur montrant que ses disciples n'ont point transgressé les commandements de Dieu, tandis qu'eux-mêmes les trangressent souvent par leurs traditions.

La loi qui exigeait des enfants d'honorer leur père et leur mère exigeait naturellement aussi de les secourir ; mais les pharisiens, s'appuyant sur la tradition, permettaient que la portion de revenu qui aurait dû être consacrée à

dites : Celui qui aura dit à son père ou à sa mère : J'ai consacré à Dieu tout ce dont je pourrai t'assister, *n'est pas coupable*, quoiqu'il n'honore pas son 6 père ou sa mère ; ainsi vous avez anéanti le commandement de Dieu par 7 votre tradition. Hypocrites, Esaïe vous a bien dé-8 peints, lorsqu'il dit : Ce peuple s'approche de moi de sa bouche, il m'honore de *ses* lèvres, mais son cœur est bien éloigné de 9 moi; c'est en vain qu'ils me servent, en enseignant des doctrines *qui ne sont que* des commandements d'hommes.

l'assistance des parents, fût mise à part pour la trésorerie du temple, dans laquelle ils avaient des intérêts. Ce don fait au trésor sacré s'appelait *corban*. (Marc VII, 11.)

Les paroles qu'Ésaïe (xxix, 13) adressait aux Juifs de son temps vous sont bien applicables.

Nous ne pensons pas, comme les pharisiens, nous rendre agréables à Dieu par la propreté de notre corps, ou par de minutieuses formalités; mais ne veillons-nous pas plus soigneusement sur notre conduite apparente aux yeux des hommes, que sur l'observation fidèle de la loi de Dieu?

Bienheureux l'enfant qui aime et honore son père et

sa mère, pendant tout le cours de leur pélérinage.

Nahomi dit à Ruth : Voici, ta belle-sœur s'en est retournée, retourne-t'en comme elle. Mais Ruth répondit : Ne me demande pas de te laisser, pour m'éloigner de toi; car où tu iras, j'irai; et où tu demeureras, je demeurerai; ton peuple sera mon peuple, et ton Dieu sera mon Dieu, là où tu mourras, je mourrai, et j'y serai ensevelie. *Et la bénédiction de l'Éternel se reposa sur cette fille dévouée.*

B. CE QUI SOUILLE L'HOMME.

Parall. Marc VII, 14.

10 S'adressant ensuite au peuple, il dit : Écoutez et
11 comprenez bien ceci : Ce n'est point ce qui entre dans la bouche qui souille l'homme; mais ce qui sort de la bouche, c'est ce qui
12 souille l'homme. Alors ses disciples s'approchant lui dirent : As-tu remarqué que les pharisiens, ayant entendu ce que tu as dit, en
13 ont été scandalisés ? Mais il leur répondit : Toute

Jésus donne lui-même, au v. 16, l'explication de ces paroles.

L'indignation et la colère des

plante que mòn Père cé-
leste n'a point plantée se-
14 ra déracinée. Laissez-les ;
ce sont des aveugles qui
conduisent des aveugles !
Or si un aveugle conduit
un *autre* aveugle, ils tomberont tous deux dans la
15 fosse. Là-dessus Pierre
prenant la parole, lui dit :
Explique-nous cette sen-
16 tence. Jésus lui répondit :
Vous aussi, êtes-vous sans
17 intelligence ? Ne comprenez-vous pas que tout ce
qui entre dans la bouche
descend dans le ventre et
est jeté aux lieux secrets ;
18 mais ce qui sort de la bouche vient du cœur, et c'est
ce qui souille l'homme ;
19 car du cœur viennent les
mauvaises pensées, les
meurtres, les adultères,
les fornications, les lar-
cins, les faux témoigna-
ges, les médisances ; ce
20 sont ces choses-là qui

*pharisiens ne me troublent point,
car toute doctrine que mon Père
céleste n'a pas révélée aux hommes sera détruite. Laissez-les, ne
les écoutez point, ils prétendent
donner aux hommes des lumières
religieuses, et ils n'en possèdent
point eux-mêmes ; ils vont à leur
perte, et entraînent leurs disciples avec eux.*

La sentence du verset 11.

souillent l'homme ; mais de manger sans s'être lavé les mains, cela ne souille point l'homme.

« Ces soins matériels, dictés « par un sentiment de conve- « nance, ne font point partie de « la religion. »

Ce qui souille l'homme c'est ce qui vient du cœur, car c'est du cœur que viennent les pensées, les paroles, les actions coupables. Celui qui ne repousse pas les dé- sirs impurs, est bien près de commettre des impudicités. Celui qui ne combat pas au-dedans de lui l'orgueil et l'envie, ne s'abstiendra point de médire. « *Veillons donc* » *sur notre cœur, car c'est de là que le mal procède.* » *Soyons sévères à fermer toutes les avenues de ce cœur* » *aux invasions d'une imagination vagabonde ; et dans* » *ce but, imprimons dans nos âmes le sentiment habi-* » *tuel de la présence de ce Dieu très-saint, qui connaît* » *toutes nos pensées, qui nous en demandera compte un* » *jour.* »

Je suis l'Éternel qui sonde le cœur, pour rendre à chacun selon ses œuvres.

C. GUÉRISON DE LA FILLE D'UNE CANANÉENNE.

Parall. Marc VII, 24.

21 Or Jésus partant de là se retira vers Tyr et Si- 22 don. Et une femme Cana- néenne, qui venait de ces

Capitales du pays des Phéni- ciens.

Cette femme payenne, habi- tant un pays où demeurait un grand nombre de Juifs, avait

quartiers-là, lui criait en disant : Seigneur, Fils de David, aie pitié de moi; ma fille est misérablement tourmentée par le démon.

23 Mais comme il ne lui répondait rien, ses disciples s'étant approchés, le prièrent de la renvoyer; car, disaient-ils, elle crie après

24 nous. Il répondit : Je ne suis envoyé qu'aux brebis perdues de la maison d'Is-

25 raël. Mais elle s'approcha et lui dit en se prosternant : Seigneur aide-moi.

26 Il lui répondit : Il n'est pas juste de prendre le pain des enfants, pour le donner aux petits chiens.

27 Elle répliqua : Il est vrai, Seigneur, mais les petits chiens mangent des miettes qui tombent de la ta-

28 ble de leurs maîtres. Alors Jésus lui dit : O femme, ta foi *est* grande; qu'il te soit fait comme tu le dé-

entendu parler du Messie et des miracles de Jésus.

Voyez ch. iv, v. 24.

L'expression grecque signifie, la renvoyer en lui accordant sa demande.

Les Juifs croyaient que le Messie ne viendrait que pour eux seuls.

Seigneur, viens à mon secours.

Cette façon de parler proverbiale était employée chez les Juifs pour signifier que les avantages des membres de la famille ne devaient pas être accordés à des étrangers. La réponse de la Cananéenne montre une touchante humilité, en même temps qu'une bien grande foi; elle ne se juge pas digne des bienfaits que Jésus accorde aux enfants d'Israël, elle n'en demande qu'une faible partie.

Le Sauveur veut préparer ses disciples à cette vérité, que la foi doit appeler les grâces divines sur les Payens comme sur les Juifs; pour cela il ne répond

sires ; et à l'heure même
sa fille fut guérie.

point d'abord à la Cananéenne ,
il attend que ses disciples émus
lui demandent eux-mêmes de
satisfaire la demande de la pauvre
mère ; alors il allègue les raisons
que les Juifs auraient données
pour refuser cette grâce , puis il
montre, en l'accordant, que la
foi est plus puissante que toutes
ces raisons , que chez tous les
peuples et tous les hommes elle
est agréable à Dieu, et attire ses
bénédictions.

Une admirable et divine sagesse se montre non-seu-
lement dans les leçons mêmes de notre Seigneur, mais
aussi dans la manière dont il les présente. Le moyen de
persuasion qu'il emploie est toujours le plus énergique
et le plus pénétrant. L'esprit et le cœur de l'homme lui
sont connus.

Que l'exemple de la Cananéenne nous apprenne tout
le prix de la foi, nous excite à ne point nous relâcher
dans nos prières, et nous dispose à considérer les afflic-
tions que Dieu nous dispense comme un moyen de nous
rapprocher de lui.

Que l'exemple de notre divin Maître éveille et agran-
disse dans nos cœurs cette sainte charité qui appelle
frères et enfants de Dieu les hommes de toute langue
et de toute nation.

D. NOMBREUSES GUÉRISONS.

Parall. Marc VII, 31.

29 Jésus ayant quitté ce lieu, |

vint près de la mer de Galilée, et étant monté sur une montagne, il s'y

30 assit. Alors une grande multitude de gens vint à lui, ayant avec eux des boiteux, des aveugles, des muets, des estropiés, et beaucoup d'autres malades, qu'ils mirent aux pieds de Jésus, et il les

31 guérit; de sorte que tout ce peuple était dans l'admiration, de voir que les muets parlaient, que les estropiés étaient guéris, que les boiteux marchaient, que les aveugles voyaient; et ils glorifiaient le Dieu d'Israël.

Ils reconnaissaient qu'un tel pouvoir ne pouvait venir que de Dieu, et ils bénissaient celui qui l'avait confié à Jésus, pour la guérison de tant de malheureux.

Et nous aussi glorifions Dieu, car aujourd'hui encore tous ceux qui souffrent dans leur corps et dans leur âme trouvent en Jésus leur plus doux soulagement, leur plus véritable consolation. L'infirme et le malade, le pécheur et le faible, celui qui craint et celui qui regrette, ne cherchent jamais vainement dans la parole du Fils de Dieu la résignation, la sérénité, le courage.

Quand je marcherais dans la vallée de l'ombre de la mort, je ne craindrais aucun mal, car tu es avec moi.

E. SECONDE MULTIPLICATION DES PAINS.

Parall. Marc VIII, 1.

32 Jésus ayant ensuite appelé ses disciples, leur dit : J'ai pitié de ce peuple ; il y a déjà trois jours qu'ils ne me quittent point, et ils n'ont rien à manger ; je ne veux pas les renvoyer qu'ils n'aient mangé, de peur que les forces ne leur 33 manquent en chemin. Mais ses disciples lui dirent : D'où pourrions-nous avoir dans ce lieu désert, assez de pain pour rassasier tant 34 de monde ? Jésus leur dit : Combien avez-vous de pains ? Ils lui répondirent : *Nous en avons* sept, et

Au bout de ces trois jours, leurs provisions furent épuisées.

quelques petits poissons.

35 Alors il commanda à toute la troupe de s'asseoir à

36 terre. Ayant pris les sept pains, et les poissons, il les rompit, et après avoir béni Dieu, il les donna à ses disciples, et ses disciples *les donnèrent* au peu-

37 ple. Tous en mangèrent, et furent rassasiés ; et on remporta sept paniers pleins des morceaux qui

38 restèrent. Or ceux qui en mangèrent étaient au nombre de quatre mille hommes, sans compter les femmes et les enfants. Jésus

39 alors renvoyant le peuple, entra dans une barque, et vint au territoire de Magdala.

Magdala était un bourg situé au bord oriental du lac de Génézareth.

Plus les besoins se multiplient, plus la bonté de Dieu multiplie les ressources.

Le zèle de cette multitude à rechercher l'aliment de son âme, n'est-il pas propre à nous faire sentir qu'il y a en nous de l'indifférence pour la parole qui est notre vie ? Heureux ceux qui ont faim et soif de la justice !

Celui qui refuse de renvoyer à jeun la multitude, de peur que ses forces ne défaillent, ne renverra à vide aucune âme qui aura recours à lui.

CHAPITRE XVI.

A. LES PHARISIENS ET LES SADDUCÉENS DEMANDENT UN PRODIGE DU CIEL.

Parall. Marc VIII, 11.

1 Alors des pharisiens et des sadducéens vinrent à lui pour le tenter, et ils le prièrent de leur faire voir quelque prodige du 2 ciel. Mais il leur répondit : Quand le soir est venu, vous dites : Il fera beau temps, car le ciel 3 est rouge ; et le matin *vous dites :* Il y aura aujourd'hui de l'orage, car le ciel est sombre et rougeâtre. Hypocrites, vous savez bien discerner ce qui paraît au ciel, et vous

Les pharisiens et les sadducéens étaient ennemis à plusieurs égards; mais ils s'unissaient contre Jésus. Ne pouvant plus rien objecter contre les miracles qu'il avait faits jusque là, ils espéraient justifier leur incrédulité en demandant un prodige assez étrange pour qu'il leur fût refusé.

Hypocrites, hommes dissimulés, vous avez assez de discernement pour annoncer, d'après les signes du ciel, le temps qu'il fera,

ne pouvez pas reconnaî-
tre les signes des temps!
4 Celte race méchante et
adultère demande un mi-
racle; mais on ne lui en
accordera aucun autre
que celui du prophète Jo-
nas. Et les laissant, il s'en
alla.

et vous feignez de ne pouvoir dis-
cerner par les signes que je vous
ai donnés, par les miracles que
j'ai opérés, si le temps du Christ
est venu, si je suis le Messie!

Déjà expliqué au ch. xii, au
v. 39.

Si les hommes employaient à la recherche de la vérité
religieuse la sagesse et l'habileté qu'ils font paraître à
l'égard des connaissances et des intérêts de la terre, la
foi à l'Evangile serait grande ici-bas, le règne du Fils
de Dieu s'étendrait de toutes parts.

B. LE LEVAIN DES PHARISIENS.

Parall. Marc viii, 13.

5 Or, en passant pour
aller à l'autre bord, ses
disciples avaient oublié
6 de prendre du pain. Jé-
sus leur dit: Gardez-vous
avec soin du levain des
pharisiens et des saddu-
7 céens. Sur quoi ils se di-

Comme ils avaient oublié de
prendre des pains, et comme ils ne
comprenaient pas cette comparaison de la doctrine des pharisiens
avec du levain, ils crurent, sans se
rendre bien compte des paroles
de leur Maître, qu'elles se rap-
portaient à leur oubli, et peut-
être aussi que Jésus leur défen-

saient l'un à l'autre : C'est parce que nous n'avons

8 pas pris du pain. Ce que Jésus ayant remarqué, il leur dit : Gens de peu de foi, pourquoi raisonnez-vous *ainsi* entre vous *sur ce* que vous n'avez pas

9 pris du pain? N'avez-vous pas encore d'intelligence, et ne vous souvenez-vous plus des cinq pains distribués à cinq mille hommes, et combien vous en remportâtes de paniers?

10 Ni des sept pains distribués à quatre mille hommes, et combien vous en remportâtes de corbeilles? Com-

11 ment ne comprenez-vous point que je ne vous parlais pas de pain, lorsque je vous ai dit de vous garder du levain des pharisiens et des sadducéens?

12 Ils comprirent alors que ce n'était pas du levain du pain qu'il leur avait

dait de manger avec les pharisiens et les sadducéens, de même que les docteurs juifs défendaient au peuple de manger avec les Samaritains et les Gentils.

Gens de peu de foi, c'est-à-dire, *vous qui pensez que je m'inquiète de notre nourriture, quand vous avez vu comment je sais la procurer, êtes-vous encore incapables de comprendre la plus simple comparaison, et ne vous souvenez-vous plus*, etc.

Jésus compare la doctrine des pharisiens à du levain, parce qu'une doctrine pernicieuse menace de pénétrer tout un cœur

dit de se garder, mais de la doctrine des pharisiens et des sadducéens.

ou tout un peuple, comme le levain pénètre toute la pâte.

Les apôtres avouent en toute occasion leur manque d'intelligence, leurs préjugés, leurs défauts. Chacun de ces aveux est un nouveau gage de candeur, un nouvel appui pour notre foi.

Si tu ne peux éviter tout rapport avec les incrédules et les méchants, sois attentif à ne rien prendre de leurs fausses doctrines, de leurs principes, de leur corruption. Le pouvoir de l'exemple est grand ; on entend et on voit d'abord le mal avec horreur, ensuite avec indifférence, et bientôt on y prend part.

Je m'accompagne de tous ceux qui te craignent, et qui gardent tes commandements.

Ne nous abandonne point dans la tentation, mais délivre-nous du mal.

C. SIMON PIERRE PROCLAME SA FOI, ET REÇOIT DE GRANDES PROMESSES.

Parall. Marc. VIII, 27.

13 Comme Jésus allait dans le territoire de Césarée de Philippe, il demanda à ses disciples : Qui dit-on que je suis, moi le Fils de l'hom-

Césarée de Philippe, (ou Césarée appartenant au pays gouverné par Philippe), était situé vers les sources du Jourdain. Il y avait une autre Césarée à l'ouest de Jérusalem.

14 me? Ils répondirent: Les uns *disent que tu es* Jean-Baptiste; les autres, Elie; et les autres, Jérémie, ou quelqu'un des pro-

15 phètes. Et vous, leur dit Jésus, qui dites-vous que

16 je suis? Simon Pierre prenant la parole, dit: Tu es le Christ, le Fils du Dieu

17 vivant. Jésus lui répondit: Tu es bienheureux, Simon, fils de Jona; car ce n'est pas la chair et le sang qui t'ont révélé cela, mais mon Père qui *est* dans les

18 cieux. Et moi je te dis aussi que tu es Pierre, et sur cette pierre je bâtirai mon église, et les portes de l'enfer ne prévaudront point

19 contr'elle. Je te donnerai les clefs du royaume des cieux; tout ce que tu lieras sur la terre sera lié dans les cieux, et tout ce que tu délieras sur la terre sera délié dans les cieux.

Jésus interroge ses disciples pour les porter à déclarer ouvertement leur foi.

Une partie du peuple juif s'imaginait que l'âme d'un grand prophète était revenue sur la terre, dans le corps de Jésus.

Simon Pierre, le disciple le plus ardent, répond le premier, et au nom de tous les autres: *Tu es le Messie, le Fils du Dieu vivant* (du seul vrai Dieu, en opposition avec les faux dieux qui ne vivent, qui n'existent pas). *Ce n'est pas le pouvoir de l'homme qui a pu te donner cette ferme persuasion, mais c'est Dieu qui te l'a inspirée, afin que tu serves à établir son règne dans le monde. Et puisque tu dis si fermement qui je suis, moi aussi je te dirai qui tu es, et ce qu'il faut attendre de toi; tu portes un nom qui signifie une pierre, un rocher, tu es digne de le porter, car tu seras comme un rocher pour mon Église, et toute la puissance du mal ne pourra la détruire.* (Dans le langage oriental le mot *porte* signifie *puissance.) Je te confierai le pouvoir de recevoir des sujets dans mon royaume, des disciples dans mon Église, et quand tu admettras les uns et repousseras les autres, en vertu du pouvoir qui te sera donné, tes décisions seront ratifiées dans le ciel.* (Anciennement les portes étaient fermées tantôt avec des clefs, tantôt avec des

> liens ; de là vient que les mots *lier et délier* signifient aussi *fermer et ouvrir la porte*, par conséquent *repousser et admettre.*) L'interprétation que nous donnons ici est confirmée par les versets 15 à 18 du chap. xviii. Est-il besoin de remarquer que Jésus ne promet nullement à saint Pierre la domination sur les autres disciples, et ne confère aucun privilége aux prétendus successeurs de ce bienheureux apôtre ?

Simon Pierre, selon la prédiction du Sauveur, a été le premier fondateur de l'Eglise après l'ascension de son Maître ; le premier, il a ouvert aux Juifs (Act. ii, 14) *et aux Gentils* (Act. x et xv, 7) *les trésors de l'Évangile. Il a exercé aussi le droit que Jésus donna aux autres apôtres comme à lui* (Matth. xviii, 18), *d'admettre et d'exclure les membres de l'Eglise ; et l'histoire d'Ananias et de Saphira* (Act. v) *prouve assez qu'il exerçait ce droit de la part de Dieu, et avec la sanction du pouvoir céleste.*

Ils sont bienheureux tous ceux qui ont la foi que manifesta Simon Pierre ; travaillons donc a en pénétrer nos âmes, et prions le Père qui la dispense.

Toute la puissance, tous les efforts des méchants ne triompheront jamais de l'Évangile. Ne soyons point inquiets des attaques de l'incrédulité, du vice, de la superstition. Ce qui est vrai demeure éternellement comme Dieu. Gardons à la parole de notre Maître une fidélité à toute épreuve.

Oh! que sont grands les biens que tu as réservés à ceux qui te craignent, et que tu as préparés pour ceux qui se retirent vers toi en la présence des fils des hommes !

D. Jésus prédit ses souffrances et celles de ses disciples.

Parall. Marc VIII, 31. Luc IX, 22.

20 Alors il défendit à ses disciples de dire à personne que lui, Jésus, fût le
21 Christ. Dès-lors il commença à déclarer à ses disciples qu'il fallait qu'il allât à Jérusalem, qu'il y souffrît beaucoup de la part des sénateurs, des principaux sacrificateurs et des scribes, qu'il y fût mis à mort, et qu'il ressuscitât le troisième jour.
22 Alors Pierre l'ayant pris à part, se mit à le reprendre et à lui dire : A Dieu ne plaise, Seigneur, cela
23 ne t'arrivera point ! Mais *Jésus* se retournant, dit à Pierre : Retire-toi de moi, Satan, tu m'es en scandale, car tu ne comprends point les vues de Dieu, tu

En le disant ils auraient hâté ses souffrances, et son heure n'était pas encore venue.

C'est dès-lors que Jésus commença à leur annoncer ouvertement qu'il fallait, selon les desseins de Dieu, qu'il allât à Jérusalem, etc.

Les *sénateurs* ou *anciens* composaient le *sanhédrin* ou *grand conseil*, qui dans l'origine réglait toutes les choses importantes au milieu du peuple juif, mais qui, au temps de Jésus-Christ, ne s'occupait plus que des affaires religieuses.

Retire-toi ; tu es pour moi un tentateur, tes paroles seraient propres à affaiblir mon courage contre les épreuves qui m'attendent, et à devenir pour moi une occasion de chute ; tu n'entres

n'as que les pensées hu-
maines.

24   Alors Jésus dit à ses disciples : Si quelqu'un veut
venir après moi, qu'il renonce à soi-même, qu'il
charge sa croix, et qu'il

25 me suive ; car quiconque
voudra sauver sa vie la perdra, et quiconque perdra
sa vie pour l'amour de moi

26 la trouvera ; et que servirait-il à un homme de ga-
gner tout le monde, s'il
perdait la vie ? Ou que lui
donnerait-on en échange

27 de sa vie ? Car le Fils de
l'homme doit venir dans
la gloire de son Père, avec
ses anges ; et alors il rendra à chacun selon ses œu-

28 vres. Je vous le dis en vérité, que quelques-uns de
ceux qui sont ici présents,
ne mourront point qu'ils
n'aient vu le Fils de l'homme venir dans son règne.

*pas dans les vues de Dieu ; tu
n'as que les pensées des hommes
sur mon règne selon le monde.*
(En prononçant ces mots, Jésus
se détourne vivement de celui
dont l'affection trop terrestre
s'oppose à l'accomplissement des
grands desseins de Dieu, dans la
mort de son Fils.)
*Non-seulement je dois souffrir
moi-même, mais si quelqu'un
veut être mon disciple, qu'il se
dévoue, qu'il se prépare à souffrir, et qu'il me suive ; car quiconque,* etc. Voyez chap. x, v.
38-4o.

Jésus fait comprendre que ce
qu'on dit ordinairement de la vie
présente : *Que servirait-il,* etc.,
doit se dire à bien plus forte raison de la vie éternelle.

*Songez bien à cette vie éter-
nelle ; car si le Fils de l'homme
est appelé sur la terre à un état
d'abaissement et de souffrance, un
jour il apparaîtra dans l'éclat de
la gloire dont Dieu même est
environné ; alors chacun recevra
selon la fidélité qu'il aura mon-
trée. Mais, outre les glorieuses
récompenses qui vous sont réservées pour ce grand jour, je vous
déclare de plus, que plusieurs
d'entre vous ne mourront point
avant d'avoir vu sur la terre le
succès de leurs travaux, et le règne glorieux du Fils de l'homme
établi dans le monde.*

Quelque pressantes que soient les sollicitations de nos

*amis les plus intimes, apprenons par l'exemple de Jésus,
à les repousser avec force et indignation, lorsqu'elles
combattent la volonté de Dieu.*

*Souffre tout au monde pour la bonne cause du devoir
et du salut.* « *Si tu prends la croix de Christ tu auras
» aussi sa couronne.* »

CHAPITRE XVII.

A. TRANSFIGURATION DE JÉSUS-CHRIST. — JEAN-BAPTISTE EST UN NOUVEL ÉLIE.

Parall. Marc ix, 2. Luc ix, 28.

1 Six jours après, Jésus prit avec lui Pierre, Jacques, et Jean son frère, et les mena à l'écart sur 2 une haute montagne. Là il fut transfiguré en leur présence, son visage devint resplendissant comme le soleil, et ses habits devinrent éclatants comme la lumière. En même 3 temps ils virent paraître Moïse et Élie, qui s'en-

Si saint Luc dit *huit jours après*, c'est qu'il compte le jour où le discours précédent fut prononcé, et le jour de la transfiguration.

Pierre, Jacques et Jean paraissent avoir vécu, plus que les autres apôtres, dans l'intimité du Sauveur.

Les auteurs chrétiens des premiers siècles rapportent que cette montagne est le Thabor, au nord de la Galilée.

Il fut transfiguré en leur présence, c'est-à-dire, *il leur apparut avec une autre figure.*

Les apôtres comprirent, d'après l'entretien, qu'ils voyaient Moïse et Élie. Cet entretien avait pour objet les souffrances et la

tretenaient avec lui. Alors Pierre prenant la parole, dit à Jésus : Seigneur, il est bon que nous demeurions ici ; si tu veux, dressons-y trois tentes, une pour toi, une pour Moïse, et

5 une pour Elie. Comme il parlait encore, une nuée lumineuse les couvrit, et il sortit de cette nuée une voix qui dit : C'est ici mon Fils bien-aimé en qui j'ai mis toute mon affection ;

6 écoutez-le. Ce que les disciples ayant entendu, ils tombèrent le visage contre terre, et furent saisis d'une très-grande crainte ;

7 mais Jésus s'approchant les toucha, et leur dit : Levez-vous et n'ayez point

8 peur. Alors levant les yeux, ils ne virent plus que Jésus seul.

9 Comme ils descendaient de la montagne, Jésus leur défendit de dire à person-

mort du Sauveur. (Luc ix, 31.)

Seigneur, ce lieu serait pour nous une agréable demeure ; si tu veux, etc. Pierre tout ému de l'apparition céleste, parle sans réfléchir. Voyez Marc ix, 6. Luc ix, 33.

Matthieu iii, 17.

Cette manifestation divine devait fortifier la foi des apôtres, de la manière la plus puissante, à l'approche des souffrances de leur Maître, et de leurs propres afflictions.

Cette défense fut peut-être adressée aux apôtres parce qu'on n'aurait pas accepté leur récit comme vrai, avant qu'un autre

17

ne ce qu'ils avaient vu, jusqu'à ce que le Fils de l'homme fût ressuscité des

10 morts. Là-dessus ses disciples lui demandèrent : Pourquoi donc les scribes disent-ils qu'il faut qu'Elie vienne premièrement?

11 Jésus leur répondit : Il est vrai qu'Elie devait venir premièrement et rétablir

12 toutes choses. Aussi je vous dis qu'Elie est déjà venu, qu'ils ne l'ont point reconnu, et qu'ils l'ont traité comme ils ont voulu ; c'est ainsi qu'il feront souffrir le Fils de l'hom-

13 me. Alors ses disciples comprirent que c'était de Jean-Baptiste qu'il leur avait parlé.

miracle, plus éclatant encore, la résurrection de Jésus-Christ, eût mieux disposé les esprits à la foi. Peut-être aussi le Sauveur voulait-il encore, par cet ordre, éviter d'attirer sur lui avant le temps une trop grande attention.

Pourquoi, puisque nous venons de voir Élie pour la première fois, les docteurs disent-ils qu'Élie doit venir avant le Christ ?

Venir premièrement et ramener les cœurs à ce qui est droit, (par le baptême de repentance.)

Malachie, en parlant à l'avance d'un précurseur, le compare à Élie, et lui donne le nom de ce prophète (Mal. III, 1-4 et IV, 2-6.) Les docteurs juifs ne comprenant pas la comparaison, et attendant Élie lui-même, avant le Messie, ne reconnurent point en Jean-Baptiste ce messager qui devait préparer la voie du Seigneur.

En contemplant par la pensée l'éclat dont le Fils de Dieu s'environne aux yeux de ses disciples, souvenons-nous qu'il nous appelle à partager sa gloire, bénissons l'Éternel de ses grandes promesses, et que l'espoir des célestes joies nous soutienne et nous anime à travers la vallée de larmes.

Tu me feras connaître le sentier de la vie ; ta face est un rassasiement de joie. Il y a des plaisirs à ta droite pour jamais.

Alors les justes brilleront comme le soleil dans le royaume de leur Père.

B. GUÉRISON D'UN LUNATIQUE. — PUISSANCE DE LA FOI.

Marc ix, 14. Luc ix, 37.

14 Lorsqu'ils furent retournés vers le peuple, un homme abordant Jésus, se jeta à genoux devant lui, et

15 lui dit : Seigneur, aie pitié de mon fils ; il est lunatique, et fort tourmenté ; car il tombe souvent dans le feu, et souvent

16 dans l'eau. Je l'ai présenté à tes disciples, mais ils

17 n'ont pu le guérir. Jésus répondit : O race incrédule et perverse, jusques à quand serai-je avec vous ? jusques à quand vous supporterai-je ? Amenez-le-

D'après les passages parallèles, (Marc ix, 18, et Luc ix, 39), il paraît que la maladie de cet homme *lunatique*, c'est-à-dire, (selon l'opinion du temps,) *soumis aux influences de la lune*, était *l'épilepsie*.

Jésus adresse ces paroles à la génération tout entière, parce que c'était l'incrédulité générale qui ébranlait la foi des apôtres.

18 moi ici. Jésus menaça le démon qui sortit de cet enfant, et à l'heure même 19 l'enfant fut guéri. Alors les disciples s'adressèrent en particulier à Jésus, et lui dirent : Pourquoi n'avons-nous pu chasser ce 20 démon. Jésus leur répondit : C'est à cause de votre incrédulité; car je vous dis en vérité, que si vous aviez de la foi aussi gros qu'un grain de moutarde, vous diriez à cette montagne : Transporte-toi d'ici là ; elle s'y transporterait; et rien ne vous serait im-21 possible. Mais cette sorte de démons ne peut être chassée que par la prière et par le jeûne.

Jésus ordonna d'une voix forte que le mal s'éloignât (Marc ix, 25) ; et le mal sortit de cet enfant, en sorte que dès cette heure il fut guéri.

L'ensemble des récits du Nouveau Testament nous montre, que dans les temps évangéliques, aucun miracle ne pouvait avoir lieu, si celui qui voulait l'opérer, et celui sur qui il s'opérait, n'avaient pas une foi réelle. D'après Marc (ix, 17-20), la foi manqua au père du malade, et aux disciples.

Dire à une montagne, *transporte-toi*, était une expression employée familièrement chez les Juifs avec le sens de *faire une œuvre extraordinaire.*

Pour guérir de tels maux vous avez besoin d'une grande foi, qui ne peut être entretenue en vous que par la prière , et par le jeûne (ou l'humiliation).

Ce qui nous manque surtout pour chasser les pensées coupables, pour vaincre les inclinations mauvaises, c'est la foi; c'est cette foi en Dieu qui le rend toujours présent ; cette foi au Sauveur qui le fait aimer et suivre ; cette foi à l'Évangile qui le fait choisir pour première loi, cette foi au Saint-Esprit qui le fait demander avec ar-

deur, cette foi à la vie éternelle qui la fait désirer sans cesse. Que Dieu éveille et fortifie de telles dispositions dans nos âmes !

C. JÉSUS PRÉDIT SA MORT ET SA RÉSURRECTION. — IL PAIE LE TRIBUT.

Parall. Marc IX, 31. Luc IX, 44.

22 Comme ils étaient en Galilée, Jésus leur dit : Le Fils de l'homme doit être livré entre les mains 23 des hommes; ils le feront mourir, mais il ressuscitera le troisième jour. Et les disciples en furent fort 24 attristés. Quand ils furent arrivés à Capernaüm, ceux qui recevaient les deux drachmes s'adressèrent à Pierre, et lui dirent : Votre Maître ne paie-t-il pas 25 les deux drachmes? Il dit : Oui; et quand il fut entré dans la maison, Jésus le prévint, et lui dit : Que t'en semble, Simon? De

Comme la guérison de l'épileptique avait excité l'enthousiasme du peuple (Luc IX, 43), les apôtres oubliaient peut-être la prédiction que Jésus avait faite de ses souffrances (chap. XVI, v. 21). Le Sauveur prend soin de la leur rappeler.

Tous les hommes Israélites depuis l'âge de vingt ans, devaien donner chaque année deux drachmes (environ 1 fr. 50 c. de notre monnaie), pour l'entretien du temple. (Ex. XXX, 13, 2 Chr. XXIV, 6.)

Jésus prévint la demande que Pierre allait lui adresser au sujet du tribut, en disant : *Sur qui les* qui les rois de la terre ti-rent-ils des tributs ou des impôts? Est-ce de leurs enfants, ou des étrangers?

26 Des étrangers, lui répon-dit Pierre. Jésus lui *ré-pondit :* Les enfants en

27 sont donc exempts; mais pour ne pas les scanda-liser, va-t'en à la mer, jette l'hameçon, tire le premier poisson qui se prendra, et ouvre-lui la bouche; tu y trouveras un statère ; prends-le, et donne-le-leur pour moi et pour toi.

rois lèvent-ils des tributs ? Est-ce sur leurs enfants ? Non, c'est sur ceux qui ne sont pas de leur maison ; je devrais donc être exempt du tribut consacré à Dieu, moi le Fils de Dieu ; mais afin que nous ne donnions pas à ces gens-là une occasion de chûte, que nous ne soyons pas un obstacle à leur foi, que nous ne leur four-nissions pas un prétexte de me rejeter, va-t'en à la mer, etc.

Le statère, qui était une demi-once d'argent, valait environ trois francs.

Les autres apôtres avaient sans doute payé le tribut dans les villes qu'ils habitaient.

Appelé à sacrifier quelque chose de ce que tu possèdes pour le maintien des institutions qui régissent ton pays, contribue de bon cœur au bien général, et donne l'exemple de la soumission aux lois, du respect pour l'autorité. Tu ne médiras point des juges, et tu ne maudiras point le prince de ton peuple.

Appelé quelquefois à des sacrifices d'intérêt ou d'a-mour-propre pour éviter toute contestation et tout scandale, souviens-toi bien de la condescendance dont le Fils de Dieu lui-même t'offre ici le modèle. Il y aura de la joie pour ceux qui conseillent la paix.

CHAPITRE XVIII.

A. PRÉCEPTES DE JÉSUS SUR L'HUMILITÉ ET SUR LE SCANDALE.

Parall. Marc ix, 33. Luc ix, 46.

1 En ce même temps les disciples s'approchèrent de Jésus et lui dirent : Qui est le plus grand dans le 2 royaume des cieux? Sur quoi Jésus ayant fait venir un enfant, le mit au 3 milieu d'eux, et leur dit : Je vous le dis en vérité, que si vous ne changez, et ne devenez comme des enfants, vous n'entrerez point dans le royaume 4 des cieux. Celui qui deviendra humble comme cet enfant, sera le plus grand dans le royaume 5 des cieux; et quiconque reçoit à cause de mon nom

Dans les récits correspondants ou parallèles, nous voyons que les disciples de Jésus, en allant à Capernaüm, disputaient entre eux sur la question de savoir lequel serait au-dessus des autres dans le royaume des cieux, c'est-à-dire, selon les fausses idées qu'ils avaient encore, lequel occuperait le premier rang dans le puissant royaume temporel que Jésus, le Messie, établirait au milieu des Juifs. Le Sauveur voulant leur donner une leçon frappante d'humilité *fit venir un petit enfant, et le plaçant au milieu d'eux, leur dit : En vérité je vous dis que si vous ne changez votre esprit d'ambition et d'orgueil, et si vous ne devenez comme des enfants par votre humilité, non-seulement vous n'occuperez pas les premiers rangs dans le royaume des cieux, (c'est-à-dire dans la vie éternelle); mais vous n'y entrerez même pas. Ceux qui tiendront les premiers rangs dans le royaume des cieux sont ceux qui deviendront humbles comme des enfants. Même, l'humilité*

un enfant tel que celui-ci, il me reçoit moi-même;

6 mais si quelqu'un est une occasion de chûte à l'un de ces petits qui croient en moi, il vaudrait mieux pour lui qu'on lui attachât au cou une meule de moulin, et qu'on le jetât au fond de la mer.

7 Malheur au monde à cause des scandales, car il est nécessaire qu'il arrive des scandales; mais malheur à celui par qui le scandale arrive. Si ta

8 main ou ton pied t'a fait tomber *dans le péché*, coupe-les et jette-les loin de toi; car il vaut mieux que tu entres boiteux ou manchot dans la vie, que d'avoir deux pieds et deux mains, et d'être jeté dans le feu éternel. De même,

9 si ton œil te fait tomber *dans le péché*, arrache-le, et jette-le loin de toi; car

est si précieuse à mes yeux, que celui qui accueillera seulement avec affection, comme étant mon disciple, un enfant comme celui-ci, un des hommes auxquels on fait le moins d'attention dans le monde, ne méprisant point son humble apparence, je le récompenserai comme s'il m'avait accueilli moi-même; et si, au contraire, quelqu'un devient une occasion de chûte pour un des hommes obscurs qui croient en moi, il vaudrait mieux pour ce tentateur qu'il subît les plus terribles supplices de cette terre. (Le supplice dont il est ici parlé était particulièrement en usage chez les Syriens et les Phéniciens.) Il est nécessaire qu'il arrive des scandales, c'est-à-dire, il est impossible que dans ce monde où le mal a tant d'empire, il n'y ait pas d'occasions de chûte.

Puisqu'il y a dans le monde bien des occasions de chûte, tu dois lutter contre elles de toutes tes forces, et sacrifier tout ce qui t'entraîne au mal, quand ce serait ce que tu as de plus cher; car il vaut mieux que tu arrives aux portes de la vie éternelle, sans avoir joui de certains objets, de certains attachements, que d'être conduit par eux à la perdition. Ces deux comparaisons, qui, au chap. v, v. 29, s'appliquent principalement aux désirs et aux actes impurs, s'étendent ici aux convoitises de toute espèce.

il vaut mieux que tu en-
tres dans la vie, n'ayant
qu'un œil, que d'avoir
deux yeux, et être jeté
dans la géhenne du feu.

10 Prenez-garde de ne mé-
priser aucun de ces pe-
tits; car je vous dis que
leurs anges voient sans
cesse dans les cieux la face de mon Père céleste.

11 Car le Fils de l'homme
est venu sauver ce qui

12 était perdu. Que vous en
semble? Si un homme a
cent brebis, et qu'il s'en
égaré une, ne laisse-t-il
pas les quatre-vingt-dix-
neuf, pour aller dans les
montagnes chercher celle

13 qui s'est égarée? S'il arrive qu'il la trouve, je
vous dis en vérité, qu'il
en a plus de joie que des
quatre-vingt-dix-neuf qui
ne se sont point égarées.

14 Tout de même votre Père
qui est aux cieux, ne veut

Après ce court avertissement
sur les occasions de chûte en général, et sur la nécessité de les
combattre, le Sauveur poursuit
ses leçons d'humilité en exhortant
ses apôtres qui viennent de concevoir des pensées d'ambition et
d'orgueil, à ne mépriser aucun
des hommes les plus obscurs.

Pendant la captivité de Babylone les Hébreux avaient adopté
le langage des Chaldéens à l'égard
des anges; et de leur division en
différentes classes plus ou moins
distinguées. Jésus emploie ici,
comme dans beaucoup d'autres
cas, le langage oriental, ordinairement très-expressif, afin de
rendre ses leçons plus saisissables
et plus frappantes pour le peuple
auquel il s'adresse. A la cour des
princes de l'Asie, les ministres favoris du monarque étaient seuls
admis à toute heure en sa présence, de sorte qu'on les appelait:
*ceux qui contemplent la face du
roi.* Cette phrase, *les anges de ces
petits regardent sans cesse,* etc.,
signifie donc : *les anges qui veil-
lent sur eux sont du nombre des
plus distingués dans le ciel,* et
sans image orientale : *ces petits,
ces hommes les moins considérés
dans le monde, jouissent de la
protection la plus attentive de mon
Père céleste.* A ce motif Jésus

pas qu'il se perde un seul de ces petits.

ajoute encore, qu'il est venu lui-même sauver tous les hommes sans distinction de grandeur et d'abaissement, et que Dieu regarde le pécheur (que les apôtres pouvaient être tentés de mépriser), comme le berger regarde une brebis égarée.

Disciples de Celui qui a quitté les cieux pour se soumettre à la plus humble condition de la terre, de Celui qui exempt de tout péché et revêtu d'une grandeur divine, n'a méprisé aucun homme quelque pécheur et quelque obscur qu'il fût; enfants du Dieu de miséricorde qui ne regarde point à l'apparence des personnes, mais qui veut que tous soient sauvés; combien nous serions indignes d'appeler Jésus notre Maître, d'appeler Dieu notre Père, si nous entretenions dans nos cœurs des pensées d'ambitions et d'orgueil; si nous montrions de l'éloignement et du dédain pour des hommes placés dans une condition inférieure à la nôtre; si au lieu de travailler selon nos moyens à ramener dans la voie du salut les pauvres pécheurs égarés, nous les entraînions, par notre conduite envers, eux à de plus grands écarts, à des chûtes plus profondes!

Malheur à nous si nous conduisons un de nos frères au péché! Malheur aussi à nous, si nous nous exposons volontairement aux occasions de chûte! « L'homme a » dans lui-même assez d'occasions de pécher sans en » chercher hors de lui. Eloignons-nous donc, séparons-» nous de tout ce qui peut nous faire succomber. Tout » perdre en ce monde, tout retrancher, tout quitter, » plutôt que de violer les commandements de notre Dieu;

» *telle est la loi du Seigneur. Mais qui peut tout cela,*
» *si ce n'est celui que le secours de Dieu soutient, et que*
» *sa grâce fortifie. Appuyons-nous donc sans cesse sur*
» *le Dieu fort comme sur un rocher; demandons-lui cette*
» *foi qui donne la victoire.*

B. COMMENT LES DISCIPLES DE CHRIST DOIVENT AGIR ENVERS CEUX QUI LES ONT OFFENSÉS. — PARABOLE DU SERVITEUR INHUMAIN.

15 Si ton frère t'a offensé, va le trouver, et reprends-le en particulier entre toi, et lui; s'il t'écoute tu auras gagné ton frère; mais 16 s'il ne t'écoute pas, prends avec toi encore une ou deux *personnes*, afin que tout soit confirmé sur la parole de deux ou de trois 17 témoins. S'il ne daigne pas les écouter, dis-le à l'église, et s'il ne daigne pas écouter l'église, regarde-le comme un payen 18 et un péager. Je vous dis en vérité que tout ce que vous aurez lié sur la terre

Après avoir tracé la conduite à tenir envers les pécheurs en général, le Sauveur enseigne à ses disciples comment ils doivent agir envers les hommes qui ont péché contre eux, qui les ont offensés : *Si ton frère a péché contre toi, va auprès de lui, prends-le en particulier, et fais-lui sentir ses torts ; s'il t'écoute, tu as ramené un frère dans la bonne voie, (ou bien tu as retrouvé un frère, un ami, par la réconciliation); s'il persiste dans sa faute et refuse tout rapprochement, prends avec toi quelques personnes, quelques amis communs, afin que sur leur déclaration les torts de ton frère soient confirmés et qu'il soit amené à les reconnaître.* (Jésus fait ici allusion à une loi de Moïse ordonnant qu'un témoin seul ne serait point valable contre un homme, mais que sur la parole de deux ou trois témoins la chose serait confirmée. Deut. XIX, 15.) *S'il n'écoute pas ces personnes, s'il ne se rend pas à*

sera lié dans le ciel; et tout ce que vous aurez délié sur la terre sera délié dans le ciel. Je vous dis encore, que lorsque deux d'entre vous s'accordent sur la terre *à demander quelque chose*, tout ce qu'ils demanderont leur sera accordé par mon Père

20 qui *est* dans les cieux; car où il y a deux ou trois personnes assemblées en mon nom, je me trouve là au milieu d'elles.

21 Alors Pierre s'étant approché, lui dit: Seigneur, combien de fois pardonnerai-je à mon frère qui m'aura offensé? *Sera-ce*

22 jusqu'à sept fois? Jésus lui *répondit*: Je ne te dis pas jusqu'à sept fois, mais jusqu'à septante fois sept fois.

23 C'est pourquoi *ce qui arrive dans* le royaume des cieux est semblable à *ce que fit* un roi qui voulut

leurs avis, fais connaître ce qui se passe à l'assemblée chrétienne, qui joindra ses exhortations; et s'il n'écoute pas ce dernier et solennel avertissement, regarde-le comme hors de l'église, et renonce à tes relations avec lui. (Les Juifs évitaient d'entrer en rapport avec les payens et les péagers.) *Je vous le dis en vérité, l'église aura droit de reprendre cet homme et de le bannir de son sein, et lorsque vous, qui êtes établis chefs de l'église, vous aurez admis quelqu'un au milieu d'elle, ou que vous l'aurez repoussé, le ciel ratifiera vos sentences; je vous dis encore, que tout ce que vous demanderez à Dieu, en exerçant ces hautes fonctions dont vous serez revêtus dans l'église, vous sera accordé, lors même que vous ne formeriez pas une nombreuse assemblée; car là où quelques personnes seulement sont réunies pour s'occuper des choses qui regardent mon règne, je suis, en esprit, au milieu d'elles pour les assister.*

Les docteurs juifs disaient qu'on devait pardonner trois offenses, mais qu'on pouvait se venger de la quatrième. Pierre demande si le pardon doit s'étendre à la septième, et Jésus lui apprend par cette **expression**, *septante fois sept fois,* qu'on doit toujours pardonner.

Ce qui arrive dans les rapports de Dieu avec les hommes, et des hommes entre eux est comparable, etc.

faire rendre compte à ses
24 serviteurs : quand il eut
commencé à compter, on
lui en présenta un qui *lui*
devait dix mille talents ;
25 mais comme il n'avait pas
de quoi payer, son maître
commanda qu'il fût ven-
du, lui, sa femme, ses
enfants, et tout ce qu'il
avait, afin que la dette fût
26 payée. Le serviteur se jetant à terre, le suppliait,
en disant : Seigneur, aie
un peu de patience, et je
27 te paierai tout. Alors le
maître de ce serviteur,
touché de compassion, le
laissa aller et lui remit la
28 dette. Mais ce serviteur
étant sorti, rencontra un
de ses compagnons de
service, qui lui devait
cent deniers ; et l'ayant
saisi, il l'étranglait en lui
disant : Paie-moi ce que
29 tu me dois. Alors son
compagnon de service se

Dix mille talents, c'est-à-dire, *une somme énorme.* Le talent d'argent valait plus de dix mille francs.

Les créanciers avaient le droit de faire cela.

Cent deniers valaient à peu près 75 francs.

Il arrivait souvent que les créanciers traînaient leurs débiteurs devant les tribunaux en les saisissant par la gorge.

jetant à ses pieds, le suppliait et lui disait : Aie un
peu de patience, et je te
30 paierai tout. Mais, au lieu
de l'écouter, il le fit mettre en prison , *pour y être*
jusqu'à ce qu'il eût payé
31 la dette. Les autres serviteurs voyant ce qui s'é-
tait passé , en furent fort
indignés, et allèrent rapporter à leur maître tout
32 ce qui était arrivé. Alors
le maître le fit venir,
et lui dit : Méchant ser-
viteur , je t'avais remis
tout ce que tu me devais,
parce que tu m'en avais
33 prié; ne devais-tu donc
pas aussi avoir pitié de
ton compagnon de servi-
ce, comme j'avais eu pitié
34 de toi? Et le maître irrité
le livra aux sergents , jusqu'à ce qu'il eût payé tout
35 ce qu'il lui devait. C'est
ainsi que mon Père céleste
vous traitera, si chacun

Le sens de cette parabole n'est pas difficile à saisir. Le roi qui fait rendre compte, c'est Dieu. Les dettes contractées sont les fautes commises. Le serviteur qui doit dix mille talents, c'est le pécheur, quel qu'il soit, qui commet envers Dieu une multitude innombrable d'offenses. Son compagnon de service, c'est son semblable , son frère, qui a commis contre lui quelques fautes, et pour lequel il est sans miséricorde , tandis que Dieu use envers lui, pécheur tout couvert de souillures, d'une compassion infinie.

La grande leçon qui ressort de cette parabole, et qui se trouve bien souvent répétée dans l'Évangile, c'est que *Dieu ne pardonnera*

de vous ne pardonne de bon cœur à son frère ses fautes. | *au dernier jour qu'à ceux qui auront pardonné de bon cœur les offenses de leurs frères.*

« *Tâche d'être patient, de supporter les défauts des* » *autres, et toutes leurs faiblesses; car tu as toi-même* » *beaucoup de défauts que les autres doivent aussi sup-* » *porter. Si tu ne peux te rendre toi-même tel que tu* » *voudrais, comment prétends-tu rendre les autres par-* » *faits?* »

Songe surtout aux fautes sans nombre que ton Dieu supporte chez toi, afin de devenir patient envers tes frères, et de t'assurer ainsi la compassion du Père céleste qui veut la paix entre tous ses enfants.

Ne fais point société avec le méchant, mais pardonne-lui de bon cœur.

C'est un honneur pour l'homme de passer par-dessus le tort qu'on lui fait.

Celui qui est le maître de son cœur vaut mieux que celui qui prend les villes.

CHAPITRE XIX.

A. NOMBREUSES GUÉRISONS. — JÉSUS RÉPOND AUX PHARISIENS SUR LE DIVORCE, ET A SES DISCIPLES SUR LE MARIAGE.

Parall. Marc **x**, 2.

1 Quand Jésus eut achevé |

ces discours, il partit de Galilée, et il alla dans cette partie de la Judée, qui est le long du Jourdain. Beaucoup de peuple l'y suivit, et il guérit *leurs*

3 *malades.* Il vint aussi des pharisiens qui lui dirent, pour le surprendre : Est-il permis à un homme de répudier sa femme, pour quelque sujet que ce soit ?

4 Il leur répondit : N'avez-vous pas lu que Dieu, en créant le monde, fit un

5 homme et une femme ; et qu'il est dit que c'est à cause de cela que l'homme quittera *son* père et *sa* mère, pour s'attacher à sa femme, en sorte que les deux ne feront qu'une

6 seule chair? Ainsi ils ne sont plus deux, mais une seule chair. Que l'homme ne sépare donc point ce que Dieu a uni.

7 Pourquoi donc, lui di-

Pour l'éprouver, c'est-à-dire, pour essayer de le mettre en contradiction avec Moïse, ou avec lui-même, à l'égard du divorce (Voyez chap. v, 31 et 32).

Genèse ii, 23, 24.

Le lien conjugal sera plus fort que tous les autres liens.

rent-ils, Moïse a-t-il commandé de donner la lettre de divorce, quand on veut répudier sa femme ?

Deutér. XXIV, 1.

8 Il leur répondit : C'est à cause de la dureté de votre cœur, que Moïse vous a permis de répudier vos femmes ; car il n'en était pas ainsi au commencement du monde.

Moïse vous a, non point commandé, mais permis avec prudence de répudier vos femmes, à cause de la dureté de vos cœurs, à cause des mauvais traitements dont vous auriez accablé une épouse que vous n'auriez pu renvoyer.

9 Mais je vous dis que celui qui répudiera sa femme, si ce n'est pour cause d'adultère, et en épousera une autre, devient adultère ; et que celui qui épousera la femme qui a été répudiée, devient aussi adultère.

Voyez chap. v, 31, 32.

10 Ses disciples lui dirent : Si ce sont là les conditions de l'homme et de la femme, il ne convient pas de se marier.

Les disciples, imbus des idées de leur temps, regardaient l'indissolubilité du mariage comme un joug redoutable.

11 Mais il leur répondit : Tous ne sont pas capables de cela, mais ceux-là seulement à qui

Tous ne sont pas capables de ce renoncement ; mais seulement ceux qui ont reçu le don de continence. Il y a des hommes qui gardent la continence par une disposition naturelle ; il y en a qui y sont destinés par la mutilation ; il y en a enfin qui s'y

12 il a été donné. Car il y a des eunuques, qui sont tels dès le ventre de *leur* mère ; il y en a qui ont été faits eunuques par les hommes, et il y en a qui se sont faits eunuques eux-mêmes pour le royaume des cieux. Que celui qui peut comprendre *ceci* *le* comprenne.

vouent eux-mêmes afin de se consacrer entièrement à l'avancement du règne de Dieu. (Le Sauveur fait sans doute allusion, dans ces derniers mots, à quelques-uns de ses apôtres, qui renoncèrent au mariage pour remplir plus librement leur mission extraordinaire.)

C'est la volonté de Dieu que l'époux soit uni à l'épouse plus fortement encore que le fils à son père et à sa mère.

Celui-là seul qui est capable de rester pur hors des liens du mariage, est libre de ne pas se marier.

Il n'est pas bon que l'homme soit seul ; je lui ferai une aide semblable à lui.

Celui qui commet adultère est le destructeur de son âme.

Comment ferais-je un si grand mal et pécherais-je contre mon Dieu ?

B. JÉSUS BÉNIT LES PETITS ENFANTS.

Parall. Marc x, 13. Luc xviii, 15.

13 Alors on lui présenta de | Les pères et les mères atta-

petits enfants, afin qu'il leur imposât les mains, et qu'il priât *pour eux ;* mais comme les disciples reprenaient *ceux qui les* 14 *présentaient,* Jésus *leur* dit : Laissez ces petits enfants, et ne les empêchez point de venir à moi; car le royaume des cieux est destiné à ceux qui leur 15 ressemblent. Et quand il leur eut imposé les mains, il partit de là.

chaient un haut prix aux prières que les hommes d'une grande sainteté faisaient pour leurs enfants.

Les disciples pensaient sans doute qu'il était indigne de Jésus de faire attention à ces petits enfants; mais il leur dit : *Laissez-les venir à moi, pourquoi dédaignerais-je de m'occuper d'eux ? Pourquoi ne les recommanderais-je pas à Dieu par mes prières ? Sachez que ce sont les hommes doués de la modestie et de la simplicité des enfants, qui entreront dans le royaume des cieux.*

Quand il eut placé ses mains sur leur tête en priant pour eux, il partit de là.

Vous tous à qui des enfants sont confiés, aimez-les, veillez sur eux, priez pour eux ; leur avenir est entre vos mains.

Enfants ! gardez bien ces humbles qualités que le Sauveur propose pour modèle.

« Dieu protége l'humble et le délivre; Dieu aime » l'humble et le console; Dieu s'abaisse jusqu'à l'hum- » ble pour se communiquer à lui; Dieu donne une grande » grâce à l'humble, il l'élève à la gloire après son » abaissement. »

C. LE JEUNE HOMME RICHE.

Parall. Marc x, 17. Luc xviii, 18.

16 Après cela un jeune | Ce jeune homme riche ne

homme s'approcha et lui dit : Mon bon Maître, quel bien dois-je faire pour obtenir la vie éter-

17 nelle? Jésus lui *répondit:* Pourquoi m'appelles-tu bon? Il n'y a que Dieu qui soit bon. Si tu veux entrer dans la vie, garde les commandements.

18 Quels *commandements?* lui dit-il. Jésus lui *répondit :* Tu ne tueras point : tu ne commettras point d'adultère : tu ne déroberas point : tu ne diras point de faux témoigna-

19 ges : honore ton père et ta mère : et tu aimeras ton prochain comme toi-

20 même. Le jeune homme dit : J'ai observé toutes ces choses dès ma jeunesse ; que me manque-t-il enco-

21 re? Jésus lui dit : Si tu veux être parfait, vends ce que tu as, donne-*le* aux pauvres, et tu auras un trésor

s'approchait point de Jésus pour le tenter, pour le surprendre, commé les pharisiens, mais pour s'instruire dans sa doctrine.

Le mot *bon* a ici le sens de *parfait.* En répondant à la question du jeune homme, Jésus blâme la flatterie qui lui est adressée, et donne ainsi une leçon d'humilité aux docteurs juifs qui se faisaient appeler *parfaits.*

Sont-ce les commandements de la loi, ou bien ceux des docteurs? Les préceptes de l'Ancien Testament, ou ceux que les pharisiens ont ajoutés ?

Et enfin celui qni comprend tous les autres : Tu aimeras, etc.

Parfait, c'est-à-dire, *tout ce qu'il faut être pour devenir mon disciple.*

dans le ciel; après cela
22 viens et suis-moi. Mais quand ce jeune homme eut entendu ces paroles, il s'en alla tout triste; car il possédait de grands
23 biens. Sur quoi Jésus dit à ses disciples : Je vous dis en vérité qu'un riche entrera difficilement dans
24 le royaume des cieux. Je vous le dis encore : Il est plus aisé qu'un chameau passe par le trou d'une aiguille, qu'il ne l'est qu'un homme riche entre dans
25 le royaume de Dieu. Les disciples ayant entendu cela en furent fort étonnés, et ils disaient : Qui
26 peut donc être sauvé ? Jésus les regardant leur dit : Cela est impossible aux hommes, mais tout est possible à Dieu.

Il possédait de grands biens, et il était trop attaché à sa richesse pour y renoncer afin de se consacrer entièrement à l'œuvre des premiers disciples de Christ.

Deviendra difficilement mon disciple.

Cette comparaison était, et est encore usitée en Orient pour exprimer une grande difficulté.

Ils disaient, en voyant s'éloigner tristement ce jeune homme qui paraissait si bien disposé à devenir un de leurs compagnons d'œuvre, et en réfléchissant à la grandeur du sacrifice qui lui était demandé, ainsi qu'à l'éloignement des hommes en général pour de tels sacrifices : *Qui peut donc être sauvé ?* Jésus jetant sur eux un regard propre à les rassurer, leur dit : *Si cela est impossible aux hommes, rien n'est impossible à Dieu ; il saura susciter des disci-*

ples dévoués qui travailleront avec ardeur à l'établissement de son règne, il saura aussi disposer les cœurs à recevoir son Évangile.

Les richesses que Dieu accorde sont une bénédiction pour celui qui les reçoit, si l'attachement aux biens de la terre ne tient pas la première place dans son cœur, s'il fait usage de ces biens selon les vues et les lois de Dieu; mais combien de fois la richesse n'enfante-t-elle pas l'orgueil, la frivolité, l'avarice, l'oisiveté, surtout l'indifférence ou l'éloignement pour les trésors qui sont dans le ciel!

« Nous ne sommes pas appelés à nous dépouiller entièrement de nos biens; peut-être même Jésus ne demandait-il au jeune homme de céder tout son bien aux pauvres que pour éprouver son zèle et sa foi; mais avouons-le ici devant Dieu, nous imitons bien souvent la conduite du jeune homme; nous sommes tristes aussi lorsque l'obéissance au Seigneur exige de nous quelque sacrifice, non-seulement de richesses, mais encore de passion, d'habitude, de penchant quelconque. Avouons-le, nous ne sommes pas assez reconnaissants envers notre Sauveur; il s'est donné lui-même pour nous, et nous lui contestons trop souvent ce qu'il nous demande en retour. » Que Dieu nous accorde la grâce de sentir notre ingratitude, et de chercher premièrement son royaume et sa justice!

D. PROMESSES DE JÉSUS A SES FIDÈLES.

Parall. Marc x, 28.

27 Alors Pierre prenant la parole, lui dit : Tu vois que nous avons tout quitté pour te suivre; quel bien 28 nous en arrivera-t-il? Jésus leur répondit : Je vous dis en vérité que lorsque le Fils de l'homme sera assis sur le trône de sa gloire, dans le renouvellement *qui doit arriver,* vous qui m'avez suivi, vous serez assis sur douze trônes, pour juger les 29 douze tribus d'Israël. Et quiconque aura quitté des maisons, des frères, ou des sœurs, *son* père, ou *sa* mère, *sa* femme, *ses* enfants, ou ses terres, à cause de mon nom, en recevra cent fois autant, et héritera la vie éternelle.

Nous avons fait tout ce que tu demandes de ce jeune homme riche; quelles récompenses en aurons-nous? Il songeait sans doute à des récompenses terrestres.

Dans le renouvellement, c'est-à-dire, dans la résurrection, lorsque *Christ fera toutes choses nouvelles.* (Voyez Apocal. xxi, 1-5. 1 Cor. ii, 9.) Ces expressions figurées indiquent un très-haut degré de gloire et de bonheur.

Et ce n'est pas seulement à vous que de glorieuses récompenses seront accordées dans les cieux; elles sont réservées à tous ceux qui auront fait des sacrifices pour la cause de l'Évangile; quels que soient les biens qu'ils aient sacrifiés, ils en recevront de bien plus grands, et pour l'éternité.

3o Plusieurs *de ceux qui* *étaient* les premiers seront les derniers ; et plusieurs de ceux qui *étaient* les derniers, *seront* les premiers.

Ce verset devrait commencer le chapitre xx qui le développe. (Voyez une note à la fin du chap. ix , v. 35.)

Ne regardons point cette terre comme le lieu des ré-tributions ; elle est, pour tous, le séjour de l'épreuve ; mais dirigeons nos yeux, nos pensées, nos espérances, vers la nouvelle terre où toute bonne œuvre sera comp-tée, où tout dévouement à Dieu et à Jésus aura sa ré-compense, où revivront plus grandes et plus douces toutes les pures affections d'ici-bas.

Je sais que mon Rédempteur est vivant, et qu'après que ma peau sera devenue la proie des vers, je verrai Dieu.

CHAPITRE XX.

A. PARABOLE DES OUVRIERS APPELÉS A DES HEURES DIFFÉRENTES.

1 Car ce qui arrive dans le royaume des cieux est semblable à ce que fit un père de famille, qui sortit dès la pointe du jour, afin

Plusieurs de ceux qui étaient les premiers seront les derniers, etc. ; car ce qui arrive dans l'éta-blissement du règne de Dieu est comparable à ce que fit, etc.

de louer des ouvriers pour

2 *travailler* à sa vigne ; et ayant accordé avec eux à un denier par jour, il les

3 envoya à sa vigne. Il sortit encore sur la troisième heure *du jour*, et en ayant vu d'autres qui étaient dans la place, sans rien

4 faire, il leur dit : Allez-vous-*en* aussi à ma vigne, je vous donnerai ce qui

5 sera raisonnable ; et ils y allèrent. Il sortit encore environ la sixième heure, et la neuvième, et il en

6 fit de même. Enfin étant sorti vers la onzième heure du jour, il en trouva d'autres qui étaient oisifs, auxquels il dit : Pourquoi êtes-vous ici tout le jour

7 sans rien faire. C'est que personne, lui dirent-ils, ne nous a loués. Il leur dit donc : Allez-vous-en aussi à ma vigne, et on vous donnera ce qui sera raisonnable.

Le denier valait environ 75 centimes ; c'était le prix ordinaire de la journée d'un ouvrier.

Les Juifs divisaient le temps compris entre le lever et le coucher du soleil, en douze heures. Comme la longueur des jours n'est pas aussi variable en Palestine que dans notre climat, ces heures ne différaient pas beaucoup de grandeur selon les saisons. La troisième heure du jour, c'est-à-dire la troisième après le lever du soleil, répond à peu près à 9 heures du matin ; la sixième, à midi, etc. Le jour finissait avec la douzième heure.

Lorsque Simon Pierre disait à Jésus : *Tu vois que nous avons tout quitté pour te suivre ; quel bien nous en arrivera-t-il*, il y avait sans doute chez cet apôtre et chez ses compagnons, un reste de l'orgueil qu'ils avaient manifesté en demandant lequel d'entr'eux serait le premier dans le royaume du ciel. (C'est ce que confirment les versets 20 à 23 de ce chapitre xx.) Ils pensaient qu'ayant été appelés les premiers à suivre Jésus, ce privilége leur assurait dans le règne du Messie, qu'ils étaient toujours disposés à se représenter comme un règne terrestre, une gloire toute particulière. Le Sauveur rectifie leurs idées à cet égard, en leur apprenant,

8 Sur le soir, le maître de la vigne dit à son économe : appelle les ouvriers, et paie-*les*, en commençant depuis les derniers

9 jusqu'aux premiers. Ceux donc qui n'étaient venus que sur la onzième heure s'étant approchés, reçurent chacun un denier.

10 Ceux qui étaient venus les premiers s'attendaient de recevoir davantage ; mais ils ne reçurent non plus

11 qu'un denier chacun. Et en le recevant ils murmuraient contre le père de

12 famille : Ces derniers, disaient-ils, n'ont travaillé qu'une heure, et tu les a égalés à nous qui avons supporté la chaleur et la fatigue de tout le jour.

13 Mais il répondit à l'un d'eux : Mon ami, je ne te fais point de tort, n'as-tu pas convenu avec moi à un

14 denier *par jour*. Prends

comme nous l'avons vu à la fin du chapitre qui précède, que les grands sacrifices qu'ils font pour l'amour de lui, recevront, il est vrai, de magnifiques récompenses dans la vie future ; mais que tous ceux qui auront fait de grands sacrifices pour la même cause de l'Évangile recevront également de glorieuses récompenses ; et que ce ne sera pas la circonstance d'avoir été appelés plus tôt ou plus tard à cette cause qui déterminera l'étendue de leur bonheur à venir. La parabole des ouvriers de la vigne est destinée à rendre cet enseignement plus sensible et à le justifier aux yeux des apôtres. Le sens général de cette similitude peut être exprimé ainsi : *Un père de famille qui a loué des ouvriers pour sa vigne, à différentes heures du jour, est libre d'accorder à ceux qui sont venus les derniers la même rétribution qu'aux premiers ; de même le Père céleste, qui appelle les uns plus tôt, les les autres plus tard à la connaissance et à la propagation de l'Évangile, ne peut être taxé d'injustice s'il accorde à tous, dans son royaume, les mêmes récompenses.*

ce qui est à toi, et vat-'en : pour moi, je veux donner à ce dernier autant qu'à 15 toi. Ne m'est-il pas permis de faire ce que je veux de ce qui est à moi ? ton œil est-il malin parce 16 que je suis bon ? Ainsi les derniers seront les premiers, et les premiers seront les derniers; car il y en a beaucoup d'appelés, mais peu d'élus.

Si je suis bon, dois-tu le voir de mauvais œil ?

Comme parmi le grand nombre de ceux qui sont appelés à l'É-vangile, il y en a peu, à propor-tion, qui s'y montrent vraiment fidèles, il en résultera que beau-coup de ceux qui ont été appelés les premiers, mais qui n'ont de mes disciples que le nom, seront placés aux derniers rangs dans la vie à venir; et que plusieurs de ceux qui ont été appelés plus tard seront aux premiers rangs, à cause de leur entière fidélité.

Notre vie peut se comparer à une journée de travail. La jeunesse est le commencement de la journée; la vieillesse en est la fin. A différentes heures, Dieu nous adresse de pressants appels pour nous attirer dans sa vigne, pour nous exciter à avancer son règne, et à gagner notre éternelle récompense par notre foi, nos travaux, nos progrès. Répondons de tout notre cœur à chacun de ces appels, afin que vers le soir de la vie nous nous présentions avec confiance devant le Père de famille pour voir l'accomplissement de ses promesses.

L'envieux regarde d'un mauvais œil les bénédictions que Dieu accorde à ses frères ; il serait content de ce qu'il a , si d'autres n'avaient pas autant ou davantage. Le vrai chrétien se réjouit sincèrement de toutes les grâces répandues sur les enfants de son Père céleste.

L'envie est la vermoulure des os.

B. JÉSUS PRÉDIT SON SORT.

Parall. Marc x, 32. Luc xviii, 34.

17 Or, comme Jésus était en chemin pour aller à Jérusalem, il prit en particulier ses douze disciples,

18 et leur dit : Nous allons à Jérusalem, et le Fils de l'homme sera livré aux principaux sacrificateurs et aux scribes, qui le condamneront à la mort. Ils

19 le livreront aux Gentils pour servir de risée, pour être fouetté et crucifié ; mais il ressuscitera le troisième jour.

A mesure que l'heure de ses souffrances approche, Jésus annonce toujours plus clairement sa destinée. Les apôtres avaient besoin de nombreux avertissements à cet égard, car l'idée d'un règne terrestre, d'un Messie temporel, ne pouvait s'éloigner de leur esprit, comme on le voit dans le paragraphe suivant.

Sept cents années avant cette prédiction , le prophète

Esaïe avait dit de Jésus : Il est le méprisé et le rejeté des hommes, homme de douleurs et sachant ce que c'est que la langueur. Il a été mené à la boucherie comme un agneau. Après qu'il aura mis son âme en oblation pour le péché, il se verra de la postérité, il prolongera ses jours. *Qui peut méditer les oracles de l'ancienne et de la nouvelle alliance sans être pleinement affermi dans la foi ?*

C. AMBITION DES FILS DE ZÉBÉDÉE. — L'HUMILITÉ ENSEIGNÉE AUX APÔTRES.

Parall. Marc x, 35. Luc xxii, 24.

20 En ce même temps la mère des fils de Zébédée s'approcha de Jésus avec eux, et se prosterna pour lui demander quelque 21 chose. Il lui dit : Que veux-tu ? Elle répondit : Ordonne que mes deux fils que voilà soient assis l'un à ta droite, et l'autre à ta gauche dans 22 ton royaume. Mais Jésus leur répondit : Vous ne savez ce que vous deman-

La mère de Jacques et de Jean, fils de Zébédée, se nommait Salomé. Elle était du nombre des saintes femmes qui souvent accompagnaient Jésus. Sans doute les grandes promesses que le Sauveur avait faites à ses apôtres (chap. xix, v. 28), lui était connues, mais elle ne les avait pas bien comprises. Elle demandait pour ses deux fils les places les plus élevées dans le royaume terrestre du Messie, car les rois de l'Orient faisaient asseoir à leur droite l'homme qu'ils voulaient le plus honorer, et à leur gauche celui qui tenait la seconde place dans leur considération et dans leur amitié. Mais Jésus répondit, en s'adressant à Jacques et à Jean.

dez; pouvez-vous boire la coupe que je dois boire, et être baptisés du baptême dont je dois être baptisé? Ils lui dirent :

23 Nous le pouvons. Il est vrai, leur répliqua Jésus, que vous boirez la même coupe que je boirai, et que vous serez baptisés du même baptême dont je serai baptisé; mais pour ce qui est d'être assis à ma droite ou à ma gauche, ce n'est pas à moi de l'accorder; cela ne sera donné qu'à ceux à qui mon Père l'a destiné.

24 Les dix *autres* disciples ayant ouï *cela*, furent indignés contre ces deux

25 frères. Et Jésus les ayant appelés, *leur* dit : Vous savez que les princes des nations les maîtrisent, et que les grands leur commandent avec empire; mais il n'en doit pas

26 pire;

qui s'étaient associés à la demande de leur mère (Marc x, 35): Vous ne savez ce que vous demandez, quand vous me priez de vous faire partager mon sort sur la terre; pourriez-vous supporter les souffrances que je dois endurer? Ils répondirent, avec confiance en leur courage : nous le pouvons, nous sommes prêts à les supporter. Jésus, lisant dans l'avenir, leur dit : En effet; vous serez soumis à des persécutions et à des souffrances semblables à celles que je dois subir; mais pour ce qui est de la dignité que vous demandez, c'est à Dieu seul à l'accorder. (La coupe est une image fréquemment employée dans le langage oriental pour désigner le sort en général, et les souffrances en particulier. Être baptisé du même baptême, ou être inondé par les mêmes eaux, signifie être plongé dans les mêmes douleurs).

Contre ces deux frères qui voulaient s'élever au-dessus d'eux.

Mais vous ne devez point imi-

être de même parmi vous; au contraire, quiconque voudra s'élever parmi vous, qu'il soit le serviteur des autres; et quiconque 27 voudra être le premier entre vous, qu'il soit votre esclave. C'est ainsi que 28 le Fils de l'homme n'est pas venu pour être servi, mais pour servir, et donner sa vie pour la rançon de plusieurs.

ter l'exemple des princes et des grands; au contraire : que le plus grand entre vous soit comme le moindre, et celui qui gouverne comme celui qui sert (Luc XXII, 26).

Ne murmurons point, et ne perdons point courage si Dieu ne nous accorde pas toujours ce que nous demandons dans nos prières; souvent, comme les fils de Zébédée, nous ne savons pas ce que nous demandons, nous souhaitons des avantages temporels qui contribueraient à nous éloigner de Dieu; mais Dieu sait et veut tout ce qui nous est bon; prions donc avec humilité et avec confiance.

Le Fils unique de Dieu est venu sur la terre non pour être servi, mais pour servir; comment oserions-nous prétendre au titre de ses disciples, de ses fidèles, si l'ambition régnait dans nos âmes, si nous estimions les autres, si nous nous estimions nous-mêmes d'après les avantages du rang, de la naissance, de la fortune; ne tenant aucun compte de l'exemple d'humilité et de dévouement que nous a donné le Sauveur des hommes?

Puissions-nous dire avec le roi-prophète : O Éternel! mon cœur ne s'est point élevé; je n'ai point porté trop haut mes regards !

D. Jésus guérit deux aveugles a Jéricho.

29 Comme ils sortaient de Jéricho, il fut suivi d'une
30 grande foule de peuple; et deux aveugles qui étaient assis au bord du chemin, ayant appris que Jésus passait, se mirent à crier : Seigneur, fils de David,
31 aie pitié de nous ! Or, le peuple les reprit pour les faire taire; mais ils criaient encore plus fort : Seigneur, fils de David, aie
32 pitié de nous. Alors Jésus s'arrêta, et les ayant fait approcher, il leur dit : Que voulez-vous que je fasse
33 pour vous? Ils lui dirent : Seigneur, que tu nous
34 rendes la vue. Jésus donc étant ému de compassion,

Jéricho, ville de la tribu de Benjamin, près du Jourdain, à 7 lieues Est de Jérusalem.

En appelant Jésus *Fils de David*, ils le reconnaissaient ouvertement comme le Messie.

leur toucha les yeux. Aussitôt ils recouvrèrent la vue,
et ils le suivirent.

Disciple de Jésus-Christ, sois ému de compassion pour tous ceux qui souffrent de quelque infirmité, de quelque maladie, de quelque privation pénible ; efforce-toi d'adoucir leur épreuve, d'affermir leur courage ; tu peux beaucoup pour eux ; par la parole de ton Maître tu les consoleras, tu leur feras trouver des douceurs dans une tranquille résignation, tu feras même connaître la joie à leurs cœurs par les célestes espérances.

Le chagrin qui est au cœur de l'homme l'accable, mais la bonne parole le réjouit.

CHAPITRE XXI.

A. ENTRÉE DE JÉSUS A JÉRUSALEM.

Parall. Marc xi, 1. Luc xix, 28. Jean xii, 12.

1. Comme ils approchaient de Jérusalem, et qu'ils étaient déjà à Bethphagé, près de la montagne des Oliviers, Jésus envoya 2 deux de ses disciples, en leur disant : Allez à cette

Bethphagé était un petit bourg au pied du mont des Oliviers. Le mont des Oliviers, ainsi nommé à cause des arbres qui y abondaient, était à vingt minutes de Jérusalem.

bourgade qui est devant vous ; vous y trouverez d'abord une ânesse attachée, et *son* ânon avec elle ; détachez-les, et amè-

3 nez-les-moi. Si l'on vous dit quelque chose, répondez que le Seigneur en a besoin ; et aussitôt on les

4 laissera aller. Or tout cela se fit, afin que ces paroles du prophète fussent ac-

5 complies : Dites à la fille de Sion : Voici ton roi qui vient à toi, plein de douceur, et monté sur un ânon, le poulain d'une ânesse qui porte le joug.

6 Les disciples allèrent donc, et firent ce que Jésus leur avait ordonné ; Ils

7 amenèrent l'ânesse et l'ânon ; ils mirent leurs vêtements dessus, et l'y

8 firent asseoir. Alors des gens en grand nombre étendaient leurs vêtements sur son passage ;

L'âne de ces contrées, bien supérieur en force et en beauté à celui de nos climats, était monté par les princes et les rois. De nos jours encore cet animal est fort estimé en Orient.

Ils appartenaient sans doute à un ami du Sauveur. L'Évangile selon saint Jean qui raconte les différents voyages de Jésus à Jérusalem, nous montre que Jésus était bien connu dans ce pays. C'est à Béthanie, bourg voisin de Bethphagé, que demeuraient Lazare et Simon le lépreux, tous deux amis de notre Seigneur.

— *La fille de Sion*, c'est-à-dire, *Jérusalem*, élevée en partie sur la colline de Sion (Zacharie ix. 9).

Le vêtement supérieur, fait d'une seule pièce, pouvait être plié de manière à devenir un siége commode.

Ces démonstrations de joie et de respect étaient en usage lorsqu'on recevait un roi dans une ville.

d'autres coupaient des branches d'arbres, et en jonchaient les chemins.

9 Ceux qui allaient devant et ceux qui suivaient, criaient : Hosanna au Fils de David ! Béni *soit* celui qui vient au nom du Seigneur ! Hosanna dans les lieux très-hauts.

10 Quand il fut entré dans Jérusalem, toute la ville fut émue, et chacun demandait : Qui est celui-ci ?

11 Et le peuple qui l'accompagnait, disait : C'est Jésus, le prophète de Nazareth en Galilée.

Hosanna est une exclamation qui signifie proprement *sauve, je te prie*, et qui exprime un souhait ardent de bonheur, pour celui à qui elle se rapporte. Elle répond à peu près à ces mots : *Dieu sauve le roi !* La multitude se persuadait sans doute que Jésus entrait à Jérusalem pour commencer son règne glorieux sur le peuple d'Israël.

Chrétien, que ton cœur se réjouisse et tressaille d'allégresse quand tu vois le nom de Jésus béni dans une famille, dans une cité ; et que l'exemple de ton amour pour le Sauveur des hommes attache à lui des cœurs dévoués et fidèles.

C'est peu d'emprunter les accents du Roi-prophète pour chanter la louange du Rédempteur des peuples, pour célébrer la miséricorde du Père qui nous a aimés jusqu'à nous donner son Fils.

Mon âme, bénis l'Éternel, et que tout ce qui est au-dedans de moi bénisse son saint nom !

B. JÉSUS CHASSE DU TEMPLE CEUX QUI LE PROFANENT.

Parall. Marc xi, 15. Luc xix, 45. Jean ii, 15.

12 Ensuite Jésus entra dans le temple de Dieu, et il en chassa tous ceux qui vendaient et qui achetaient. Il renversa aussi les tables des changeurs, et les siéges de ceux qui 13 vendaient des pigeons. Et il leur dit : Il est écrit : Ma maison sera appelée une maison de prières ; mais vous en avez fait une caverne de voleurs.

Jésus montra bientôt que son règne n'était pas de ce monde ; il ne profita de l'autorité que lui donnait le saint enthousiasme de la multitude que pour purifier le temple des profanations qui le souillaient.

Dans la partie extérieure du temple, appelée *Parvis des Gentils* (voy. Introd, page xxii), se tenaient des marchands et des changeurs ; les premiers vendaient aux Juifs étrangers des victimes, des parfums, de l'huile et du vin pour les sacrifices ; les seconds échangeaient l'argent étranger contre la monnaie juive qui seule était reçue dans le trésor du temple.

Le passage : *Ma maison sera appelée*, etc., est une citation d'Esaïe lvi, 7 ; et de Jérémie vii, 11. Le commerce qui se faisait dans le temple était accompagné de diverses fraudes.

Que le temple de Dieu soit toujours pour nous une maison de prière ; portons-y des âmes attentives et recueillies, pensons-y sans cesse à la présence de l'Eternel, et ne quittons jamais le sanctuaire sans avoir fait de notre cœur purifié, un temple consacré à toute heure au service du Père céleste.

Mon cœur me dit de ta part : Cherchez ma face. Je chercherai ta face, ô Eternel.

Je me prosternerai dans le palais de ta sainteté avec le respect qui l'est dû.

C. LA LOUANGE DANS LA BOUCHE DES ENFANTS.

Parall. Marc. xi, 18.

14 Alors des aveugles et des boiteux vinrent à lui dans le temple, et il les 15 guérit. Mais les principaux sacrificateurs et les scribes voyant les merveilles qu'il venait de faire, et que les enfants criaient dans le temple : Hosanna au Fils de David ! ils en furent 16 indignés, et ils lui dirent : Entends-tu ce que disent ces enfants? Oui, leur répondit Jésus. N'avez-vous jamais lu *ces paroles* : Tu as tiré la louange la plus parfaite de la bouche des

Les sacrificateurs et les scribes étaient transportés d'indignation et de dépit, en voyant l'enthousiasme du peuple pour celui qui avait démasqué leur hypocrisie et leur orgueil.

Psaume viii, v. 3. *Ces paroles du roi prophète sont applicables aux enfants que vous entendez; leur esprit simple et droit recon-*

enfants, et de ceux qui 17 sont à la mamelle. Et les ayant laissés, il sortit de la ville et alla à Béthanie, où il passa la nuit.

naît mieux la vérité, que vous, dont la raison est aveuglée par les préjugés.

Béthanie était à 3⁄4 de lieue de Jérusalem, au pied de la montagne des Olives.

Enfants, bénissez Dieu d'avoir des parents qui vous apprennent à louer le Seigneur du cœur et de la voix, à donner votre admiration et votre amour à tout ce qui est digne de louange. Parents, vous êtes bienheureux si Dieu dit de vous ce qu'il a dit du patriarche Abraham : Je sais qu'il commandera à ses enfants et à sa maison, après lui, de garder la voie de l'Eternel, pour faire ce qui est droit.

D. LE FIGUIER DESSÉCHÉ.

Parall. Marc XI, 13.

18 Le matin, comme il retournait à la ville, il eut 19 faim; et voyant un figuier sur le chemin, il s'en approcha; mais n'y ayant trouvé que des feuilles, il lui dit : Que jamais il ne naisse plus aucun fruit de toi; et à l'instant le figuier

Ceci eut lieu dans le mois de mars. Quoique ce ne fût pas alors la saison des figues, il arrivait souvent en Palestine qu'à cette

20 sécha. Les disciples, étonnés de ce qu'ils voyaient, dirent : Comment ce figuier est-il devenu sec en un instant ? Jésus leur répondit : Je vous dis en vérité que si vous aviez la foi, et que vous ne doutiez point, non-seulement vous feriez ce que je viens de faire à ce figuier, mais même si vous disiez à cette montagne, ôte-toi de là, et va te jeter dans la mer, *cela se ferait.*

22 Tout ce que vous demanderez avec foi dans vos prières, vous l'obtiendrez.

époque, des figues d'hiver fussent encore sur l'arbre. Le figuier sécha à l'instant, et le lendemain, en passant par le même chemin, les disciples remarquèrent que cet arbre était sec jusqu'à la racine (Marc xi, 20). La différence qu'on a remarquée ici entre saint Mathieu et saint Marc n'est qu'apparente. Nous entrerons dans quelques détails sur les différences qu'offrent entr'eux les quatre récits de la vie du Sauveur, à mesure que ces différences se présenteront à nos yeux dans l'explication des trois autres évangiles. (Voyez l'Introd. page xiii.)

Le Sauveur voulut, par la sentence prononcée sur le figuier, donner à ses disciples une leçon de foi, en leur montrant de quels prodiges ils seraient capables, s'ils croyaient fermement au pouvoir que Dieu avait dessein de leur confier ; et s'ils demandaient ce pouvoir avec une entière assurance ; mais le miracle du figuier desséché avait peut-être en même temps pour but de représenter, par une image frappante, le jugement contenu dans ce chapitre et dans les trois chapitres suivants, sur la nation juive, de laquelle Dieu avait attendu vainement du fruit, et qui devait être détruite.

Une vie stérile, une vie sans fruit de sanctification pour soi-même, de paix et de bonheur pour autrui, mène à la perdition de l'âme.

Combien de fruits Dieu ne doit-il pas attendre de nous, après nous avoir éclairés des lumières de l'Evangile ?

Qu'y avait-il à faire de plus à ma vigne que je ne lui ai fait ? Pourquoi, lorsque j'attendais qu'elle produisît des raisins, a-t-elle produit des grappes sauvages ? Maintenant donc, écoutez ce que je vais faire à ma vigne : J'ôterai sa haie, et elle sera broutée ; je romprai sa cloison, et elle sera foulée aux pieds.

Je suis l'Eternel qui sonde les cœurs et les reins pour rendre à chacun selon le fruit de ses œuvres.

E. L'AUTORITÉ DE JÉSUS. — LES DEUX FILS ENVOYÉS A LA VIGNE.

Parall. Marc xi, 27. Luc xx, 1.

25 Quand Jésus fut venu dans le temple, les principaux sacrificateurs et les sénateurs de la nation vinrent à lui, comme il enseignait, et lui dirent : Par quelle autorité fais-tu ces choses, et qui est-ce qui t'en a donné le pouvoir ? Jésus leur répondit :

24 Je vous ferai aussi une question, et si vous m'y répondez, je vous dirai par quelle autorité je fais

On avait rapporté aux membres du Sanhédrin que Jésus était entré glorieusement à Jérusalem, et qu'il avait purifié le temple. Ces hommes, remplis de haine pour le Sauveur, lui envoyèrent quelques-uns des leurs pour lui demander de quel droit il s'arrogeait une telle autorité. Ils espéraient sans doute que Jésus répondrait en se déclarant ouvertement comme le Messie, comme agissant au nom de Dieu, ce qui devait leur fournir une accusation de blasphême contre lui. Notre Seigneur leur répondit de manière à les faire renoncer à leur question insidieuse. Son heure n'était pas encore venue.

25 ces choses. D'où venait le baptême de Jean? du ciel, ou des hommes? — Mais ils raisonnaient ainsi en eux-mêmes : Si nous disons qu'il venait du ciel, il nous dira : Pourquoi donc n'y avez-vous pas

26 cru? Et si nous disons qu'il venait des hommes; nous craignons le peuple; car tous regardent Jean

27 comme un prophète. Ils répondirent donc à Jésus: Nous n'en savons rien. Et moi, leur dit-il, je ne vous dirai pas non plus par quelle autorité je fais

28 ces choses. Mais, que vous semble de ce que je vais vous dire? Un homme avait deux fils, et s'adressant au premier, il *lui* dit : *Mon* fils, va aujourd'hui

29 travailler à ma vigne. Il lui répondit : Je n'y veux point aller. Cependant, s'é-

30 tant repenti, il y alla.

Le baptême de Jean (c'est-à-dire le ministère de Jean-Baptiste, dans lequel on recevait le baptême, en signe de repentance) était-il revêtu d'une autorité divine, ou seulement d'une autorité humaine?

Pourquoi donc ne vous êtes-vous pas convertis, à la prédication de Jean; et pourquoi n'avez-vous pas cru par conséquent au témoignage qu'il a rendu de moi?

Et moi, leur dit-il, je ne vous dirai pas non plus par quelle autorité je fais ces choses; si vous vouliez sincèrement vous éclairer à cet égard, les preuves ne vous manqueraient pas.

Le premier fils représente un grand nombre de Juifs corrompus, de péagers, de gens de mauvaise vie, qui d'abord avaient secoué le joug de la loi de Dieu, mais qui ensuite s'étaient repentis, à la voix de Jean-Baptiste. Le second est l'image de la plupart des pharisiens, des sacrificateurs et des scribes, qui prétendaient être entièrement soumis à la loi

Puis, s'adressant à l'autre, il lui dit la même chose. Celui-ci répondit: J'y vais, Seigneur; et il n'y alla

31 point. Lequel des deux a fait la volonté de son père? Le premier, dirent-ils. Alors Jésus leur dit : Je vous dis en vérité que les péagers et les femmes de mauvaise vie vous devancent dans le royaume de

32 Dieu. Car Jean est venu dans la voie de la justice, et vous n'avez point cru à sa parole; mais les péagers et les femmes de mauvaise vie l'ont cru ; et vous, qui avez vu *cela*, vous ne vous êtes point repentis, et vous n'avez point cru ce qu'il vous a dit.

divine, tout en la violant dans ses préceptes les plus essentiels, et qui avaient *rejeté le dessein de Dieu à leur égard* en repoussant *le baptême de repentance,* auquel ils avaient été appelés par le précurseur de Jésus-Christ.

Les vicieux qui sentaient leur misère et qui s'en repentaient, étaient plus près de la bonne voie que les pharisiens orgueilleux et hypocrites, qui se croyaient les meilleurs de tous les hommes à cause de leurs vaines apparences de piété, et qui ne sentaient nullement le besoin de la repentance et du progrès.

Jean est venu enseignant et pratiquant la justice, la volonté de Dieu.

Votre endurcissement est donc bien coupable.

Voyez avec quel mélange inouï de prudence et de franchise, d'énergie et de douceur, de simplicité et de noblesse, Jésus impose le silence à ses ennemis les plus ardents ! Un homme a-t-il jamais conservé ce calme, cette

grandeur, cette parfaite égalité de caractère, au milieu
dès contradictions et des embûches?

Efforçons-nous de nous approcher de ce divin modèle.
Quand nous serons appelés à discuter sur quelques points
religieux, que notre langage, comme notre conduite,
montre toujours à quel Maître nous appartenons.

Sommes-nous du nombre de ces enfants de Dieu qui
sont retournés à lui avec larmes? Ne sommes-nous point
de ceux qui s'estiment justes, et ne croient point avoir
besoin de repentance? Hâtons-nous de sonder nos cœurs,
de reconnaître notre indignité. A qui regarderai-je? dit
l'Eternel; à celui qui a le cœur brisé et qui tremble
à ma parole.

F. PARABOLE DES VIGNERONS MEURTRIERS. — LA PRINCIPALE PIERRE DE L'ANGLE.

Parall. Marc xii, 1. Luc xx, 9.

33 Ecoutez une autre si-
militude : Un père de fa-
mille planta une vigne, il
l'environna d'une haie, il
y fit un pressoir, il y bâ-
tit une tour; puis il la
loua à des vignerons, et
s'en alla faire un voyage.

On construisait dans les campagnes des tours du haut desquelles on veillait sur les fruits.

Il l'afferma à des vignerons contre une part des fruits.

34 Quand le temps de la ré-

Dans cette parabole, *le père*

colte fut proche, il envoya des serviteurs aux vignerons ; pour recevoir d'eux les fruits *de sa vigne.*

35 Mais les vignerons, s'étant saisis de ses serviteurs, battirent l'un, tuèrent l'autre, et en lapidèrent

36 un troisième. Il leur envoya encore d'autres serviteurs en plus grand nombre que les premiers, et

37 ils les traitèrent de même. Enfin il leur envoya son *propre* fils en disant : Ils auront du respect pour

38 mon fils. Mais, quand les vignerons virent le fils, ils dirent entr'eux : Voici l'héritier ; venez, tuons-le et emparons-nous de

39 son héritage. S'étant saisis de lui, ils le jetèrent hors de la vigne et le tuè-

40 rent. Quand donc le maître de la vigne sera venu, que fera-t-il à ces vigne-

41 rons ? Ils lui répondirent :

de famille, c'est Dieu. *La vigne,* c'est le peuple d'Israël. *La haie, le pressoir et la tour* représentent les institutions que Dieu avait données à ce peuple, les bienfaits, les tendres soins dont il l'avait environné. *Les vignerons* sont les sacrificateurs, les sénateurs et les pharisiens ; les chefs du peuple, auxquels la nation avait été confiée, et qui devaient lui faire porter *des fruits,* lui faire tenir une conduite agréable à Dieu. *Les serviteurs* sont les prophètes que Dieu avait envoyés aux Israélites, et qui avaient été maltraités par les premiers de la nation. *Le Fils* est Jésus-Christ, envers qui les principaux du peuple agirent comme s'ils avaient tenu le langage des vignerons. (N'oublions pas que dans les paraboles, on doit s'attacher moins aux détails qu'à l'idée générale et essentielle.)

Ils ne comprirent pas que cette

Il exterminera ces mé-
chants, et il louera sa vigne à d'autres vignerons,
qui lui en rendront les
42 fruits dans la saison. Jésus leur dit encore : N'a-
vez-vous jamais lu ces paroles de l'Écriture : La
pierre que ceux qui bâtis-
saient ont rejetée, est dé-
venue la principale pierre
de l'angle ; ceci a été fait
par le Seigneur, et nous
43 le voyons avec admiration?
C'est pourquoi je vous dis
que le royaume de Dieu
vous sera ôté, et qu'il
sera donné à une nation
44 qui en rendra les fruits.
Celui qui tombera sur
cette pierre s'y brisera,
et celui sur qui elle tombera en sera écrasé.
45   Quand les principaux
sacrificateurs et les pharisiens eurent entendu ces
paroles, ils comprirent
46 qu'il parlait d'eux ; c'est

parabole s'appliquait à eux, et
prononcèrent eux-mêmes, sans
y prendre garde, leur sentence
de condamnation. Un peu plus
tard (v. 45), ils reconnurent que
Jésus parlait de leur conduite
et de leur sort.

Ces paroles prophétiques du
psaume cxviii, v. 22, annon-
çaient que les principaux de la
nation rejetteraient le Christ,
mais qu'il deviendrait la pierre
angulaire, le fondement d'un
édifice religieux qui s'élèverait
par la puissance du Seigneur, en
excitant l'admiration des hommes.

*D'après la similitude des vi-
gnerons et d'après les paroles du
psalmiste, sachez, premièrement,
que le royaume de Dieu (le règne
de l'Évangile) vous sera ôté pour
se répandre chez un peuple nouveau (formé de mes vrais disciples), qui produira des fruits
agréables à Dieu. Sachez, secon-
dement, que celui qui tombera
sur cette pierre dont parle le roi
prophète, celui qui s'opposera à
l'œuvre que Dieu veut fonder par
son Fils, brisera sa force, verra
tous ses efforts renversés ; et que
celui sur qui cette pierre tombera,
celui sur qui le Fils de Dieu exercera ses jugements, en punition
de l'incrédulité et de l'impénitence, sera réduit à la plus malheu-
reuse destinée.*

pourquoi ils cherchaient
à se saisir de lui; mais ils
craignirent le peuple,
parce qu'il regardait Jésus
comme un prophète.

Magistrats, pères et mères de famille, maîtres, instituteurs, ministres de Jésus-Christ, songez bien en lisant les sentences prononcées contre les chefs de la nation juive, qu'il vous sera demandé compte au jour du jugement de la manière dont vous éclairez et sanctifiez les âmes qui sont remises à vos soins. Cultivez donc avec sollicitude la vigne que le Seigneur vous a confiée, afin qu'elle porte beaucoup de fruits.

Malheur à ceux qui se servent de leur science, de leurs talents, de leur pouvoir pour lutter contre la Parole de Dieu, contre la religion de Jésus-Christ! leur espoir insensé se changera en confusion, et les malheureux qu'ils égarent élèveront la voix contre eux devant le tribunal de l'Eternel.

CHAPITRE XXII.

A. PARABOLE DES NOCES.

Parall. Luc xiv, 16.

1　　Jésus, continuant à parler en paraboles, leur dit :

2 Le royaume des cieux est semblable à un roi qui faisait les noces de son

3 fils. Il envoya ses serviteurs pour appeler ceux qui avaient été invités aux noces ; mais ils ne voulurent point y venir. Il en-

4 voya encore d'autres serviteurs, avec ordre de dire aux conviés : J'ai fait préparer mon festin, mes bœufs et mes bêtes grasses sont tués, tout est prêt ;

5 venez aux noces. Mais eux, sans y avoir aucun égard, s'en allèrent, l'un à sa métairie, et l'autre à

6 son trafic. Les autres se saisirent de ses serviteurs, les outragèrent et les tuè-

7 rent. Quand le roi l'eut appris, il en fut irrité, et ayant envoyé ses troupes, il fit périr ces meurtriers,

8 et brûla leur ville. Alors il dit à ses serviteurs : Le festin des noces est prêt,

Ce qui arrivera dans l'établissement de l'Évangile est comparable à ce qui se passa lorsqu'un roi fit le repas de noces de son fils.

Voici le sens de cette parabole prophétique : Dieu a appelé d'abord au bienheureux banquet de son Fils, aux bienfaits de l'Évangile de Christ, le peuple qu'il avait choisi, le peuple hébreu, et lui a envoyé pour cela un certain nombre de serviteurs (les apôtres pendant la vie de leur maître); mais le peuple ne s'est point rendu à cet appel. Dieu lui enverra donc encore d'autres serviteurs, qui l'appelleront avec plus d'instances à l'Évangile (les apôtres après l'ascension de Jésus-Christ); mais les enfants d'Israël n'obéiront point à ces invitations pressantes ; les uns y demeureront indifférents ; les autres persécuteront, outrageront et feront périr plusieurs des divins envoyés; ainsi ils attireront sur eux et sur leur

mais ceux qui étaient in-
vités n'en étaient pas di-
9 gnes; allez donc, voyez
dans les carrefours, et in-
vitez aux noces tous ceux
10 que vous trouverez. Les
serviteurs, étant allés dans
les chemins, rassemblè-
rent tous ceux qu'ils trouvèrent, bons et mauvais,
en sorte que la salle des
noces se trouva remplie
des personnes qui étaient
11 à table. Mais le roi, étant
entré pour voir ceux qui
étaient à table, aperçut
un homme qui n'avait pas
12 un habit de noces; et il
lui dit : Mon ami, com-
ment es-tu entré ici sans
avoir un habit de noces ?
Et *cet homme* eut la bou-
13 che fermée. Alors le roi
dit à ses serviteurs : liez-
lui les pieds et les mains,
emportez-le, et le jetez
dehors dans les ténèbres;
c'est là qu'il y aura des

*ville de terribles châtiments (la
ruine de Jérusalem et les malheurs de la nation juive). Après
que le peuple d'Israël aura ainsi
repoussé l'Évangile, Dieu ordonnera à ses serviteurs (Actes XIII,
46), d'appeler au christianisme
tous les hommes, quels qu'ils soient;
ils les appelleront en effet, sans
distinction de patrie, de culte,
de vie antérieure, en sorte que
l'église chrétienne comptera une
multitude de personnes dans son
sein. Toutefois ceux qui entreront dans l'église ne seront pas
tous de véritables chrétiens, ne
revétiront pas tous les dispositions
que le Sauveur demande de ses
disciples; or, celui qui aura refusé
de les revêtir sera toujours reconnu de Dieu, et ne pourra tenir en
jugement devant lui, ni échapper
aux peines des méchants.*

*Les rois et les princes de l'O-
rient avaient coutume, lorsqu'ils
donnaient une fête, de préparer
les vêtements somptueux, pour
en parer leurs hôtes. Cette coutume existe encore dans quelques
pays.*

14 pleurs et des grincements de dents. Car il y en a beaucoup d'appelés, mais peu d'élus.

Car beaucoup professeront la doctrine de Christ, mais un petit nombre, à proportion, la professera de manière à être entièrement approuvé de Dieu.

Appelés à prendre part au banquet des grâces que l'Evangile nous procure, ne sommes-nous pas absorbés par les affaires de ce monde jusqu'à repousser les invitations de notre Père céleste? Ou, si nous nous mettons au nombre des convives, si nous nous appelons membres de l'église du Sauveur, Dieu, qui lit dans le fond de nos âmes, et qui voit les dispositions dont elles sont revêtues, ne juge-t-il point que nous ne portons pas la robe de noce? La foi, la piété, la charité, voilà la livrée des véritables serviteurs de Jésus-Christ; cette livrée nous appartient-elle?

Celui qui garde ton âme, ne le saura-t-il point? Et ne rendra-t-il pas à chacun selon son œuvre?

B. JÉSUS RÉPOND A SES ENNEMIS SUR TROIS QUESTIONS.

1° *Sur le tribut payé à César.*

Parall. Marc XII, 13. Luc XX, 26.

15 Alors les pharisiens, s'étant retirés, tinrent conseil pour le surprendre dans 16 ses discours. Ils lui envoyèrent donc quelques-

C'étaient les sacrificateurs et les sénateurs qui lui avaient demandé: par quelle autorité fais-tu ces choses? (XXI, 23.) Ils appartenaient à la secte des pharisiens.

uns de leurs disciples, avec des Hérodiens, qui lui dirent : Maître, nous savons que tu es sincère, et que tu enseignes fidèlement la voie de Dieu, sans avoir égard à qui que ce soit ; car tu ne regardes point à l'apparence des personnes. Dis - nous

17 donc ce qui te semble de ceci : Est-il permis ou non, de payer le tribut à César ?

18 Mais Jésus, connaissant leur malice, leur répondit : Hypocrites, pourquoi voulez-vous me surprendre ?

19 Montrez-moi la monnaie *dont on paie* le tribut. Et ils lui présentèrent un de-

20 nier. Jésus leur dit : De qui est cette image, et

21 cette inscription ? De César, lui répondirent-ils. Alors il leur dit : Rendez donc à César ce qui appartient à César, et à Dieu ce qui appartient à Dieu.

Les Hérodiens (favoris et courtisans d'Hérode-Antipas) formaient un parti attaché à la domination romaine. (Voy. Introd. p. xxvi.)

La voie de Dieu, c'est-à-dire, ce que Dieu a prescrit. Les pharisiens espéraient, par ces paroles flatteuses, le faire tomber plus sûrement dans le piége.

Nous est-il permis, à nous enfants d'Abraham, qui sommes sujets de Dieu seul, de payer le tribut à un empereur payen ? S'il avait répondu : *Il est permis,* les pharisiens l'auraient accusé devant le peuple, qui haïssait les Romains, d'être un ami de l'empereur ; et s'il avait répondu : *Il n'est pas permis,* les partisans d'Hérode, amenés là par la ruse des pharisiens, l'auraient accusé d'exciter à la révolte.

C'est comme si Jésus leur eût dit : *La monnaie d'un pays montre quel est son souverain, et puisque la monnaie de César circule parmi vous, il est évident que la providence de Dieu l'a établi votre souverain, et que vous devez lui payer le tribut ; en le payant, vous ne manquerez donc en rien à votre obéissance envers Dieu, pourvu qu'en même temps vous ayez soin de rendre aussi à Dieu ce qui lui est dû.*

22 Ils admirèrent *sa réponse*, et le quittant, ils s'en allèrent.

« La religion du Fils de Dieu affermit, mieux que tous les systèmes humains, le fondement de la société civile.

O Dieu! que les rois et les peuples te révèrent! Que *ton règne vienne! La paix et la prospérité viendront avec lui.*

———

2° *Sur la Résurrection.*

Parall. Marc xii, 18. Luc xx, 27.

23 Le même jour, les sadducéens, qui nient la résurrection, vinrent trouver *Jésus*, et lui proposè-
24 rent cette question : Maître, lui dirent-ils, Moïse a ordonné que si un homme mourait sans enfants, son frère épousera sa veuve, pour susciter des en-
25 fants à son frère. Or, il y avait parmi nous sept frères. Le premier, s'étant marié, mourut sans en-

Voyez l'Introd., p. xxvi, sur les sadducéens.

Voyant les pharisiens confondus, ils voulurent essayer à leur tour de surprendre Jésus par une question qu'ils jugeaient embarrassante.

Deut. xxv, 5.

Le premier enfant né du mariage du beau-frère avec la veuve était inscrit sur les registres généalogiques comme fils du défunt, et héritait de ses biens. Grâce à cette loi, les mêmes terres de

fants, et laissa sa femme
26 à son frère ; il en fut de même du second et du troisième, jusqu'au sep-
27 tième. La femme mourut
28 aussi après eux tous. Duquel donc des sept sera-t-elle femme après la résurrection ; car tons *les sept*
29 l'ont épousée ? Jésus leur répondit : Vous êtes dans l'erreur, parce que vous n'entendez pas les Ecritures, *et que vous ignorez* quelle est la puissance de
30 Dieu. Car, après la résurrection, on ne se mariera point, mais on sera comme les anges de Dieu, qui sont
31 dans le ciel. Pour ce qui regarde la résurrection des morts, n'avez-vous point lu ce que Dieu vous
32 a dit : Je suis le Dieu d'Abraham, le Dieu d'Isaac et le Dieu de Jacob? Or, Dieu n'est pas le Dieu des morts, mais *il est le*

meuraient au pouvoir des mêmes familles.

Vous êtes dans l'erreur, parce que vous ne comprenez pas les Ecritures quand elles vous parlent de la vie à venir, et parce que vous ignorez quelle est la puissance de Dieu pour ressusciter les morts, et leur procurer dans une autre vie un bonheur spirituel et pur.

Les sadducéens avaient combattu la croyance à la résurrection en s'appuyant sur les livres de Moïse. Après avoir renversé leurs arguments, Jésus se sert à son tour de ces mêmes livres respectés par les sadducéens, pour leur donner une preuve positive de la résurrection, et pour leur rappeler que Dieu se nomme le Dieu d'Abraham, d'Isaac et de Jacob, bien long-temps après la mort de ces patriarches, qui par conséquent vivent toujours dans le ciel.

33 *Dieu* des vivants. Le peuple, entendant *cela*, admirait sa doctrine.

Béni sois-tu, divin Sauveur, qui nous montres ceux que nous avons perdus ici-bas, vivant dans le sein de leur Père et de notre Père !

Il ne reviendra pas vers moi, mais moi, j'irai vers lui.

Je remets mon esprit en ta main, car tu m'as racheté, ô Eternel !

3° Sur le premier commandement.

Parall. Marc XII, 28.

34 Les pharisiens, ayant appris qu'il avait fermé la bouche aux sadducéens,

35 s'assemblèrent ; et l'un d'entr'eux, qui était docteur de la loi, lui fit cette question pour le surpren-

36 dre : Maître, quel est le plus grand commande-

37 ment de la loi ? Jésus lui répondit : Tu aimeras le Seigneur ton Dieu de tout ton cœur, de toute ton âme et de toute

Ils s'assemblèrent pour inventer de nouveaux piéges, et se décidèrent à lui présenter brusquement une troisième question embarrassante.

Lequel de tous les commandements de la loi de Moïse mérite d'être nommé le premier, le plus grand, le plus important ? Les docteurs juifs disputaient entr'eux sur l'importance relative des commandements, et la variété de leurs opinions à cet égard avait créé différentes écoles.

38 ta pensée ; c'est là le premier et le plus grand commandement ; et le second
39 qui est semblable à celui-ci est : Tu aimeras ton prochain comme toi-même.
40 Toute la loi et les prophètes se rapportent à ces deux commandements.

Deut. VI, 5. *Ces mots de tout ton cœur, de toute ton âme et de toute la pensée*, sont destinés à exprimer l'ardeur et la puissance de l'amour qu'on doit à Dieu. — Lévit. XIX, 18.

Ces deux commandements sont l'abrégé, le sommaire de tous les préceptes de l'ancienne alliance.

Admirons la divine sagesse de notre Maître dans ces réponses qui confondent ses ennemis, sans montrer contre eux la plus faible irritation, le moindre sentiment d'amertume.

« Adorons la vérité éternelle dans cet admirable abrégé
» de toute la loi. Que nous te sommes redevables, Sei-
» gneur, d'avoir mis en nos mains ce fil conducteur qui
» si nous savons le garder, guidera sûrement nos pas
» dans tous les embarras et dans toutes les séductions
» de cette vie ! »

C. JÉSUS EST A LA FOIS LE FILS ET LE SEIGNEUR DE DAVID.

Parall. Marc XII, 35. Luc XX, 46.

41 Pendant que les pharisiens étaient assemblés, Jésus leur fit cette ques-

42 tion : Que pensez-vous du Christ ? de qui doit-il être Fils ? Ils lui répondi-

43 rent : De David. Et il leur dit : Comment donc David, inspiré par le saint Esprit, l'appelle-t-il son

44 seigneur, en disant : Le Seigneur a dit à mon seigneur : Assieds-toi à ma droite, jusqu'à ce que j'aie réduit tes ennemis à te

45 servir de marche-pied ? Si donc David l'appelle son seigneur, comment est-il

46 son fils ? Personne ne put lui répondre un seul mot ; et, depuis ce jour, on n'osa plus l'interroger.

Psaume cx, 1.

Jésus, voulant mettre fin aux questions inspirées à ses ennemis par l'envie et la haine, leur adresse à son tour une question pour eux impossible à résoudre, et par là les réduit au silence.

Nous savons que Jésus est *Fils de David*, parce qu'il est né de la vierge Marie, et *Seigneur de David*, parce qu'il est le Fils de Dieu.

A cette question, que pensez-vous du Christ ? puisse notre cœur répondre par des élans d'admiration, de reconnaissance et d'amour pour le Sauveur du monde !

CHAPITRE XXIII.

CENSURES ADRESSÉES AUX SCRIBES ET AUX PHARISIENS. — PRÉDICTION DES MALHEURS DE JÉRUSALEM.

Parall. Marc xii, 38. Luc. xi, 39.

1 Alors Jésus, s'adressant au peuple et à ses disci-
2 ples, leur dit : Les scribes et les pharisiens sont assis dans la chaire de Moïse;

Les scribes et les pharisiens sont les hommes autorisés à enseigner publiquement la loi de Moïse. (Voyez l'Introd. page xxv.)

3 observez donc, et faites tout ce qu'ils vous diront; mais ne les imitez pas, parce qu'ils disent ce qu'il faut faire, et ne le font

Observez donc et faites tout ce qu'ils vous disent lorsqu'ils enseignent cette loi; mais, etc.

4 pas; car ils lient des fardeaux pesants et difficiles à porter, et les mettent sur les épaules des autres; mais ils ne voudraient pas les remuer du doigt.

Car ils imposent aux autres des commandements très-difficiles à observer; mais ils ne les observent eux-mêmes en aucune façon.

5 Ils font toutes leurs actions pour se faire remarquer; car ils portent

Les philactères étaient des ban-

de larges philactères, et ils ont de plus longues franges que les autres à

6 leurs habits. Ils aiment à avoir les premières places dans les festins, et les premiers sièges dans les sy-

7 nagogues; à être salués dans les places publiques, et à être appelés par les hommes, notre maître,

8 notre maître. Mais vous, ne vous faites point appeler maîtres; car vous n'avez qu'un maître, qui est le

9 Christ, et vous êtes tous frères. N'appelez personne sur la terre *votre* père; car vous n'avez qu'un seul Père, qui *est* dans les

10 cieux. Ne vous faites point appeler docteurs; car vous n'avez qu'un seul docteur,

11 qui est le Christ. Le plus grand d'entre vous doit

12 être votre serviteur. Car quiconque s'élèvera sera abaissé, et quiconque s'abaissera sera élevé.

des de parchemin sur lesquelles on écrivait quatre passages de l'Écriture (Exode XIII. 3-10; 11-16. Deut. VI, 5-9; XI, 13-21), et que les Juifs portaient, soit comme souvenirs de la loi de Dieu, soit comme préservatifs contre les mauvais esprits. Les scribes et les pharisiens, pour faire paraître leur dévotion, portaient des philactères d'une extrême grandeur. Ils donnaient aussi une largeur extraordinaire aux *franges* que tous les Israélites portaient aux quatre coins de leur vêtement supérieur, en signe de soumission à la loi divine (Nomb. XV, 38).

Jésus adresse particulièrement ces paroles aux apôtres, les exhortant à être sans esprit de domination les uns sur les autres, à n'avoir tous qu'un seul et même Seigneur; et à se garder de fonder des partis qui nomment tel ou tel d'entre eux leur père, leur docteur, mais à ne former jamais qu'un seul corps qui reconnaisse Dieu pour père, et Jésus-Christ pour maître et docteur.

Quelque distingué que l'un de vous paraisse entre ses frères, il doit être comme leur serviteur; car quiconque cherchera la domination et les vains titres, sera abaissé devant le souverain juge; et quiconque se conduira humblement sur la terre sera glorifié auprès de Dieu.

13 Malheur à vous, scribes et pharisiens hypocrites, parce que vous fermez aux hommes le royaume des cieux; vous n'y entrez point, et vous vous opposez à ceux qui voudraient y entrer.

Les scribes et les pharisiens, pour conserver leur crédit au milieu du peuple juif, cherchaient par tous les moyens à le détourner de l'Évangile.

« Les hypocrites ne pardonnent à personne d'être meilleurs qu'eux. »

14 Malheur à vous, scribes et pharisiens hypocrites, parce qu'à la faveur de vos longues prières, vous dévorez les maisons des veuves; c'est pour cela même que vous serez punis plus sévèrement.

Malheur à vous, parce que vous vous servez de vos longues prières, de vos apparences de piété, pour gagner la confiance des veuves sans soutien; et quand vous l'avez gagnée, vous en profitez pour vous emparer de leurs biens. L'hypocrisie qui accompagne votre rapacité ajoutera à la grandeur de votre châtiment.

15 Malheur à vous, scribes et pharisiens hypocrites; car vous courez la mer et la terre pour faire un prosélyte; et quand il l'est devenu, vous le rendez fils de la géhenne deux fois plus que vous.

Malheur à vous, car vous prenez toute sorte de peines pour gagner quelqu'un à vos doctrines, afin d'augmenter votre crédit; et quand vous l'avez gagné, il est encore plus perverti que vous-mêmes, et plus digne des châtiments de Dieu. Vous ne le corrigez pas de ses vices, et vous lui donnez les vôtres. (Fils de la Géhenne, c'est-à-dire, digne de la Géhenne.)

16 Malheur à vous, conducteurs aveugles, qui dites: Si quelqu'un jure par le temple, il ne s'engage

à rien; mais si quelqu'un jure par l'or du temple, il est obligé *de tenir son*

16 *serment.* Insensés et aveugles! lequel est donc le plus considérable, l'or, ou le temple qui rend cet or

18 sacré? Si quelqu'un, *dites-vous* encore, jure par l'autel, il ne s'engage à rien; mais celui qui jure par le don qui est sur *l'autel,* est obligé *de tenir*

19 *son serment.* Insensés et aveugles! lequel est le plus considérable, le don, ou l'autel qui le rend sacré?

20 Celui qui jure par l'autel, jure par l'autel et par ce

21 qui est dessus; celui qui jure par le temple, jure par le temple et par celui

22 qui y habite; et celui qui jure par le ciel, jure par le trône de Dieu, et par celui qui est assis dessus.

23 Malheur à vous, scribes et pharisiens hypocrites;

L'or du temple veut dire *le trésor sacré.*

En inspirant au peuple une extrême vénération pour les offrandes jetées dans le trésor, ou placées sur l'autel, les pharisiens, les scribes et les sacrificateurs agissaient dans des vues intéressées. Les pharisiens et les scribes avaient un intérêt dans le trésor du temple; et les sacrificateurs (qui appartenaient pour la plupart à la secte des pharisiens) profitaient des offrandes.

En faisant un serment, quel qu'il soit, on prend toujours Dieu à témoin de la vérité de ses déclarations ou de la sincérité de ses promesses. (Voyez chap. v, 34.)

Chaque Israélite devait donner aux prêtres la dîme de ses champs et de ses fruits (Lév. xxvii, 31.

car vous payez la dîme de la menthe, de l'anet et du cumin, pendant que vous négligez ce que la loi a de plus important, la justice, la miséricorde et la fidélité. Ce sont là les choses qu'il fallait faire, sans néanmoins omettre les

24 autres. Conducteurs aveugles, qui coulez le moucheron, et avalez le chameau !

25 Malheur à vous, scribes et pharisiens hypocrites; car vous nettoyez le dehors de la coupe et du plat, pendant qu'au dedans vous êtes pleins de rapines et

26 d'intempérance. Pharisien aveugle, nettoie premièrement le dedans de la coupe et du plat, afin que le dehors devienne aussi net.

27 Malheur à vous, scribes et pharisiens hypocrites; car vous ressemblez à des

Nomb. xviii, 21. Déut. xiv, 22). Les pharisiens, pour se faire honorer du peuple, observaient ce commandement avec une minutieuse exactitude et payaient la dîme de toutes les herbes qu'ils cultivaient, même de celles qui avaient le moins de valeur; mais ils négligeaient les devoirs les plus essentiels. *Ce sont ces devoirs qu'il fallait accomplir*, dit Jésus, *sans négliger une exacte justice dans les petites choses.*

Cette expression proverbiale signifie : *Vous prenez grand soin de ne pas omettre les plus insignifiantes formalités, et vous violez sans scrupule les préceptes les plus importants.* Les pharisiens passaient leur boisson à travers un tamis, parce que le moindre insecte, selon leurs idées, l'aurait rendue impure devant Dieu.

Vous faites paraître au dehors un grand amour de la pureté, tandis que vos cœurs sont livrés à la fraude et à l'intempérance. Pharisien aveugle (qui ne vois point les souillures véritables), purifie d'abord les sentiments de ton cœur; alors seulement ta conduite extérieure pourra être réellement pure.

sépulcres blanchis, qui paraissent beaux par dehors, mais qui au dedans sont pleins d'ossements de morts et de toute sorte

28 de pourriture. C'est ainsi que vous paraissez justes aux yeux des hommes, et qu'au dedans vous êtes remplis d'hypocrisie et d'injustice.

29 Malheur à vous, scribes et pharisiens hypocrites, parce que vous bâtissez les tombeaux des prophètes, vous ornez les monuments

30 des justes, et vous dites : Si nous eussions été du temps de nos pères, nous ne nous serions pas joints à eux pour répandre le sang des

31 prophètes. Ainsi vous êtes témoins contre vous-mêmes, que vous êtes les enfants de ceux qui ont fait mourir les prophètes.

32 Vous achevez donc aussi de combler la mesure de

Les Juifs se regardaient comme souillés par le contact des sépulcres ; ils les blanchissaient chaque année, afin que les passants pussent les reconnaître et s'en éloigner (Nomb. xix, 16, 18).

Vous prétendez avoir un grand respect pour les prophètes envoyés de Dieu ; mais si vous aviez un véritable respect pour eux, vous ne repousseriez pas les envoyés de Dieu qui sont au milieu de vous. Malgré le chagrin que vous manifestez de la conduite de vos ancêtres, vous montrez que vous êtes bien leurs enfants, que vous avez bien le même esprit que ceux qui ont tué les prophètes ; vous ne faites qu'ajouter de nouvelles cruautés aux cruautés de vos pères. (Jésus savait que les pharisiens, les sacrificateurs et les scribes cherchaient les moyens de le faire mourir ; et il voyait dans

53 vos pères. Serpents, race de vipères, comment éviterez-vous le supplice de 34 la géhenne? Voilà, je vous envoie des prophètes, des sages et des scribes; vous ferez mourir les uns en les crucifiant, vous ferez fouetter les autres dans vos synagogues, et vous les persécuterez de ville en 35 ville; afin que tout le sang innocent qui a été répandu sur la terre, retombe sur vous, depuis le sang d'Abel le juste, jusqu'au sang de Zacharie, fils de Barachie, que vous avez tué entre 56 le temple et l'autel. Je vous dis, en vérité, que tout cela arrivera à cette 57 génération. Jérusalem, Jérusalem, qui tues les prophètes, et qui lapides ceux qui te sont envoyés, combien de fois ai-je voulu rassembler tes enfants, comme une poule rassem-

l'avenir les persécutions et les supplices que les mêmes hommes feraient endurer à ses apôtres.)

Jésus donne ces différents noms à ses disciples pour indiquer les fonctions diverses qu'ils auraient à remplir.

Voyez l'accomplissement de ces prédictions : Actes vii, 59. 2 Cor. xi, 24. Hébr. xi, 37.

Coupables des mêmes forfaits que vos pères, vous subirez la terrible peine que leurs crimes et les vôtres ont attirée sur votre nation.

Nous voyons au 2ᵉ livre des Chroniques, xxiv, 21, que les Juifs tuèrent le sacrificateur Zacharie dans le *parvis de la maison de l'Éternel* (c'était dans une portion du parvis des prêtres, *entre le temple* proprement dit et *l'autel* des holocaustes); mais, dans le livre des Chroniques, Zacharie est appelé *fils de Jéhojada*, et ici, *fils de Barachie.* Cette différence ne doit point nous étonner; car un grand nombre de Juifs portaient deux noms.

Je vous dis en vérité que tout cela, etc., c'est-à-dire, *je vous déclare que cette punition terrible que je vous annonce arrivera aux hommes de cette génération, à une partie de ceux qui vivent à présent.*

Combien de fois ai-je voulu,

ble ses poussins sous ses ailes, et vous ne l'avez

38 point voulu ! Sachez donc que votre demeure va

39 devenir déserte. Car je vous dis que désormais vous ne me verrez plus jusqu'à ce que vous disiez : Béni *soit* celui qui vient au nom du Seigneur.

en pressant tes habitants de venir à moi, les préserver des malheurs qui tomberont sur eux !

Sachez donc que votre ville va devenir comme un désert.

Songez bien à ce que je vous annonce ; car c'est ici la fin de mon ministère ; depuis le moment où je vous parle, jusqu'au moment où vous me reconnaîtrez comme l'envoyé du Seigneur, vous n'entendrez plus d'autre avertissement de ma part ; retenez donc bien celui-ci. Après ces mots, Jésus quitta le temple pour ne plus y rentrer.

Les pharisiens enseignaient la loi de Dieu, et ne la pratiquaient pas. Joignons toujours l'exemple à nos pieux conseils.

Ils cherchaient par-dessus tout les premières places, les distinctions, les titres flatteurs ; que les titres les plus beaux pour nous soient ceux d'enfants de Dieu, de disciples de Christ.

Les pharisiens cherchaient à gagner des hommes à leur parti plutôt qu'à la loi de Dieu. Ne nous laissons jamais entraîner à soutenir notre opinion plutôt que la parole de vie.

Les pharisiens interprétaient la sainte Écriture selon leurs convenances et leurs passions ; ne cherchons qu'une chose dans la Bible, la volonté de Dieu.

Les pharisiens portaient sur leur corps des passages de la loi divine ; écrivons les commandements de Dieu sur la table de notre cœur.

Les pharisiens ne s'attachaient qu'à la pureté extérieure. Heureux ceux qui ont le cœur pur, car ils verront Dieu.

Les pharisiens étaient orgueilleux et hypocrites. Ils avaient une haute opinion de leur justice, et faisaient toutes leurs actions pour être loués des hommes. Ces dispositions les éloignèrent de l'Évangile, rendirent pour eux inutiles les leçons, les miracles et les censures du Fils de Dieu, les conduisirent enfin à persécuter et à faire mourir Jésus et ses apôtres. Mon Dieu, préserve-nous de l'orgueil, qui ferme nos cœurs à ta voix! Préserve-nous de l'hypocrisie, qui est un outrage à ton saint Nom! Sois toujours honoré et servi dans le sanctuaire de nos âmes!

CHAPITRE XXIV.

PRÉDICTIONS DE JÉSUS-CHRIST SUR SON TRIPLE AVÈNEMENT.

Parall. Marc XIII, 33. Luc XXI, 5.

1 Comme Jésus sortait du temple, et qu'il s'en allait, ses disciples s'approchèrent de lui pour lui en faire considérer les 2 édifices. Mais il leur dit : Voyez-vous tous ces bâtiments? Je vous dis, en vérité, qu'il n'y restera

Quarante ans après cette prophétie, le temple de Jérusalem était anéanti.

pas pierre sur pierre, et que tout sera renversé.

3 S'étant ensuite assis sur la montagne des Oliviers, ses disciples vinrent lui dire en particulier : Dis-nous quand cela arrivera, et quel sera le signe de ton avènement et de la fin du

4 monde. Jésus leur répondit : Prenez garde que personne ne vous séduise ;

5 car plusieurs viendront sous mon nom, en disant: Je suis le Christ; et ils séduiront beaucoup de gens.

6 Vous entendrez parler de guerres et de bruits de guerres ; prenez garde de ne pas vous troubler, car il faut que tout cela arrive ; mais ce ne sera pas encore

7 la fin. Une nation s'élèvera contre une *autre* nation ; il y aura des famines, des pestes et des tremblements de terre en divers

8 endroits ; mais tout cela

Les disciples pensaient que le règne terrestre du Messie serait suivi de la fin du monde, et la destruction du temple leur paraissait liée à cette dernière catastrophe. Jésus répond à leur triple question en prophétisant sur son triple avènement, c'est-à-dire, sur les trois grandes manifestations de sa puissance divine, qui auraient lieu, la première, par la terrible destruction de Jérusalem ; la seconde, par la propagation et le règne de l'Évangile sur la terre ; la troisième, par le jugement dernier, à la fin du monde. On ne doit point demander à une prophétie d'être assez claire pour qu'on en comprenne les détails avant l'événement.

Depuis la mort de notre Seigneur jusqu'à la ruine de Jérusalem, un grand nombre de faux messies apparurent au milieu des Juifs.

Le siége de la ville sainte fut précédé de guerres sanglantes entre les Israëlites et leurs ennemis.

Ce ne sera pas encore la fin des calamités.

Plusieurs écrivains du temps, et entr'autres, l'historien juif Josèphe, qui prit part à la guerre de ses compatriotes contre les Romains, et fut témoin du siége de Jérusalem, racontent que l'époque de ces événements fut re-

9 ne sera que le commencement des douleurs. Alors on vous livrera pour être tourmentés; on vous fera mourir, et vous serez haïs de toutes les nations à cau-

10 se de mon nom. Plusieurs aussi succomberont ; on se haïra, et on se trahira

11 les uns les autres. Il s'élèvera plusieurs faux prophètes , qui séduiront

12 beaucoup de gens. Et parce que l'iniquité sera extrême, la charité de plusieurs

13 se refroidira; mais celui qui aura persévéré jusqu'à la fin sera sauvé.

14   Cet Evangile du royaume *de Dieu* sera prêché par toute la terre, pour servir de témoignage à toutes les nations; c'est alors que la fin arrivera.

15 Quand donc vous verrez dans le lieu saint l'abomination qui cause la désolation, et dont le prophète

marquablement féconde en guerres désastreuses, en famines et en tremblements de terre. Au reste, les expressions du Sauveur, prises dans le sens figuré, annoncent, d'une manière générale , de grandes calamités publiques.

Le livre des Actes des Apôtres nous montre l'accomplissement de cette portion de la prophétie.

Ceci se rapporte à ceux qui, par crainte des persécutions, renieraient l'Évangile et dénonceraient leurs frères.

Les apôtres parlent dans leurs épitres de ces faux prophètes, ou faux docteurs, et du mal qu'ils causèrent.

Et parce qu'il y aura une grande perfidie, on se défiera les uns des autres, et l'union entre les chrétiens deviendra moins étroite, mais celui qui , malgré toutes ces épreuves, restera fidèle à l'Évangile jusqu'à la fin, celui-là obtiendra le salut éternel.

Il est certain que, trente ans après la mort du Sauveur, l'Evangile avait été prêché dans le plus grand nombre des pays connus. *Pour servir de témoignage, c'est-à-dire, d'enseignement* (le mot témoignage a souvent ce sens dans les saints livres). Ou bien ces mots, *pour servir de témoignage,* etc., signifient, *afin que les nations, ayant reçu l'Évangile, puissent reconnaître, dans la destruction de Jérusalem, l'accomplissement des divins oracles. C'est alors que la fin,* etc., c'est-à-

Daniel a parlé; (que celui qui lit ceci y fasse atten-

16 tion); alors, que ceux qui seront dans la Judée s'en-

17 fuient aux montagnes; que celui qui se trouvera au haut de la maison ne s'arrête point pour empor-ter quoi que ce soit de sa

18 maison; et que celui qui sera dans les champs ne retourne point sur ses pas, pour emporter ses

19 habits. Malheur aux fem-mes qui seront enceintes ou qui allaiteront dans ces

20 temps-là. Priez que votre fuite n'arrive pas en hiver, ni dans un jour de sabbat.

21 Car il y aura une si grande affliction, que, depuis le commencement du monde jusqu'à présent, il n'y en a point eu, et il n'y en aura jamais de semblable.

22 Et même si ces jours-là n'étaient pas abrégés, personne n'échapperait;

dire, c'est alors que viendra la ruine de la ville et de l'état des Juifs.

L'abomination qui cause la dé-solation (Daniel IX, 27) désigne sans doute les idoles payennes, représentées par les figures des étendards que les Romains plan-tèrent sur le territoire sacré de Jérusalem. Saint Luc dit : *Quand vous verrez Jérusalem environnée d'armées, sachez que la désola-tion est proche.* Les chrétiens qui se trouvaient à Jérusalem avant le siége, avertis par la prophétie, s'enfuirent dans une contrée mon-tagneuse, au-delà du Jourdain.

Ces divers avertissements étaient destinés à faire comprendre que la fuite devait être très-rapide.

Elles ne pourront fuir assez rapidement, et seront exposées aux horreurs du siége.

Le froid ou les pluies abon-dantes de l'hiver auraient été des obstacles à une marche rapide, et la loi sur le jour du sabbat était si rigoureuse, que les Juifs n'auraient pas permis aux chré-tiens de s'enfuir ce jour-là.

Priez que rien ne retarde votre fuite, car le sort de ceux qui ne pourront s'enfuir sera si affreux, que depuis, etc. L'historien Josè-phe dit, en racontant les malheurs de Jérusalem : « Je ne crois pas qu'on ait vu, depuis le commen-cement du monde, une autre ville souffrir de pareils désastres ».

mais ils seront abrégés à
23 cause des élus. Alors si quelqu'un vous dit : Le Christ *est ici*, ou il *est là*,
24 ne le croyez point ; car il s'élèvera de faux Christs et de faux prophètes qui feront des choses si merveilleuses et si extraordinaires, que, s'il était possible, les élus même en
25 seraient séduits. Voilà, je vous l'ai dit à l'avance ;
26 si donc on vous dit : Le voici dans le désert, n'y allez point : le voici dans le lieu le plus retiré de la maison, n'en croyez rien ;
27 car l'avènement du Fils de l'homme sera comme l'éclair qui part de l'orient, et se fait voir jusqu'à l'oc-
28 cident ; car où sera le corps mort, les aigles s'y assembleront.
29 Aussitôt après ces jours d'affliction, le soleil s'obscurcira, la lune ne don-

A cause des élus, veut dire sans doute, *à cause de ceux d'entre les Juifs que Dieu voudra conserver, parce qu'il aura encore des desseins à leur égard.*

Au milieu de leurs calamités, les Juifs étaient remplis de l'espérance qu'un Messie allait paraître pour les délivrer. Plusieurs imposteurs, profitant de cette attente, cherchèrent à se faire passer pour le Christ, et prétendirent opérer de grands miracles.

Ils feront des choses si extraordinaires, que mes disciples les plus fidèles tomberaient eux-mêmes dans le piége, si la ruse et l'artifice pouvaient prévaloir contre eux.

Parmi ces imposteurs qui séduisirent plusieurs fois la multitude, les uns rassemblaient leurs partisans au désert ; les autres les réunissaient secrètement dans des maisons. L'histoire nous a transmis ces détails.

Que leurs promesses de délivrance ne vous fassent point renoncer à la fuite ; car lorsque la puissance du Fils de l'homme sé manifestera par la destruction de la ville et du temple, ce sera avec la rapidité de l'éclair, et Jérusalem deviendra subitement comme un cadavre sur lequel fondront les vautours (appelés aigles par les Hébreux).

Ces expressions figurées, empruntées aux puissances, ou à l'armée des cieux, c'est-à-dire aux astres, sont souvent employées par les prophètes pour représenter l'abaissement et la ruine des nations (Esaïe XIII, 10 ; XXIV, 23. Ezéch. XXXII, 7, etc.).

nera plus sa lumière ; les étoiles tomberont du ciel, et les puissances des cieux

30 seront ébranlées. Alors le signe du Fils de l'homme paraîtra dans le ciel ; toutes les tribus de la terre se lamenteront, en se frappant la poitrine, et elles verront le Fils de l'homme venir sur les nuées du ciel, avec une grande puissance et une grande

31 majesté. Il enverra ses anges, qui, au son éclatant de la trompette, rassembleront les élus des quatre vents, depuis un bout des cieux jusqu'à l'autre.

32 Apprenez ceci par une comparaison prise du figuier : quand ses branches commencent à être tendres, qu'il pousse des feuilles, vous connaissez que

33 l'été est proche ; de même, quand vous verrez toutes ces choses, sachez que le

Alors le pouvoir céleste du fils de l'homme se manifestera avec évidence ; toutes les tribus de la terre promise se lamenteront, et seront contraintes de reconnaître, dans leurs désastres, les jugements exercés par le Fils de l'homme, du haut du ciel, avec une grande puissance et une grande majesté.

C'est alors qu'il enverra ses messagers, ses apôtres, qui, avec une voix puissante, rassembleront dans son royaume, dans son église, des élus, des disciples de tous les points du monde.

De même, quand vous verrez arriver tous les événements que j'ai décrits, sachez que mon règne est près de s'établir dans le monde.

Fils de l'homme est pro-

34 che et à la porte. Je vous dis, en vérité, que cette génération ne passera point,

35 que tout cela n'arrive. Le ciel et la terre passeront, mais mes paroles ne passeront point.

36 Pour ce qui est du jour et de l'heure, personne ne le sait, non pas même les anges du ciel, mais mon

37 Père seul. Ce qui arriva au temps de Noé, arrivera aussi à l'avènement du

38 Fils de l'homme; car comme, dans les jours qui précédèrent le déluge, *les hommes* mangeaient et buvaient, se mariaient et mariaient leurs enfants jusqu'au temps que Noé

39 entra dans l'arche; et qu'ils ne pensèrent au déluge que lorsqu'il survint, et qu'il les fit tous périr, il en sera de même à l'avènement du Fils de l'hom-

La ruine de Jérusalem obligea les disciples de Jésus-Christ à se disperser de toutes parts, ce qui répandit promptement la connaissance de l'Évangile dans un grand nombre de pays.

Il nous paraît évident que dans les trois Évangiles qui renferment les grandes prédictions du Sauveur dont nous nous occupons ici, après ces mots : *Le ciel et la terre passeront, mais mes paroles ne passeront pas*, le Sauveur ne parle plus de la ruine de Jérusalem, ni du règne de son Évangile, mais de son dernier avènement pour juger tout le monde; ce qui est aussi le sujet du chapitre suivant.

Pour ce qui est du jour et de l'heure où le ciel et la terre passeront, personne ne le sait, etc.

Comme ces hommes mangeaient et buvaient, etc., s'occupant par-dessus tout des affaires de ce monde, jusqu'au temps que Noé, etc.

40 me. Alors, de deux *hommes* qui seront dans un champ, l'un sera pris et

41 l'autre sera laissé; de deux femmes qui moudront à un moulin, l'une sera prise, et l'autre sera laissée.

42 Veillez donc, puisque vous ne savez pas à quelle heure votre Seigneur doit venir.

43 nir. Si un père de famille était averti à quelle heure de la nuit le larron doit venir, il veillerait sans doute, et ne laisserait pas percer sa maison. Vous donc

44 cer sa maison. Vous donc aussi, tenez-vous prêts; car le Fils de l'homme viendra à l'heure que vous n'y penserez pas.

45 Qui est le serviteur fidèle et prudent, que son maître a établi sur ses domestiques, pour leur donner la nourriture dans le temps

46 qu'il faut? Heureux le serviteur que son maître, en arrivant, trouvera occupé

De deux hommes occupés des mêmes travaux, l'un sera reçu dans la gloire du Fils de l'homme, l'autre sera laissé dans les ténèbres du dehors.

La meule supérieure des moulins était souvent mise en mouvement par des femmes.

Cet avertissement est adressé à tous les hommes en général; nous voyons, dans l'Évangile selon saint Marc, que le Sauveur ajoute : *Ce que je vous dis, je le dis à tous, veillez.*

Un grand nombre de maisons étaient construites en terre. Il arrivait souvent qu'elles étaient percées par les voleurs.

Vous serez appelés à rendre compte devant moi, à l'heure où vous n'y penserez pas. Le jour de la mort est pour chacun le jour de l'avènement du Fils de l'homme.

S'il y a un serviteur fidèle et prudent, que son maître ait établi sur ceux de sa maison, pour, etc., et que son maître en arrivant le trouve occupé à faire son devoir, je le déclare heureux. Cette comparaison paraît s'appliquer particulièrement à ceux qui dans tous les temps sont chargés, de la part du Sauveur, de donner

à faire ainsi son devoir !

47 Je vous dis, en vérité, qu'il lui confiera l'administra-

48 tion de tous ses biens. Mais si c'est un méchant serviteur, qui dise en lui-même : Mon maître tarde à

49 venir ; et qu'il se mette à battre les autres serviteurs, à manger et à boire avec

50 des ivrognes ; le maître de ce serviteur-là arrivera le jour qu'il ne l'attend pas ; et à l'heure qu'il ne sait

51 pas ; il le séparera des autres, et lui assignera sa portion avec les hypocrites ; là il y aura des pleurs et des grincements de dents.

à leurs frères la nourriture de la parole divine. Heureux le serviteur, le ministre de Jésus-Christ, que son maître, lorsqu'il l'appellera à rendre compte, trouvera occupé à remplir fidèlement son devoir. Je vous dis, en vérité, qu'il lui donnera un rang distingué dans le royaume de gloire. Mais si celui qui s'appelle serviteur, ministre de Christ, se persuade qu'il aura toujours assez de temps pour se préparer à rendre compte ; s'il agit méchamment envers ses frères, s'il s'abandonne aux convoitises mondaines ; son maître l'appellera en jugement au jour et à l'heure où il ne s'y attendra point ; il le retranchera du nombre de ses serviteurs, et le livrera aux terribles châtiments des hypocrites. (Il appartient en effet à cette classe de coupables, puisqu'il se donne le nom d'un serviteur, d'un ministre de Jésus-Christ, et que sa conduite est toute contraire aux leçons de son maître.)

Quand Jésus prononçait les paroles que nous venons de lire, il avait sous ses yeux une ville florissante, un temple magnifique, une nation fière de son passé et de son avenir ; il avait près de lui une famille de douze apôtres faibles, pauvres, ignorants et timides. Cependant il annonce, contre toute prévision humaine, que cette ville et ce temple vont être renversés, que cette nation orgueilleuse va tomber dans l'abaissement, dans la douleur ; et que cette humble famille de pêcheurs va marcher à la conquête du monde par l'Evangile. Qu'est devenue Jérusalem? n'a-t-elle pas été réduite en poudre? Qu'est devenue la nation juive? n'est-elle pas tombée dans l'abaissement? Qu'est devenue l'église des douze pêcheurs? ne couvre-t-elle pas la face de la terre? O Jésus! tu es le Christ, le Fils du Dieu vivant!

Entre le jour de la mort et le jour où le Fils de Dieu jugera le monde, il n'y a point de place pour le repentir et la sanctification; au sépulcre où tu vas, il n'y a plus ni œuvre, ni discours, ni science, ni sagesse; tout ce que tu as le moyen de faire, fais-le donc selon ton pouvoir.

Heureux le père de famille qui sera trouvé donnant à ses enfants la nourriture divine dont leur âme a besoin, quand le Maître l'appellera devant lui! Heureux tout serviteur de Jésus-Christ que la mort ne peut surprendre sans le trouver fidèle à son devoir!

CHAPITRE XXV.

Suite. Trois tableaux du jugement dernier.

A. PARABOLE DES DIX VIERGES. — EXHORTATION A LA VIGILANCE.

1 Alors le royaume des cieux sera semblable à dix vierges qui prirent leurs lampes, afin d'aller au-de-

Le commencement de ce chapitre est lié étroitement à la fin du chapitre qui précède.

Alors il arrivera dans le royaume des cieux quelque chose de

2 vant de l'époux. Or, il y en avait cinq d'entr'elles *qui étaient* sages, et cinq *qui*

3 *étaient* folles. Les folles, en prenant leurs lampes, n'avaient point pris d'huile

4 avec elles; mais les sages, avec leurs lampes, avaient aussi pris de l'huile dans

5 des vases. Comme l'époux tardait à venir, elles s'assoupirent toutes, et s'en-

6 dormirent. Vers minuit, on entendit crier : Voici l'époux qui vient; allez

7 au-devant de lui. Aussitôt toutes ces vierges se levèrent et préparèrent leurs

8 lampes. Les folles dirent aux sages : Donnez-nous de votre huile, parce que nos

9 lampes s'éteignent; mais les sages répondirent : *Nous ne pouvons,* de peur que nous n'en ayons pas assez pour nous et pour vous ; allez plutôt chez ceux qui en vendent, et

semblable à ce qui arriva lorsque dix vierges, etc.

Cette parabole est fondée sur les formalités usitées chez les Juifs, le jour du mariage. L'époux, accompagné de ses amis, allait de nuit chercher son épouse dans la maison qu'elle avait habitée jusque-là, pour l'amener dans la sienne; l'épouse était aussi entourée de ses amies (ici au nombre de dix), qui allaient au-devant de l'époux, à la clarté de leurs lampes, lorsqu'il venait chercher sa fiancée, et qui ensuite conduisaient celle-ci dans sa nouvelle demeure.

Voici le sens de la parabole : Parmi ceux qui s'appellent disciples de Jésus-Christ, Il y en a (les vierges sages) *qui vont au-devant du jugement de leur maître* (au-devant de l'époux), *en se préparant à ce jugement par leurs sentiments et par leur conduite* (l'huile dans les vases); *mais il y en a* (les vierges folles) *qui négligent cette préparation. Avant le jour où le maître fera rendre compte* (avant l'arrivée de l'époux), *tous ses disciples s'endormiront du sommeil de la mort; mais, au milieu de ce sommeil, une voix retentira qui les appellera à paraître devant leur juge. Alors ils interrogeront leurs cœurs; et ceux qui ne les auront pas préparés seront dans une grande peine; ils chercheront autour d'eux avec angoisse les dispositions dont ils n'ont pas pris soin de se pourvoir; ils voudront encore les acquérir, mais il ne sera plus temps; le maître viendra, et ceux qui seront*

achetez-en pour vous.

10 Mais pendant qu'elles en allaient acheter, l'époux arriva ; celles qui étaient prêtes entrèrent avec lui *dans la salle* des noces, et la porte fut fermée.

11 Après cela, les autres vierges vinrent aussi et dirent : Seigneur, Seigneur,

12 ouvre-nous. Mais il leur répondit : Je vous dis, en vérité, que je ne vous connais point. Veillez donc,

13 puisque vous ne savez ni le jour, ni l'heure où le Fils de l'homme doit venir.

prêts entreront dans la gloire du royaume des cieux ; mais les autres imploreront en vain leur juge ; ils seront repoussés. Veillez donc, dit le Sauveur, *puisque vous ne savez ni le jour, ni l'heure où le Fils de l'homme doit venir* pour vous juger.

Les apôtres pensaient que la fin du monde et le jugement dernier auraient lieu de leur temps ; ces paroles de Jésus-Christ, *comme le maître tardait à venir,* et d'autres semblables, rectifient leurs idées à cet égard.

Nul ne sait quand viendra la fin de toutes choses ; nul ne sait quand viendra sa propre fin. Insensés et malheureux ceux qui ne travaillent pas à purifier leur âme, tandis qu'ils vivent dans ce monde ! Insensés, car ils estiment quelques jours plus que l'éternité ! Malheureux, car, placés tout à coup en présence de leur Juge, ils reconnaîtront avec amertume leur déplorable folie, et verront avec désespoir qu'elle ne peut se réparer. Plus de temps ! plus de ressources ! la porte sera fermée, et les gémissements des coupables ne fléchiront plus l'éternelle justice ! Celui-là seul est véritablement sage, qui fait de sa vie une préparation continuelle au jour du jugement. Celui-là seul partagera la félicité céleste, qui aura employé les heures de son pélérinage à se disposer pour le ciel.

Mon âme, songe constamment à ces choses; les jours s'envolent; prépare-toi. A quoi te serviraient toutes les joies et toutes les gloires de la terre, si, après les avoir goûtées, tu entendais ces paroles de ton Maître : Je ne te connais point!

Prépare-toi à la rencontre de ton Dieu, ô Israël!

B. PARABOLE DES TALENTS. — EXHORTATION A L'ACTIVITÉ.

Parall. Luc XIX, 12.

14 Car il en est de lui comme d'un homme qui, allant faire un voyage, appela ses serviteurs et leur

15 remit ses biens. Il donna cinq talents à l'un, à l'autre deux, et un à l'autre, à chacun selon sa capacité; aussitôt après, il partit.

16 Celui qui avait reçu cinq talents alla négocier avec cette somme, et gagna cinq

Car il en est du Fils de l'homme comme d'un homme qui, etc. Cette comparaison fait suite à la précédente.

Jésus a donné à ses apôtres, a donné à chaque chrétien des lumières divines, des grâces spirituelles; aux uns plus, aux autres moins, à chacun selon ce qu'il peut ou ce qu'il doit en recevoir. Les uns profitent de ces dons, et les faisant valoir, acquièrent plus de lumières et plus de grâces;

17 autres talents ; de même,
celui qui en avait reçu
deux, en gagna aussi deux
18 autres ; mais, celui qui
n'en avait reçu qu'un, alla
creuser dans la terre, où il
cacha l'argent de son maî-
19 tre. Long-temps après, le
maître de ces serviteurs
revint, et il leur fit rendre
20 compte. Alors celui qui
avait reçu cinq talents,
vint, et en présentant cinq
autres : Seigneur, dit-il, tu
m'avais remis cinq talents,
en voici encore cinq que
21 j'ai gagnés de plus. Son
maître lui dit : Cela va
bien, bon et fidèle serviteur ; tu as été fidèle dans
le peu que je t'ai confié,
je te confierai des choses
plus considérables ; viens
prendre part à la joie de ton
22 seigneur. Celui qui avait
reçu deux talents s'ap-
procha aussi, et lui dit :
Seigneur, tu m'avais re-

les autres enfouissent, négligent les dons qu'ils ont reçus.

Au dernier jour, ils seront tous appelés à rendre compte de l'emploi qu'ils auront fait de leurs avantages. Alors ceux qui les auront cultivés et augmentés, se présenteront devant le juge avec confiance, mais aussi avec humilité et reconnaissance, sentant qu'ils doivent ce qu'ils ont acquis aux grâces qu'ils avaient reçues ;

et le maître leur donnera une part dans sa félicité.

mis deux talents, en voici
deux autres de plus que
23 j'ai gagnés. Son maître lui
répondit : Cela va bien,
bon et fidèle serviteur; tu
as été fidèle dans le peu
que je t'ai confié, je te
confierai des choses plus
considérables; viens prendre part à la joie de ton
24 Seigneur. Mais celui qui
n'avait reçu qu'un talent,
étant aussi venu, dit : Seigneur, je savais que tu étais
un homme dur, qui mois-
sonnais où tu n'avais pas
semé, et qui recueillais
25 où tu n'avais rien mis; et
comme je te craignais, je
suis allé cacher ton talent
dans la terre; voici, je te
26 rends ce qui est à toi. Mais
son maître lui répondit :
Méchant et paresseux ser-
viteur, tu savais que je
moissonnais où je n'ai pas
semé, et que je recueillais
27 où je n'ai pas répandu; il

Mais ceux qui n'auront pas profité de ces grâces, sentant dans leur conscience combien leur négligence a été coupable, voudront s'excuser devant leur juge, prétextant, par exemple, qu'on exigeait trop de leur faiblesse; qu'ils avaient trop peu reçu;

que s'ils n'ont pas profité des dons qu'ils avaient obtenus, du moins ils n'en ont pas abusé;

mais le Maître qu'on ne peut tromper leur montrera, avec une terrible évidence, qu'ils auraient pu, s'ils en avaient eu la volonté, faire valoir les grâces qui leur avaient été accordées;

fallait donc remettre mon argent aux banquiers, et, à mon retour, j'aurais retiré ce qui m'appartient

28 avec l'intérêt. Qu'on lui ôte donc le talent qu'il a, et qu'on le donne à celui qui

29 a les dix talents; car on donnera à celui qui a, et il aura encore davantage; mais à celui qui n'a pas, on lui ôtera même ce qu'il

30 a. A l'égard de ce serviteur inutile, jetez-le dehors dans les ténèbres; là il y aura des pleurs et des grincements de dents.

et il leur retirera les avantages dont ils avaient été doués, pour en combler ceux qui auront profité de ses dons; car ceux qui auront bien usé des grâces spirituelles durant leur vie, recevront de nouvelles et de plus grandes grâces au jour du jugement; mais ceux qui les auront négligées, quelque faibles qu'elles aient été, ne conserveront pas même ce qui leur avait été donné dans ce monde. (Jésus emploie ici, comme au chap. XIII, v. 12, *ce proverbe:* On donnera à celui qui, *etc., en appliquant aux richesses spirituelles ce qu'on disait des biens de la terre.)*

Vous que Jésus a éclairés de vives lumières, vous qui êtes nés dans son église, qui avez été instruits, dès votre tendre jeunesse, dans la foi, dans l'amour de Dieu et des hommes, apprenez, par l'exemple du serviteur inutile, combien il vous serait funeste de ne pas profiter de ces dons, de ne pas accroître ce trésor. Et vous qui avez été placés dans ce monde de manière à posséder moins de ressources, si vous vous appliquez sans murmure à faire valoir ce que vous avez reçu, ne craignez point, vous prendrez part à la joie du Seigneur.

« Si tu es zélé et fidèle à faire ce que Dieu t'a com-

» mandé, *Dieu sera fidèle et couronnera magnifiquement*
» *tes travaux.* »

Quoi qu'il en soit, il y a du fruit pour le juste.

C. LE JUGEMENT UNIVERSEL. — LA MARQUE DISTINCTIVE DES HÉRITIERS DU ROYAUME.

31 Or, quand le Fils de l'homme viendra dans sa gloire, accompagné de tous ses saints anges, alors il s'asséiera sur le trône 32 de sa gloire. Toutes les nations seront rassemblées devant lui, et il séparera les uns d'avec les autres, comme un berger sépare les brebis d'avec les boucs. 33 Il mettra les brebis à sa droite, et les boucs à sa 34 gauche. Alors le Roi dira à ceux qui seront à sa droite : Venez, vous qui êtes bénis de mon Père, possédez le royaume qui vous a été préparé dès la créa- 35 tion du monde; car j'ai eu

Quand le Fils de l'homme viendra dans sa gloire, accompagné de tous ses saints anges, pour juger le monde, alors, etc.

Chez les Hébreux, on comparait fréquemment les méchants aux boucs, et les bons aux brebis (Ezéch. xxxiv, 17).

Le côté droit était considéré comme heureux, le côté gauche comme malheureux. Devant les tribunaux, les accusés étaient placés à la gauche de leurs juges.

faim, et vous m'avez donné à manger; j'ai eu soif, et vous m'avez donné à boire; j'étais étranger, et

36 vous m'avez recueilli; j'étais nu, et vous m'avez vêtu; j'étais malade, et vous m'avez visité; j'étais en prison, et vous m'êtes venu

37 voir. Alors les justes lui répondront: Seigneur, quand est-ce que nous t'avons vu avoir faim, et que nous t'avons donné à manger; *ou* avoir soif, et que nous t'a-

38 vons donné à boire? Quand est-ce que nous t'avons vu étranger, et que nous t'avons recueilli; ou nu, et que nous t'avons vêtu?

39 Quand est-ce que nous t'avons vu malade, ou en prison, et que nous som-

40 mes venus te voir? Le Roi leur répondra: Je vous dis, en vérité, qu'en faisant ces choses à l'un des plus petits de mes frères que voi-

Dans le temps où Jésus parlait, il y avait peu d'hôtelleries, et l'hospitalité était au nombre des principaux devoirs.

A l'un des plus pauvres, des plus méprisés des hommes, qui sont mes frères.

là, vous me les avez faites

41 à moi-même. Ensuite il dira à ceux qui seront à sa gauche : Retirez-vous de moi, maudits, et *allez* dans le feu éternel, qui a été préparé pour le diable et

42 pour ses anges ; car j'ai eu faim, et nous ne m'avez pas donné à manger ; j'ai eu soif, et vous ne m'avez

43 pas donné à boire ; j'étais étranger et vous ne m'avez pas recueilli ; *j'étais* nu, et vous ne m'avez pas vêtu ; *j'étais* malade et en prison, et vous n'êtes

44 point venus me visiter. Ils lui répondront aussi : Seigneur, quand est-ce que nous t'avons vu avoir faim, ou soif, ou être étranger, ou nu, ou malade, ou en prison, et que nous ne t'a-

45 vons point assisté ? Et il leur répondra : Je vous dis, en vérité, qu'en ce que vous n'avez pas fait ces

Le feu éternel est l'image de tourments inexprimables.

Il faut considérer toute cette scène, non comme un tableau complet du jugement dernier, mais comme un trait de ce tableau, et s'attacher davantage au fond des enseignements qu'à leur forme. Que le Sauveur et ceux qu'il jugera se servent des expressions employées ici, ou d'autres semblables, cela importe peu ; ce qui est important, c'est de savoir qu'au jour du jugement, le Fils de Dieu regardera comme fait à lui-même le bien que les hommes auront fait à leurs frères, et comme négligés à son égard, les devoirs de bienveillance et de charité qu'ils auront négligés les uns envers les autres.

choses à l'un de ces plus petits, vous ne me les avez 46 pas faites à moi-même. Et ceux-ci iront aux peines éternelles; mais les justes iront à la vie éternelle.

Quelle imposante majesté dans ce tableau du dernier jugement! Combien un tel langage est au-dessus de l'homme! La divine autorité et la divine charité de Jésus y brillent dans tout leur éclat; on y reconnaît avec évidence la parole du Juge et du Rédempteur des nations.

Quand le Fils de l'homme viendra dans sa gloire, il mettra les uns à sa droite, et les autres à sa gauche. Moment solennel! redoutable séparation! Si le Maître m'appelait aujourd'hui à rendre compte, quelle place me serait assignée?

Quels sont ceux qu'il mettra à sa droite? Nous connaissons déjà quelques traits de leur vie : ils se sont préparés à ce grand jour par la vigilance et la prière; ils ont fait valoir les dons qu'ils avaient reçus; mais voici un trait qui les distingue mieux encore : ils ont montré leur amour pour le Sauveur des hommes, en faisant toute sorte de bien à leurs frères.

Chrétiens, Dieu vous a aimés jusqu'à vous donner son Fils; Jésus vous a aimés jusqu'à vous donner sa vie! Que donnerez-vous en retour à votre Père et à votre Sauveur? Regardez, voici des hommes que Jésus appelle ses frères, quelque méprisés qu'ils soient; aimez-les, il acceptera pour lui-même cet amour. Voici la main du pauvre qui est tendue vers vous; cette main, c'est Jésus lui-même qui vous la présente, et c'est l'autel sur lequel Dieu vous demande de lui sacrifier. Voici un affligé qui vous appelle dans sa triste demeure; allez-y répandre vos consolations; elles monteront vers le ciel comme un parfum de bonne odeur, et quand le Fils de l'homme jugera le monde, il vous appellera les bénis de son Père.

CHAPITRE XXVI.

A. JÉSUS PRÉDIT SA MORT. — ELLE EST RÉSOLUE PAR LE SANHÉDRIN.

Parall. Marc XIV, 1. Luc XXII, 1. Jean XI, 47.

1 Après que Jésus eut achevé tous ces discours,

2 il dit à ses disciples: Vous savez que la Pâque se célébrera dans deux jours, et que le Fils de l'homme sera livré pour être crucifié.

Voyez, sur la Pâque, l'Introd., page XXIX.

3 Alors les principaux sacrificateurs, les scribes et les sénateurs de la nation s'assemblèrent dans la

le du souverain sacrifica-
4 teur, nommé Caïphe; et
ils délibérèrent de se saisir de Jésus, par surprise,
5 et de le faire mourir. Ils
disaient néanmoins qu'il
ne fallait pas que ce fût
pendant la fête, de peur
de quelque émotion parmi
le peuple.

Caïphe était un surnom; le nom du souverain sacrificateur était Joseph.

C'était l'usage d'exécuter les grands criminels pendant les fêtes, afin que la multitude qui était alors dans Jérusalem, fût frappée de leur supplice.

Quelque émotion, c'est-à-dire, *quelque sédition, quelque émeute.*

Malgré le vœu du sanhédrin, Jésus fut crucifié pendant la Pâque. Dieu voulait qu'une grande multitude assistât à la mort du Sauveur, et fût ainsi préparée au christianisme. Le conseil des pervers est renversé; ou si Dieu le laisse accomplir, il le fait servir aux desseins de sa sagesse et de sa bonté infinies. S'il permet que la haine du sanhédrin conduise Jésus sur la croix, c'est pour le salut de l'humanité.

L'Éternel des armées est admirable en conseil, et magnifique en moyens.

B. LE PARFUM VERSÉ SUR LA TÊTE DE JÉSUS.

Parall. Marc xiv, 3. Jean xii, i.

6　Or, pendant que Jésus
était à Béthanie, dans la

7 maison de Simon, *sur-nommé* le lépreux, une femme était venue à lui, avec un vase d'albâtre, *plein* d'une huile odoriférante, de grand prix, qu'elle lui répandit sur la tête lorsqu'il était à

8 table. Ses disciples, ayant vu cela, en furent indignés, et dirent : A quoi sert

9 cette profusion ? car on pouvait vendre bien cher ce parfum, et en donner

10 *l'argent* aux pauvres. Mais Jésus, qui s'aperçut de cela, leur dit : Pourquoi faites-vous de la peine à cette femme ? Elle a fait une action louable à mon

11 égard ; car vous aurez toujours des pauvres avec vous; mais vous ne m'au-

12 rez pas toujours; en répandant ce parfum sur mon corps, elle l'a fait

13 pour ma sépulture. Je vous dis en vérité, que

Après sa guérison, on avait continué à l'appeler *le lépreux.*

Cette femme était Marie, sœur de Lazare. Il ne faut pas confondre ce trait avec celui qui est raconté dans saint Luc vii, 37, et qui eut lieu long-temps avant la mort du Sauveur.

Au temps de Jésus-Christ, les Orientaux, lorsqu'ils donnaient un festin, répandaient sur la tête des convives auxquels ils voulaient montrer un grand respect, des huiles odoriférantes, des parfums de grand prix. Ce fut surtout Judas qui s'indigna ainsi (Jean xii, 4), parce qu'*il aimait l'argent* et *qu'il était larron.* Sa compassion pour les pauvres n'était que de l'hypocrisie.

Elle avait une intention touchante, noble, digne d'éloges.

Jésus savait que bientôt ses apôtres ne regretteraient aucune des marques de respect qu'ils lui auraient données.

Elle a embaumé par avance mon corps; elle l'a en quelque sorte préparé pour la sépulture (Marc xiv, 8); *comment pouvez-vous voir avec chagrin ce sacrifice fait pour votre Maître, qui va mourir?*

dans tous les endroits du monde où cet Évangile sera prêché, ce qu'elle vient de faire sera aussi raconté en mémoire d'elle.

Sachons discerner dans les actions de nos frères la louable intention qui les a dictées, alors même que ces actions ne nous sembleraient pas sages et prudentes. Ne nous empressons pas de voir le mal, de blâmer, d'accuser, de condamner ; ce n'est pas là l'esprit de Christ.

Que tout homme soit prompt à écouter, lent à parler et lent à se mettre en colère ; car la colère de l'homme n'accomplit point la justice de Dieu.

G. JUDAS S'ENGAGE A LIVRER JÉSUS.

Parall. Marc XIV, 10. Luc XXII, 4.

14 Alors l'un des douze, appelé Judas Iscariot, alla trouver les principaux sa-
15 crificateurs, et leur dit : Que voulez-vous me donner, et je vous le livrerai ? Et ils convinrent de lui donner trente pièces d'ar-
16 gent. Depuis ce temps-là,

Voyez x, 4.

Ils convinrent de lui donner, et ils lui donnèrent en effet trente sicles. Le sicle valait environ trois francs. La vie d'un esclave tué

<table>
<tr><td>

il cherchait l'occasion de
le livrer.

</td><td>

par accident était payée trente
sicles. (Voyez Zacharie xi, 12 et
13. Esaïe liii, 3.)

</td></tr>
</table>

« *Lorsque, en manquant d'intégrité dans les choses*
» *peu importantes, les hommes ont endurci leur con-*
» *science et ont rendu les tentations plus difficiles à*
» *surmonter, ils deviennent capables de commettre, sans*
» *hésitation, les plus honteuses iniquités; et leur lan-*
» *gage habituel devient celui de Judas :* Que me don-
» nerez-vous? *Alors les liens les plus chers et les plus*
» *sacrés se rompent, et, pour un vil et misérable gain,*
» *on prostitue sa conscience et l'on vend son âme.* »

Mon Dieu, préserve-moi de l'avarice; nourris-moi
du pain de mon ordinaire!

D. DERNIER REPAS DE JÉSUS AVEC SES DISCIPLES.
— INSTITUTION DE LA SAINTE CÈNE.

Parall. Marc xiv, 12. Luc xxii, 7. Jean xiii, 21. 1 Cor. xi, 24.

<table>
<tr><td>

17   Or, le premier jour des
pains sans levain, les dis-
ciples s'adressèrent à Jé-
sus , et lui dirent : Où
veux-tu que nous te pré-
parions *ce qu'il faut* pour
18 manger la Pâque? Il leur
répondit : Allez dans la

</td><td>

Pendant les sept jours de la
Pâque, on mangeait des pains sans
levain.

</td></tr>
</table>

ville, chez un tel, et di-
tes-lui : Le Maître t'envoie
dire que son temps est
proche, et qu'il viendra
faire la Pâque chez toi

19 avec ses disciples. Les
disciples firent ce que
Jésus leur avait ordonné,
et préparèrent la Pâque.

20   Quand le soir fut venu,
il se mit à table avec les

21 douze *apôtres;* et pendant
qu'ils mangeaient, il leur
dit : Je vous dis, en vérité, que l'un de vous me

22 trahira. Ils en furent fort
affligés, et chacun se mit
à lui dire : Seigneur est-

23 ce moi ? Mais il leur répondit : Celui qui met avec
moi la main dans le plat,
c'est celui qui me trahira.

24 Pour le Fils de l'homme,
il s'en va, selon ce qui a
été écrit de lui ; mais malheur à cet homme par qui
le Fils de l'homme est
trahi ! Il eût mieux valu

Cet homme était sans doute un disciple secret de Jésus.

Le Sauveur fit le repas de la Pâque avec ses disciples, le jeudi soir ; il paraît, d'après saint Jean XVIII, 28, que les Juifs en général ne firent ce repas que le lendemain. (Voyez l'Introduction, pag. XXIX.)

Celui qui me trahira est l'un de ceux qui mangent avec moi. On lit dans saint Marc : *C'est l'un des douze, qui met la main au plat avec moi.*
Psaume XXII. Esaïe LIII. Daniel IX, 26.

En prononçant ces mots, le Sauveur fixa peut-être ses regards sur Judas.

pour cet homme-là de n'être jamais né. Judas, qui le trahissait, répondit : Maître, est-ce moi ? *Jésus* lui dit : Tu l'as dit.

26 Comme ils mangeaient encore, Jésus prit du pain, et ayant rendu grâces, il le rompit, le donna à ses disciples, et leur dit : Prenez, mangez ; ce-

27 ci est mon corps. Ayant aussi pris la coupe et rendu grâces, il la leur donna, en disant : buvez-en

28 tous ; car ceci est mon sang, le sang de la nouvelle alliance, qui est répandu pour plusieurs, en rémission des péchés. Or,

29 je vous dis que je ne boirai plus désormais de ce fruit de la vigne, jusqu'à ce que j'en boive du nouveau avec vous dans le royaume de mon Père.

L'expression *tu l'as dit* était employée pour affirmer quelque chose ; elle signifie, *oui, certainement*. C'est sans doute après cette déclaration de Jésus, que le traître sortit pour exécuter son crime.

Au repas de la Pâque, c'était le père de famille qui rompait le pain, et le donnait à ceux qui étaient à table avec lui. — *Prenez, mangez ; ce pain est le symbole de mon corps rompu.* Les expressions dont se servit notre Seigneur, en instituant ce sacrement, sont évidemment figurées, et ne peuvent être entendues à la lettre ; autrement il faudrait admettre que la coupe présentée aux apôtres était le sang de Christ, et la nouvelle alliance. (Voyez Luc xxii, 20.)

Il y a dans le texte grec : *répandu pour un grand nombre.*

Du nouveau, c'est-à-dire, *d'une autre nature.* Jésus compare ici, comme dans plusieurs autres endroits, la réunion céleste à un glorieux festin. Le vin est un emblème scripturaire de la joie.

La communion est un acte de réconciliation avec Dieu par Jésus-Christ. Une bonne communion est celle à laquelle le pécheur se présente, pénétré du sentiment de sa misère, du besoin de se mettre en paix avec son Père céleste. « Le pain de la communion demande un cœur ʋ affamé. »

La communion est un acte d'amour. Une bonne communion est celle qui nous unit à Dieu par des mouvements d'adoration et de louange; à Jésus, le Rédempteur, par des élans de reconnaissance et d'amour; à nos frères, par des émotions de tendre bienveillance et d'ardente charité.

La communion est un acte accompagné d'engagements solennels. Une bonne communion est celle qui provoque la résolution inébranlable de rester fidèle à l'alliance de grâce, en portant les fruits convenables à la foi et à la repentance.

O Dieu! qu'en aucun temps nous ne prenions part à la sainte cène de ton Fils, sans être animés des sentiments qui la rendent féconde en grâces éternelles!

E. JÉSUS PRÉDIT LA FAIBLESSE DE SES DISCIPLES, EN PARTICULIER CELLE DE SIMON PIERRE.

Parall. Marc xiv, 26. Luc xxii, 31. Jean xiii, 38.

3o · **Après qu'ils eurent chanté le cantique, ils sorti-** | Ce cantique d'actions de grâces était emprunté aux psaumes de David, depuis le 113ᵉ jusqu'au

rent pour aller à la mon—
31 tagne des Oliviers. Alors
Jésus leur dit : Je vous
serai à tous cette nuit une
occasion de chûte; car il est
écrit : Je frapperai le berger, et les brebis du troupeau seront dispersées.
32 Mais après que je serai ressuscité, j'irai devant vous
33 en Galilée. Pierre lui répondit : Quand tu serais
pour tous les autres une
occasion de chûte, tu ne le
serais jamais pour moi.
34 Jésus lui dit : Je te dis en
vérité, que cette même
nuit, avant que le coq ait
chanté, tu me renieras
35 trois fois. Mais Pierre re-
partit : Quand même il
me faudrait mourir avec
toi, je ne te renierai
point. Et tous les autres
disciples dirent la même
chose.

1.18ᵉ; on en chantait une partie avant de manger, et une autre après le repas.

Le Sauveur déclare à ses disciples que la prédiction de Zacharie (XIII, 7) s'accomplira en lui par sa mort, en eux par leur fuite; mais, en même temps, il relève leur courage par la promesse de sa résurrection et de son retour au milieu d'eux en Galilée.

Pierre, confiant dans la vivacité de sa foi et de son amour, lui répondit : etc.

Avant l'heure à laquelle on entend le premier chant du coq, avant le point du jour.

La noble ardeur de Simon Pierre fut souvent entraînante pour les autres disciples.

Jésus lit dans les cœurs comme dans l'avenir. Partout se rencontrent les preuves de son autorité divine.

*Simon Pierre forme les plus nobles résolutions, pro-
nonce les plus généreuses promesses; en cela, il est digne
de notre admiration, et doit nous servir de modèle;
mais ses promesses sont irréfléchies; il n'écoute point
les avertissements qui lui révèlent le danger; il se confie
dans ses propres forces; en cela, sa conduite est digne
de blâme, et doit nous inspirer une sage défiance de nous-
mêmes, une salutaire humilité!*

« *Tu n'as pas le moindre sujet de te glorifier et de te*
» *complaire en toi-même; mais tu en as beaucoup de te*
» *mépriser, parce que ta faiblesse est si grande, que tu*
» *n'es pas capable de la comprendre.* »

Comme David, jurons à l'Éternel de garder ses commandements; *mais, comme David aussi, disons à l'É-
ternel:* Fais-moi connaître tes voies, enseigne-moi
tes sentiers, je m'attends à toi tout le jour.

F. JÉSUS A GETHSÉMANÉ.

Parall. Marc xiv, 3₂. Luc xxii, 39. Jean xviii, 1.

36 Après cela, Jésus s'en alla avec eux dans un lieu appelé Gethsémané, et il dit à ses disciples : Asseyez-vous ici, pendant que je m'en irai là pour 37 prier. Et ayant pris avec

C'était un lieu champêtre sur la montagne des Oliviers. Le mot *Gethsémané* signifie *pressoir à huile.*

lui Pierre et les deux fils de Zébédée, il commença à être fort triste et ex-

38 trêmement agité; et il leur dit: Mon âme est saisie d'une tristesse mortelle; demeurez ici, et

39 veillez avec moi. Et s'étant un peu écarté, il se prosterna contre terre, priant en ces termes: Mon Père, s'il est possible, fais que cette coupe s'éloigne de moi. Toutefois, *qu'il en soit*, non comme je le voudrais, mais com-

40 me tu le veux. Il revint ensuite à ses disciples, qu'il trouva endormis, et il dit à Pierre : Est-il possible que vous n'ayez pu veiller une heure avec

41 moi? Veillez et priez, de peur que vous ne succombiez à la tentation ; car l'esprit *est* prompt, mais

42 la chair *est* faible. Il s'éloigna un seconde fois,

Ces trois apôtres étaient les disciples les plus intimes de Jésus (Matt. xvii, 1. Marc v, 37).

Fais que cette coupe de douleurs s'éloigne de moi (Matth. xx, 22).

Il revint ensuite auprès des trois disciples qu'il avait laissés à quelque distance. (Ces disciples ne s'endormirent pas aussitôt que leur maître se fût éloigné, puisqu'ils entendirent sa prière; et Jésus ne revint pas auprès d'eux aussitôt après l'avoir prononcée; c'est ce qu'indiquent suffisamment ces paroles : *Est-il possible que vous n'ayez pu veiller une heure avec moi?* Le Sauveur s'adresse particulièrement à Simon Pierre, dont la fidélité allait être mise à une grande épreuve. *L'esprit est prompt à former des résolutions généreuses, mais la faiblesse de la chair les fait souvent évanouir.* Quelque grande que

en disant : Mon Père , s'il n'est pas possible que cette coupe passe loin de moi, sans que je la boive, que 43 ta volonté soit faite ! Retournant ensuite auprès d'eux , il les trouva encore endormis ; car leurs yeux étaient appesantis 44 *par le sommeil* ; et les ayant laissés, il s'en alla encore, et fit pour la troisième fois la même prière.

soit l'angoisse du Sauveur, il ne cesse pas de porter sa sollicitude sur ses apôtres.

Plus il prie, plus son courage se relève.

L'heure avancée, la fatigue et la tristesse contribuaient à les appesantir.

O mon Sauveur, quand je te contemple en Gethsémané, en présence de la coupe d'amertume, je me sens pénétré d'admiration et de reconnaissance. Qu'il est grand cet amour qui te conduit à tout souffrir, à tout sacrifier pour le salut des pécheurs ! Qu'elle est profonde cette angoisse qui courbe ta tête vers la terre, et fait sortir ces paroles de ta bouche : Mon père, s'il est possible, que cette coupe s'éloigne de moi ! Qu'elle est sainte et belle cette résignation qui bannit toute plainte de ton cœur, et te fait dire : Non pas ce que je veux, mais ce que tu veux, ô mon Père ! Voici, ô Jésus, mon Maître et mon Sauveur, quand les afflictions me presseront de toutes parts, je jetterai les yeux sur ta mortelle tristesse, sur ta soumission filiale, et je me soumettrai sans murmure ; quand le monde et le péché me poursuivront de leurs attaques, je me souviendrai de ta victoire sur la chair, et je triompherai de ses convoitises en veillant et en priant comme toi.

G. JUDAS LIVRE JÉSUS.

Parall. Marc xiv, 43. Luc xxii, 47. Jean xviii, 3.

45 Alors il revint trouver ses disciples, et leur dit : Vous dormez encore, et vous vous reposez ! Voici, l'heure est venue, et le Fils de l'homme va être livré entre les mains des 46 méchants ; levez-vous, allons; voici, celui qui me 47 trahit s'approche. Comme il parlait encore, Judas, un des douze, vint, accompagné d'une grande troupe *de gens armés* d'épées et de bâtons, qui étaient envoyés par les principaux sacrificateurs et par les sénateurs de la 48 nation. Or, celui qui le trahissait leur avait donné

Allons au-devant de ceux qui me cherchent. (Voyez Jean xviii, 4.)

C'étaient des huissiers et des soldats employés à la garde du temple, avec un certain nombre d'anciens et de sacrificateurs (Jean xviii, 3. Luc xxii, 52).

Il leur avait donné ce signal,

ce signal : Celui que je baiserai, c'est lui, saisis-

49 sez-le. Aussitôt s'approchant de Jésus, il lui dit : Maître je te salue ; et il le

50 baisa. Jésus lui dit : Mon ami, pour quel sujet es-tu ici ? Alors ils s'approchèrent, et jetant les mains sur Jésus, ils se saisirent

51 de lui. En même temps, un de ceux qui *étaient* avec Jésus, portant la main à son épée, la tira, et en frappant le serviteur du grand-sacrificateur, il lui emporta une oreille.

52 Alors Jésus lui dit : Remets ton épée dans le fourrreau ; car tous ceux qui se serviront de l'épée,

53 périront par l'épée. Penses-tu que je ne puisse pas maintenant prier mon Père, qui me donnerait aussitôt plus de douze légions

54 d'anges ? Mais comment s'accomplirait l'écriture,

afin que, dans l'obscurité, ils ne saisissent pas un autre que Jésus.

Mon ami, toi qui as été mon compagnon, mon disciple, dans quel dessein honteux et criminel es-tu ici ?

C'était Simon Pierre, excité à la fois par son attachement pour Jésus et par son indignation contre ceux qui le saisissaient (Jean XVIII, 10).

C'est une sentence proverbiale qui veut dire : *ceux qui se vengent eux-mêmes attirent sur eux d'autres vengeances ;* ou bien : *quiconque se servira de l'épée pour défendre la cause de l'Évangile, doit s'attendre à voir l'épée se tourner contre lui-même.*

Plus de douze légions, c'est-à-dire, *un nombre immense.* La légion romaine se composait ordinairement de 6,000 hommes.

qui dit que cela doit arri-
55 ver ainsi? En même temps,
Jésus dit à cette troupe *de gens :* Vous êtes venus ici avec des épées et des bâtons, comme après un brigand, pour me prendre; j'étais tous les jours assis parmi vous, enseignant dans le temple, et vous ne vous êtes point
56 saisis de moi. Mais tout ceci est arrivé afin que ce qu'ont écrit les prophètes fût accompli. Alors tous ses disciples l'abandonnèrent et s'enfuirent.

Voyez Ps. xxii. Esaïe liii. Dan. ix, 24, 26. Zachar. xiii, 7.

Mais tout ceci est dans les oracles des prophètes et dans les desseins de Dieu, qui change en bien ce que les hommes pensent en mal.

Toutefois Pierre le suivit de loin, et, le lendemain, Jean l'accompagna jusqu'au Calvaire (Jean, xix, 26, 27).

Chrétien, médite bien cette grande scène; médite les paroles que Jésus adresse au traître Judas, aux ennemis qui viennent le saisir, au disciple imprudent qui frappe de l'épée; et tu sentiras dans ton cœur que nul homme n'eût parlé ainsi; et tu apprendras l'indulgence, la miséricorde, le calme, l'entière obéissance aux desseins du Père céleste, au milieu des plus dures épreuves, et tu t'attacheras si fermement à ton Sauveur, que rien ne pourra te porter à l'abandonner.

Une assemblée de méchants m'a environné. Il n'y a personne qui vienne à mon secours. Quoi qu'il en soit, mon âme se repose en Dieu; c'est de lui que vient ma délivrance.

H. JÉSUS DEVANT CAÏPHE.

Parall. Marc xiv, 53; Luc xxii, 54. Jean xviii, 24.

57 Mais ceux qui avaient pris Jésus, l'amenèrent à Caïphe, le souverain sacrificateur, chez qui les scribes et les sénateurs 58 étaient assemblés. Pierre le suivit de loin jusqu'à la cour du souverain sacrificateur, où, étant entré, il s'assit, avec les officiers, pour voir comment cela 59 se terminerait. Cependant les principaux sacrificateurs, les sénateurs et tout le conseil cherchaient quelque faux témoignage contre Jésus, pour le faire 60 mourir; mais ils n'en trouvaient point de suffisant, bien que plusieurs faux témoins se fussent présentés. Enfin il vint deux 61 faux témoins, qui dirent:

Saint Jean rapporte (xviii, 13, 24) que Jésus fut d'abord mené chez Anne, beau-père du souverain sacrificateur, et qu'Anne l'envoya ensuite à Caïphe. Saint Matthieu omet ce détail de peu d'importance.

La cour carrée des palais et de tous les bâtiments considérables servait aux réunions nombreuses. (Voyez l'Introduction, page xxxii.)

Le *Conseil* ou *Sanhédrin.*

Ils ne trouvaient point de faux témoins dont les accusations fussent suffisantes pour entraîner la peine de mort, ou bien, dont les déclarations s'accordassent assez entr'elles pour amener la condamnation. Personne ne pouvait être condamné sans la déclaration de deux ou trois témoins (Nomb.. xxxv, 30; Deut. xix, 15).

Cet homme a dit : Je puis détruire le temple de Dieu et le rebâtir dans trois

62 jours. Alors le souverain sacrificateur se leva, et lui dit : Tu ne réponds rien à ce que ces gens-ci déposent

63 contre toi? Mais Jésus ne dit mot. Alors le souverain sacrificateur lui dit : Je te somme, de la part du Dieu vivant, de nous dire si tu es le Christ, le

64 Fils de Dieu. Jésus lui répondit : Tu l'as dit, et même je te déclare que dans la suite vous verrez le Fils de l'homme assis à la droite toute puissante *de Dieu*, et venir sur les

65 nuées du ciel. Alors le souverain sacrificateur déchira ses habits, en disant: Il a blasphémé ; qu'avons-nous plus besoin de témoins ? Vous venez d'entendre son blasphême,

66 que vous en semble ? Ils

Jésus avait dit (Jean ii, 19), en parlant de son corps et de sa résurrection: *Détruisez ce temple, et en trois jours je le relèverai.* Ses ennemis changeaient à dessein le sens de ses paroles.

Jésus ne répondit point, parce que ses juges n'avaient pas besoin de sa réponse pour reconnaître, dans leur conscience, que de telles accusations étaient fausses et absurdes.

Le souverain sacrificateur voulait que Jésus s'appelât lui-même le Messie, afin de pouvoir l'accuser devant Pilate, gouverneur romain, d'exciter à la révolte contre l'empereur, ce qui devait déterminer le gouverneur à traiter Jésus comme un séditieux, et à consentir à sa mort. A cette époque, nul ne pouvait être mis à mort chez les Juifs, si l'autorité romaine n'avait confirmé le jugement du tribunal israélite (Jean xviii, 31 ; xix, 7, 10).

Ces paroles de Jésus s'appliquent vraisemblablement au grand jour où ses juges paraîtront eux-mêmes devant lui.

Les Juifs déchiraient leurs vêtements devant la poitrine, en signe de douleur et d'indignation. L'ordre qui est donné au souverain sacrificateur dans le Lévitique (x, 6; xxi, 10), de ne pas déchirer ses vêtements, ne se rapporte qu'à certains cas particuliers.

répondirent : Il mérite la

67 mort. Alors on lui cracha au visage, on lui donna des coups de poing, d'autres le frappaient avec

68 leurs bâtons, en disant : Christ, devine qui est celui qui t'a frappé.

La loi de Moïse punissait de mort les blasphémateurs (Lévit. XXIV, 16).

Esaïe L, 6 ; LIII, 3.

Ils lui avaient bandé les yeux (Marc XIV, 65).

Rachetés de Jésus, considérez la sérénité de votre Maître en présence de ses vils accusateurs et de ses juges hypocrites, la patience de votre Sauveur au milieu des coups et des outrages; et sentez dans vos cœurs combien il vous a aimés!

I. PIERRE RENIE JÉSUS.

Parall. Marc XIV, 66. Luc XII, 55. Jean XXVIII, 25.

69 Cependant Pierre était assis dehors dans la cour; et une servante, l'abordant, lui dit : Tu étais aussi avec Jésus le Ga-

70 liléen. Mais il *le* nia devant tout le monde, en disant : Je ne sais ce que

71 tu veux dire. Comme il

Tu étais aussi un des compagnons ordinaires de Jésus le Galiléen.

sortait pour passer dans le vestibule, une autre *servante* qui l'aperçut, dit à ceux qui *étaient pré-sents : Celui-ci était aussi avec Jésus de Nazareth.

72 Il le nia encore, *en disant* avec serment : Je ne connais point cet homme-là.

73 Peu de temps après, ceux qui étaient là, s'étant avancés, dirent à Pierre : Assurément tu es aussi de ces gens-là, car ton langage te fait connaître. Il

74 se mit alors à faire des imprécations contre soi-même, et à jurer qu'il ne connaissait point cet homme-là. Et aussitôt le coq

75 chanta. Pierre se ressouvint de ce que Jésus lui avait dit : Avant que le coq ait chanté, tu me renieras trois fois; et étant sorti, il pleura amèrement.

Le vestibule, c'est-à-dire, *la partie plus extérieure que la cour.* (Voyez le plan des maisons orientales, Introd., page XXXIII.)

Le dialecte ou patois galiléen était plus rude que le langage de la Judée.

Il est inutile de supposer, comme on l'a fait, que le nom de *coq* soit donné ici à un instrument au moyen duquel on annonçait les différentes veilles de la nuit. L'opinion que les coqs n'étaient pas tolérés dans Jérusalem, a été reconnue sans fondement.

Voilà pour Simon Pierre les suites de la présomption. Il a refusé le secours que son Maître lui offrait contre la tentation, il n'a pas voulu veiller ni prier ; aussi descend-il de l'ardeur la plus vive à la plus lâche apostasie; Il renie Jésus, il a honte de lui. — Si nous voulons que nos émotions religieuses les plus douces et es plus vives ne se dissipent pas sans fruit, ou ne se changent pas en infidélités et en fausse honte, ne laissons jamais tomber de nos mains ces armes puissantes de la vigilance et de la prière. La vigilance prévoit les attaques, la prière les repousse; la vigilance prépare au combat, la prière donne la victoire.

Le repentir de Simon Pierre fut celui qui conduit au salut, celui qui redouble l'amour et le zèle; craignons que le regret de nos fautes ne soit qu'une tristesse selon le monde.

N'avons-nous jamais eu honte de Jésus devant les hommes?

CHAPITRE XXVII.

A. JÉSUS EST CONDUIT AU GOUVERNEUR ROMAIN. — MORT DE JUDAS.

Parall. Marc xv, 1. Luc xxii, 66. Jean xviii, 28.

1 **Dès le matin, tous les principaux sacrificateurs**

et les sénateurs de la nation tinrent conseil pour
2 faire mourir *Jésus*. Et l'ayant fait lier, ils l'emmenèrent, et le remirent à Ponce Pilate, gouverneur.

Ils tinrent conseil pour trouver le moyen de faire ratifier par le gouverneur romain la sentence de mort qu'ils avaient prononcée contre Jésus.

3 Alors Judas, qui l'avait trahi, le voyant condamné, se repentit de ce qu'il avait fait, et reporta les trente pièces d'argent aux principaux sacrificateurs
4 et aux sénateurs, en leur disant : J'ai péché, parce que j'ai trahi le sang innocent. Mais ils lui dirent : Que nous importe ? cela
5 te regarde. Alors Judas jeta les pièces d'argent dans le temple, et s'étant retiré, il alla s'étrangler.
6 Mais les principaux sacrificateurs, ayant pris cet argent, dirent : Il n'est pas permis de le mettre dans le trésor *sacré*, parce que c'est le prix du sang;

Ponce-Pilate fut nommé gouverneur la 28e année de la naissance de Jésus-Christ. Le gouverneur ou procurateur de la Judée résidait ordinairement à Césarée (Actes xxiii, 23; xxiv, 27; xxv, 1). Mais Pilate s'était rendu à Jérusalem dans la circonstance importante de la Pâque.

Il est vraisemblable que Judas n'avait pas prévu le terrible résultat de sa trahison.

Saint Luc dit (Actes i, 18) que Judas s'étant précipité, son corps se creva par le milieu, et que toutes ses entrailles se répandirent. Il raconte la fin du suicide, tandis que saint Matthieu en raconte le commencement.

L'argent acquis par une mauvaise action ne pouvait être mis dans le trésor du temple (Deut. xxiii, 18).

7 et après avoir délibéré là-dessus, ils en achetèrent le champ d'un potier, pour la sépulture des

8 étrangers; c'est pour cela que ce champ est appelé encore aujourd'hui le champ du sang. Alors

9 s'accomplit ce qui a été dit par le prophète Jérémie : Ils ont pris les trente pièces d'argent qu'a été estimé celui que les enfants d'Israël ont mis à prix,

10 et ils les ont données pour *acheter* le champ d'un potier, comme le Seigneur me l'a ordonné.

Pour la sépulture des Juifs étrangers qui mouraient à Jérusalem.

Le champ du sang, en hébreu, *Haceldama* (Actes I, 19).

Des paroles semblables à ce passage se trouvent, non dans le livre de Jérémie, mais dans celui de Zacharie (XI, 12 et 13). Deux manuscrits et plusieurs anciennes versions ne citent pas le nom du prophète. Il est fort possible que saint Matthieu ait écrit seulement : *Alors s'accomplit ce qui a été dit par le prophète*, et qu'un copiste ait ajouté par erreur le mot *Jérémie*. On doit remarquer aussi que, dans divers volumes des Juifs, le livre de Jérémie était à la tête des livres prophétiques; il a pu, par cette raison, donner son nom à l'ensemble de ces livres. C'est ainsi qu'on appelait *psaumes* tous les livres de l'Ancien Testament qui ne sont pas ceux de Moïse et des prophètes.

Les sacrificateurs achètent et condamnent le sang innocent, et ne se croient point coupables; mais ils penseraient commettre une grande faute en plaçant dans le trésor du temple l'argent que leur jette Judas. Honteux aveuglement de l'hypocrisie !

L'avare Judas cherche en vain dans la vie de Jésus une action qui puisse justifier le crime dont la pensée le poursuit ; il cherche en vain dans sa conscience une excuse à sa trahison ; il cherche en vain auprès de ses complices, et dans l'abandon de l'argent qu'il a convoité, un refuge contre les angoisses du remords ; il n'ose espérer le pardon de Dieu, le pardon de Jésus, et il se donne la mort.

Les méchants sont comme une mer en tourmente qui ne peut se calmer, et dont les eaux jettent sur le rivage la bourbe et le limon.

B. Jésus devant Pilate.

Parall. Marc xv, 2. Luc xxiii, 3. Jean xviii, 33.

11 Or, Jésus parut devant le gouverneur, qui l'interrogea en disant : Es-tu le roi des Juifs ? Jésus lui répondit : Tu le dis. Et com-12 me il était accusé par les principaux sacrificateurs et par les sénateurs, il ne répondit rien. Alors Pilate 13 lui dit : N'entends-tu pas de combien de choses ils 14 t'accusent. Mais il ne lui

Les juges qui avaient condamné Jésus comme blasphémateur, l'accusèrent devant Pilate comme séditieux, parce qu'ils savaient que cette accusation était le plus sûr moyen de faire ratifier leur sentence de mort.

Jésus répondit qu'il était roi, dans le sens spirituel. (Voyez Jean xviii, 36, 37.)

Notre Seigneur se tait devant les accusations menteuses de ses ennemis. Elles n'avaient pas besoin de réfutation ; et Jésus se soumettait volontairement à la mort (Esaïe liii, 7).

répondit quoi que ce soit; de sorte que le gouverneur en était extrêmement surpris.

15 Or le gouverneur avait coutume, à chaque fête *de Pâques*, de relâcher celui des prisonniers que

16 le peuple voulait; et il y en avait alors un fameux nommé Barabbas.

17 Comme ils étaient donc assemblés, Pilate leur dit : Lequel voulez-vous que je vous relâche, Barabbas, ou Jésus qu'on appelle

18 Christ ? Car il savait que c'était par envie qu'ils l'avaient livré.

19 Pendant qu'il était assis sur son tribunal, sa femme lui envoya dire : N'aie rien à faire avec cet homme de bien; car j'ai beaucoup souffert aujourd'hui à son sujet dans un songe. Mais

20 les principaux sacrificateurs et les sénateurs per-

L'origine de cette coutume est tout-à-fait inconnue. Quelques commentateurs l'attribuent aux Romains qui voulaient par là se rendre agréables au peuple juif; d'autres la regardent comme ayant été instituée fort anciennement, en souvenir de la délivrance d'Égypte.

Il aurait voulu sauver Jésus, car il savait que la haine et l'envie avaient dicté sa condamnation; mais il craignait d'irriter les principaux d'entre les Juifs, et d'être accusés par eux auprès de l'empereur romain. Il cherchait donc le moyen d'en venir indirectement à son but, et il pensait l'avoir trouvé, espérant qu'on ne préférerait pas à Jésus le brigand Barabbas.

Ce tribunal était en plein air, devant le palais du gouverneur, appelé le *prétoire*.

L'histoire a conservé le nom de cette femme, elle s'appelait Claudia Procula.

Ne fais aucun mal à cet homme, ne prends aucune part à sa condamnation.

La pensée que Jésus était accusé injustement avait sans doute agité cette femme pendant le sommeil.

suadèrent au peuple de demander Barabbas, et de

21 faire périr Jésus. Le gouverneur leur dit encore : Lequel des deux voulez-vous que je vous relâche? Et ils lui dirent : Barab-

22 bas. Pilate leur demanda : Que ferai-je donc de Jésus qu'on appelle Christ ? Ils répondirent tous : Qu'il

23 soit crucifié ! Quel mal a-t-il donc fait ? dit le gouverneur. Mais ils crièrent encore plus fort :

24 Qu'il soit crucifié! Pilate, voyant qu'il ne gagnait rien, et qu'au contraire le tumulte augmentait, prit de l'eau, et *se lava les mains* devant le peuple, en disant : Je suis net du sang de ce juste, c'est à

25 vous à y penser. Et tout le peuple répondit : Que son sang *soit* sur nous et

26 sur nos enfants ! Alors il leur relâcha Barabbas, et

La multitude qui, quelques jours auparavant, avait salué Jésus de ses joyeuses acclamations, changea subitement son enthousiasme en mépris et en fureur, lorsqu'elle vit les humiliations de celui qu'elle avait considéré d'abord comme un glorieux libérateur et un puissant monarque. Cependant un certain nombre d'Israélites demeurèrent fidèles à Jésus. (Voyez Luc XXIII, 27.)

La crucifixion était un supplice romain, qu'on n'infligeait qu'aux esclaves, aux séditieux, et aux plus vils criminels.

Pilate, pour se faire bien comprendre du peuple en tumulte, se servit d'un moyen employé par les Juifs lorsqu'ils voulaient déclarer ouvertement qu'ils n'avaient pris aucune part à un meurtre (Deut. XXI, 6, 7).

après avoir fait ſouetter Jésus, il le leur livra pour être crucifié.

Le supplice de la croix était ordinairement précédé de la flagellation.

La faiblesse, l'ambition, la crainte des hommes entraînent Pilate à livrer celui dont il a reconnu l'innocence. Vainement cherche-t-il à se tromper lui-même, en se déclarant pur du sang de Jésus; une résistance inébranlable aux vœux sanguinaires de la multitude pouvait seule le justifier. Il faut savoir résister au mal, quoi qu'il en coûte à l'égoïsme.

Quand tu te laverais avec du nitre, la tache de ton iniquité subsisterait encore devant moi, dit le Seigneur, l'Eternel.

Le peuple qui avait dit : Hosanna au Fils de David, *s'écrie bientôt : Qu'il soit crucifié.* Ceux qui s'appuient sur l'homme, s'appuient sur le néant.

« Tous ceux qui se plaisent à prononcer des anathè-
» mes ou des imprécations, les verront tôt ou tard re-
» tomber sur eux-mêmes. »

C. JÉSUS EST OUTRAGÉ PAR LES SOLDATS ROMAINS.

Parall. Marc xv, 17. Luc xxiii, 26. Jean xix, 2.

²7   Les soldats du gouverneur prirent ensuite Jésus, qu'ils menèrent dans le prétoire, où ils assemblè-

rent autour de lui toute la
28 cohorte ; et l'ayant dé-
pouillé, ils le couvrirent
d'un manteau d'écarlate ;
29 puis, ayant fait une couronne d'épines, ils la lui
mirent sur la tête ; ils lui
mirent *aussi* un roseau à
la *main* droite ; et s'age-
nouillant devant lui, ils
lui disaient par dérision :
Je te salue, roi des Juifs.
30 Ils crachaient contre lui,
et prenant le roseau, ils
lui en donnaient des coups
sur la tête.
31 Quand ils se furent ainsi
moqués de lui, ils lui ôtè-
rent le manteau, ils lui
remirent ses habits, et
l'emmenèrent pour le cru-
32 cifier. Comme ils sor-
taient, ils rencontrèrent
un homme de Cyrène,
appelé Simon, qu'ils con-
traignirent de porter la
croix de Jésus.

Le gouverneur ou procurateur avait une cohorte à Jérusalem, et cinq à Césarée.

Ils le revêtirent, par moquerie, des emblèmes de la royauté. Les officiers et les soldats romains portaient des manteaux rouges ; ceux des soldats étaient d'une couleur peu éclatante et douteuse ; de là vient sans doute que le manteau dont on couvrit Jésus est dit *d'écarlate* par saint Mat-thieu, et *de pourpre* par les autres évangélistes.

Le roseau qu'ils mirent à la main de Jésus représentait un sceptre.

La loi juive voulait que les exé-cutions se fissent hors de la ville (Nombr xv, 35. 1 Rois xxi. 13). Cyrène était une ville importante de la Lybie ; elle renfermait assez de Juifs pour qu'ils eussent à Jérusalem une synagogue parti-culière (Actes ii, 10; vi, 9). Les condamnés étaient chargés de leur croix ; Jésus ne put la porter jusqu'au lieu du supplice (Jean xix, 17).

Jesus avait dit, dans le cours de son ministère : Les sacrificateurs livreront le Fils de l'homme aux gentils pour servir de risée, pour être fouetté et crucifié. *Le Sauveur connaissait à l'avance les douleurs qui l'attendaient ; mais rien ne put le détourner de donner sa vie en rançon pour plusieurs.*

Disciple de Jésus-Christ, ne te sens-tu pas pressé de donner tout ton cœur, de consacrer toute ta vie à celui qui a été ainsi méprisé, froissé et navré pour toi ?

D. JÉSUS A GOLGOTHA.

Parall. Marc xv, 22. Luc xxiii, 33. Jean xix, 17.

33 Étant arrivé au lieu appelé Golgotha, c'est-à-dire, la place du crâne,
34 on lui présenta à boire du vinaigre mêlé de fiel; mais, après en avoir goûté, il n'en voulut pas boire.

35 Quand ils l'eurent crucifié, ils partagèrent ses habits, en tirant au sort, afin que ce qui a été dit par le prophète s'accomplît : Ils ont partagé entr'eux mes habits, et ils

Ce nom avait été donné au lieu des exécutions, soit parce que la colline où se trouvait cette place avait de loin l'apparence d'un crâne, soit à cause des têtes qui y étaient abattues par le glaive. (Voyez l'Introd., page xix).

On lui présenta du vinaigre mêlé de quelque chose d'amer comme le fiel, d'absinthe, de myrrhe, etc. (Marc xv, 23). Cette boisson était enivrante.

Quand ils eurent achevé de le clouer sur la croix. La croix, formée de deux pièces de bois grossièrement travaillées, avait à peu près la forme de la lettre T. Les mains de la victime étaient percées de clous, les pieds n'étaient pas percés, mais fortement attachés (Jean xx, 25).

ont tiré ma robe au sort.

36 Et s'étant assis, ils le gar-

37 daient. On mit au-dessus de sa tête cet écriteau pour marquer le sujet de *sa condamnation :* Celui-ci est Jésus, le roi des Juifs.

38 On crucifia en même temps avec lui deux brigands, l'un à sa droite, et

39 l'autre à sa gauche; et ceux qui passaient par là l'injuriaient, et branlant

40 la tête, ils disaient; Toi qui détruis le temple, et qui *le* rebâtis en trois jours, sauve-toi toi-même : si tu es le Fils de Dieu, descends

41 de la croix. Les principaux sacrificateurs, les scribes et les sénateurs se moquaient aussi de lui, et

42 disaient : Il a sauvé les autres, et il ne peut se sauver lui-même ! S'il est le roi d'Israël, qu'il descende maintenant de la croix, et

43 nous croirons en lui. Il

Cette prophétie se trouve au psaume xxii, 18.

D'après le témoignage de l'histoire, on a vu des suppliciés demeurer jusqu'à deux jours sur la croix avant de rendre le dernier soupir.

L'usage des Juifs était de faire publier par un héraut, ou crieur, le motif des condamnations capitales; mais les Romains l'écrivaient sur une planche au-dessus du crucifié.

Esaïe liii, 12. Ps. xxii, 7, 8.

Ils branlaient la tête en signe de moquerie et de mépris (Job xvi, 4. Ps. xxii, 8. Jer. xviii, 16).

Les ennemis de Jésus em-

se confie en Dieu; que *Dieu* le délivre maintenant, s'il lui est agréable; car il a dit : Je suis le Fils de Dieu.

44 Les brigands qui étaient crucifiés avec lui, lui faisaient les mêmes reproches.

45 Or, depuis la sixième heure du jour jusqu'à la neuvième, il y eut des ténèbres sur tout le pays.

46 Vers la neuvième heure, Jésus s'écria, en disant : Eli, Eli, lamma sabachthani ? c'est-à-dire, mon Dieu, mon Dieu, pourquoi m'as-tu abandonné.

47 Quelques-uns de ceux qui étaient présents, l'ayant entendu, disaient : Il appelle Elie.

48 Aussitôt l'un d'entr'eux courut prendre une éponge, qu'il remplit de vinaigre, et l'ayant mise au bout d'un roseau, il lui en donna à boire.

49 Mais les autres disaient :

ployaient avec une intention méchante ces paroles d'un psaume prophétique (xxii, 9) : *Il se confie, disent-ils, en l'Éternel ; qu'il le délivre et qu'il le retire, puisqu'il lui est agréable.*

Saint Matthieu ne parle pas du malfaiteur converti (Luc xxiii, 39). Son récit abrégé rapporte seulement, d'une manière générale, qu'aux insultes déjà énumérées se joignirent encore des insultes de brigands.

Depuis midi jusqu'à trois heures. Ces ténèbres ne furent pas occasionnées par une éclipse de soleil; car, à l'époque de la Pâque, la lune était toujours pleine ou à peu près, et une éclipse de soleil ne peut avoir lieu que lorsque la lune est nouvelle.

Ces paroles que Jésus prononce, au comble des douleurs, sont tirées du psaume 22e ; elles n'indiquent point le désespoir, mais elles sont l'expression d'un ardent recours à Dieu. Les soldats romains ne pouvaient attacher aucun sens à la prière que Jésus prononçait en hébreu ; c'étaient donc des Juifs qui parlaient ainsi, en jouant sur le mot *Eli,* qui signifie *mon Dieu.*

Jésus avait dit aussi : *J'ai soif* (Jean xix, 28). Toutefois l'action de cet homme ne fut point dictée par un mouvement de compassion (Marc xv, 36).

Attendez, voyons si Elie

50 viendra le délivrer. Jésus, ayant encore jeté un grand

51 cri, rendit l'esprit. En même temps, le voile du temple se déchira en deux, depuis le haut jusqu'au bas, la terre trembla, des

52 rochers se fendirent, des sépulcres s'ouvrirent, et plusieurs corps des saints qui étaient morts ressus-

53 citèrent; et étant sortis de leurs sépulcres, après sa résurrection, ils entrèrent dans la sainte cité, où ils furent vus de plusieurs

54 personnes. Le centenier, et ceux qui gardaient Jésus avec lui, ayant vu le tremblement de terre, et ce qui venait d'arriver, furent fort effrayés, et dirent : Véritablement cet homme était le Fils de

55 Dieu. Il y avait aussi là plusieurs femmes qui regardaient de loin, et qui

La mort de Jésus fut hâtée sans doute par toutes les souffrances qui avaient précédé la crucifixion.

Voyez Introd., page xxiv.

Ces signes miraculeux étaient destinés à frapper les esprits de la divine grandeur et de la parfaite sainteté de Jésus, dans sa mort. *Des saints,* c'est-à-dire, *des justes en général,* ou bien *des disciples de Jésus-Christ, morts pendant son ministère.*

Les mots *après sa résurrection* doivent être intimement liés à ceux qui les suivent, de manière à indiquer, non pas que les saints ressuscités ne sortirent de leurs sépulcres qu'après la résurrection de Jésus, mais qu'ils ne se montrèrent publiquement à Jérusalem qu'après cette résurrection.

avaient suivi Jésus depuis 56 la Galilée, en le servant; entre lesquelles étaient Marie Magdeleine, Marie, mère de Jacques et de Joses, et la mère des fils de Zébédée.

En le servant, et en l'assistant de leurs biens (Luc VIII, 3).

Marie Magdeleine, c'est-à-dire, *Marie* originaire *de Magdala*, bourg situé sur la rive orientale du lac de Génésareth.

Marie, mère de Jacques et de Joses, était la sœur de la mère de Jésus, et l'épouse d'Alphée.

Affligés, venez au pied de la croix du Fils de Dieu; voyez cet abîme de douleurs, songez à cette résignation; et que le murmure se change sur vos lèvres en bénédictions et en actions de grâces!

Pécheurs, arrêtez vos regards sur les humiliations de Celui qui a voulu mourir pour vous, et qu'aux pleurs excités par la vue de tant de souffrances, se mêlent des larmes de reconnaissance et d'amour.

E. SÉPULTURE DE JÉSUS.

Parall. Marc XV, 1. Luc XXIII, 50. Jean XIX, 38.

57 Sur le soir, un homme riche, nommé Joseph, qui était d'Arimathée, et qui 58 avait été disciple de Jésus, vint trouver Pilate, et demanda le corps de Jésus. Aussitôt Pilate commanda

L'expression grecque traduite par les mots *sur le soir*, indique le moment qui précède le coucher du soleil. — Arimathée, patrie du prophète Samuel, était une ville de la tribu d'Ephraïm.

La coutume des Romains était de laisser les cadavres sur la croix jusqu'à ce qu'ils tombas-

59 qu'on le lui remît. Joseph prit le corps, il l'enveloppa

60 dans un linceul blanc, et il le mit dans un sépulcre neuf, qu'il avait fait tailler *pour lui-même* dans le roc; puis, ayant roulé une grande pierre à l'entrée du sépulcre, il s'en alla.

61 Cependant Marie-Magdeleine et l'autre Marie étaient assises vis-à-vis du sépulcre.

sept en décomposition, ou qu'ils fussent dévorés par les oiseaux de proie; mais si on les réclamait, la permission de les enterrer était accordée.

Les sépulcres des Juifs étaient des excavations, quelquefois naturelles, d'autres fois taillées dans le roc. Ils étaient fermés soit par des portes, soit par de grosses pierres.

L'autre Marie, c'est-à-dire, la sœur de la mère de Jésus.

Esaïe dit (LIII, 9) : On avait ordouné son sépulcre avec les méchants ; mais il a été avec le riche en sa mort. *Qui peut lire les oracles de ce prophète, qui peut méditer surtout ce cinquante-troisième chapitre, appelé avec tant de raison un évangile anticipé, sans être entièrement convaincu que l'Esprit de Dieu a dicté, sept siècles à l'avance, les prédictions frappantes des souffrances et de la mort du Sauveur des hommes ?*

Le juste est mort, il a été recueilli de devant le mal, il entrera dans le séjour de la paix.

F. DES GARDES SONT PLACÉS AUPRÈS DU SÉPULCRE.

62 Le jour suivant, qui

Le jour suivant, c'est-à-dire,

était le lendemain de la préparation *du sabbat*, les principaux sacrificateurs et les pharisiens allèrent

63 ensemble chez Pilate, et lui dirent : Seigneur, nous nous souvenons que ce séducteur a dit, lorsqu'il vivait : Je ressusciterai

64 dans trois jours. Commande donc que le sépulcre soit gardé sûrement jusqu'au troisième jour, de peur que ses disciples ne viennent de nuit enlever son corps, et ne disent au peuple qu'il est ressuscité. Cette dernière imposture serait pire que la pre-

65 mière. Pilate leur répondit : Vous avez des gardes ; allez, faites-le garder comme vous l'entendrez.

66 Ils s'en allèrent donc, et, pour s'assurer du sépulcre, ils en scellèrent la pierre, et y mirent des gardes.

Les précautions des ennemis de Jésus servirent à

---

pour nous, le même jour, vendredi, après le coucher du soleil ; mais, pour les Juifs, le commencement du samedi. On appelait *préparation* le jour qui précédait le sabbat, parce qu'on préparait les aliments pour le lendemain, la loi ne permettant pas de les préparer le septième jour.

Voyez Matth. xii, 40. Jean ii, 19.

La première était, selon eux, celle de Jésus, lorsqu'il s'était appelé le Messie et le Fils de Dieu.

Vous avez les soldats qui vous ont été donnés pour l'exécution ; ou bien plutôt, vous avez les soldats employés à la garde du temple.

Ils posèrent leur sceau, leur cachet, sur la pierre enduite d'un mastic ; et ils mirent des gardes au sépulcre.

donner à sa résurrection une certitude plus entière.

Dieu dissipe les projets des hommes rusés, en sorte qu'ils ne viennent point à bout de leurs desseins.

L'Eternel garde les âmes de ses bien-aimés, et les délivre de la main des méchants.

CHAPITRE XXVIII.

A. RÉSURRECTION DE JÉSUS.

Parall. Marc xvi. Luc xxiv. Jean xx.

1 Après que le sabbat fut passé, le premier jour de la semaine, Marie-Magdeleine et l'autre Marie partirent de grand matin pour 2 aller voir le sépulcre. Or, il y avait eu un grand tremblement *de terre;* car un ange du Seigneur était descendu du ciel, et ayant ôté la pierre de *devant* 3 l'entrée *du sépulcre,* ils s'étaitassis dessus. Son visage était comme un éclair, et

Jésus mourut la veille du sabbat, dans l'après-midi; son corps resta dans le tombeau la fin de ce même jour, le jour du sabbat tout entier, et une partie du jour suivant. Il ressuscita le matin du troisième jour.

Les quatre évangélistes, en racontant la mort et la résurrection de Jésus-Christ, sont parfaitement d'accord sur les faits importants, mais diffèrent ou paraissent différer sur certains détails, parce que chacun d'eux raconte l'événement comme il l'a vu ou compris, insistant sur les particularités qui l'ont frappé, omettant celles qui n'ont pas fait

ses habits étaient blancs
4 comme la neige. Les gardes en avaient été tellement effrayés, qu'ils devinrent comme morts.
5 Mais l'ange, s'adressant aux femmes, leur dit : Pour vous, n'ayez point peur ; car je sais que vous cherchez Jésus qui a été cruci-
6 fié. Il n'est pas ici, il est ressuscité, comme il l'avait dit. Venez, et voyez le lieu où le Seigneur avait été
7 mis. Allez promptement dire à ses disciples qu'il est ressuscité, et qu'il va devant vous en Galilée. Vous le verrez là : je vous
8 l'ai dit. Elles sortirent donc aussitôt du sépulcre, saisies de crainte et de joie, et elles coururent annoncer cette nouvelle à
9 ses disciples. Comme elles y allaient, Jésus vint lui-même au-devant d'elles, et il leur dit : Je vous sa-

impression sur lui, ou dont il n'est pas bien informé. Si quelque chose doit inspirer de la confiance au récit des évangélistes, c'est cette indépendance avec laquelle ils l'exposent, c'est l'unité du fond avec la variété des détails.

Ces mots *je vous l'ai dit*, montrent l'importance de l'ordre donné.

lue. Et elles, s'approchant, lui embrassèrent les pieds, 10 et l'adorèrent. Alors Jésus leur dit: Ne craignez point; allez dire à mes frères qu'ils se rendent en Galilée, et que c'est là qu'ils me verront.

L'expression grecque indique une salutation douce et affectueuse.

Leur joie était accompagnée de frayeur.

Tu n'abandonneras point mon âme au sépulcre, et tu ne permettras point que ton bien-aimé sente la corruption.

Pour mettre le sceau aux déclarations de l'Evangile sur l'immortalité de nos âmes et la vie bienheureuse, après avoir livré son Fils à la mort, Dieu l'a fait sortir de la tombe, il l'a ressuscité le troisième jour; et plus ce miracle de sa puissance et de son amour était nécessaire pour ne laisser aucune ombre sur notre foi, plus il l'a entouré de lumière éclatante, de parfaite démonstration. Louez l'Eternel, car il est bon, et sa bonté dure à toujours.

B. LES GARDES SONT GAGNÉS A PRIX D'ARGENT.

11 Quand elles furent parties, quelques-uns de ceux de la garde vinrent à la ville, et rapportèrent aux

principaux sacrificateurs tout ce qui était arrivé.

12 Alors les principaux sacrificateurs s'assemblèrent avec les sénateurs; et, après avoir consulté ensemble, ils donnèrent une bonne somme d'argent aux sol-

13 dats, et leur dirent : Publiez que ses disciples sont venus de nuit, et qu'ils ont enlevé son corps pendant que vous dormiez.

14 Si cela vient à la connaissance du gouverneur, nous l'apaiserons, et nous vous

15 tirerons de peine. Les *soldats*, ayant pris l'argent, firent comme ils avaient été instruits; et ce bruit a couru parmi les Juifs jusqu'à maintenant.

Il y avait peine de mort pour un soldat romain qui s'endormait à son poste (Actes xii, 19). Si les gardes placés au sépulcre s'étaient réellement endormis, les sacrificateurs indignés auraient assurément demandé leur supplice. L'indulgence du sanhédrin, soit pour les gardes, soit pour les apôtres, prouve assez la fausseté du bruit qu'il fit répandre.

Et ce bruit, que les disciples ont enlevé le corps de leur maître, a couru parmi les Juifs, dit saint Matthieu, *jusqu'au moment où j'écris.*

Toutes les tentatives des ennemis de la vérité n'ont pu affaiblir l'évidence de la résurrection du Sauveur.

Le conseil de l'Eternel se soutient à toujours, ses desseins subsistent d'âge en âge.

G. Dernières paroles de Jésus a ses disciples.

16 Cependant les onze disciples s'en allèrent en Galilée, sur la montagne où Jésus leur avait ordonné
17 de se rendre. Dès qu'ils le virent, ils l'adorèrent; même ceux qui avaient
18 douté. Jésus, s'approchant, leur dit: Tout pouvoir m'a été donné dans le
19 ciel et sur la terre; allez donc, instruisez toutes les nations, baptisez-les au nom du Père, du Fils et
20 du Saint-Esprit; et apprenez-leur à observer tout ce que je vous ai prescrit; voici, je suis toujours avec vous jusqu'à la fin du monde.

Amen.

Saint Matthieu, dans son récit abrégé, passe sous silence plusieurs autres apparitions de Jésus à ses disciples. Celle dont il parle est la plus importante, à cause de l'ordre solennel dont elle est accompagnée.

On lit dans un grand nombre de versions, au lieu de *même ceux qui avaient douté*, les mots *mais quelques-uns doutèrent*, ce qui signifierait que quelques-uns, voyant Jésus à une certaine distance, doutèrent que ce fût lui. *Jésus s'approcha* pour les convaincre, *et leur dit : Dieu m'a donné un souverain pouvoir au ciel et sur la terre; en vertu de cette autorité, je vous envoie; allez donc, instruisez* (proprement *faites disciples*) *les hommes de toutes les nations; baptisez-les en signe de leur foi au Père, au Fils et au Saint-Esprit; et apprenez-leur à observer tout ce que je vous ai prescrit; voici, je ne cesserai point d'être avec vous, et avec tous ceux qui vous succèderont dans le ministère de ma parole, jusqu'à la fin du monde.* Saint Matthieu raconte brièvement la résurrection de Jésus, et omet le récit de son ascension, parce qu'il destinait son Évangile aux chrétiens de la Palestine, desquels ces événements étaient bien connus.

O mon Sauveur, quand je médite tes dernières paroles, et quand je vois ton Evangile répandu sur la face du monde, quel doute pourrait encore obscurcir ma foi? Comment ne fléchirais-je pas le genou devant toi avec un cœur ému d'admiration et d'amour?

O Dieu! fais luire ta face sur nous, afin que ta voie soit connue sur la terre, et ta délivrance parmi toutes les nations.

Eternel, enseigne-moi tes statuts, et je les garderai jusqu'à la fin. Donne-moi de l'intelligence, je garderai ta loi, et je l'observerai de tout mon cœur. J'ai été attaché à tes témoignages; fais-moi marcher dans le chemin de tes commandements, car j'y prends plaisir. *Amen.*

FIN.

FIN DE LA TABLE.